强对流天气

4月17日，广东省发生雷雨大风、冰雹等强对流天气，其强度罕见，造成重大人员伤亡和经济损失。图为佛山市受灾情形。

佛山市顺德区路边树木被连根拔起并砸坏一辆小型货车。（来源：新华网）

佛山市南海区九江南鲲码头吊臂被大风吹倒。（省气象局提供）

江门开平市赤水镇步栏村水稻被冰雹砸坏。（省气象局提供）

6月16日傍晚，汕头市潮南区胪岗镇胪溪居委和成田镇西岐村受龙卷风袭击，造成一定损失。图为龙卷风发生时情景（左上图）、倒塌的农舍（左下图）和胪溪中学被吹断的大树（右下图）。（来源：胪溪中学）

热带气旋

9月29日，强台风“纳沙”先后在海南文昌和广东徐闻角尾乡登陆，湛江、茂名、阳江3市共23县（市、区）、122.93万人受灾，直接经济总损失17.05亿元。图为湛江下桥镇香蕉树被大风吹折倒伏（左上图），高州马贵河新桥桥墩被洪水淹没（右上图），阳江市阳西县织篢镇石步村晚稻遭水浸（左下图），湛江海洋站验潮室被湛江港万吨级蒙古籍外轮脱锚撞塌（右下图）。（省气象局、省农业厅、国家海洋局南海分局提供）

6月23日，热带风暴“海马”先后在阳西与电白交界处和吴川沿海地区登陆，湛江、阳江、珠海受灾。图为6月22日，广东渔政人员在港口指导防风工作。（省海洋与渔业局提供）

7月29日，强热带风暴“洛坦”在海南文昌登陆，湛江市受灾。图为该市徐闻县国营红星农场橡胶树被风折断。（省气象局提供）

暴雨洪涝

5月8日，粤北部分地区发生暴雨洪涝灾害。图为连州市九陂镇街道因内涝被淹（下图）；乐昌市南部地区部分水田被冲塌（右图）。（省气象局提供）

5月22日，受暴雨影响，广州黄石西路祥兴楼附近一扇100多米长的围墙倒塌，将一辆小车砸坏。（来源：中新网）

5月13日，湛江市遂溪县新桥糖厂因暴雨影响，出现山体崩塌。（省气象局提供）

6 月 15 日，云浮市郁南县降大暴雨。受其影响，县气象观测场西北角护坡出现塌方。（省气象局提供）

6 月 28 ～ 30 日，广东省出现暴雨到大暴雨过程，阳江、江门、茂名、云浮等 4 市受灾。图为江门台山市部分水稻受灾（左图）、郭常安村街道受浸（左下图）、某农舍水深及膝（右下图）。（省气象局提供）

干旱

2010 年 10 月 1 日至 2011 年 4 月 28 日，广东省降水量比常年同期少六成，是 1951 年以后同期最少，全省出现秋冬春连旱。图为 4 月中下旬，部分重旱地区春耕生产受影响情形。

韶关市曲江区部分地区无水办田。（省气象局提供）

惠州市龙门县蔬菜受旱。（省农业厅提供）

惠州市博罗县杨村镇秧苗受旱变黄，稻田开裂。（省农业厅提供）

韶关南雄市播下一个月还未出苗的花生。（省农业厅提供）

抗灾救灾

2月6日晚，湛江遂溪市新廉江路口一装载液态氨的槽罐车发生事故，导致氨气泄漏。湛江消防支队特勤中队指战员迅速赶赴现场，经过1个多小时紧急处置，成功排除险情。（省公安消防总队提供）

4月17日，佛山市顺德区遭遇短时强降水和大风天气。一座民房被大风吹倒。图为广东消防官兵及其他救援人员将压在废墟下的居民救出。（来源：新华社）

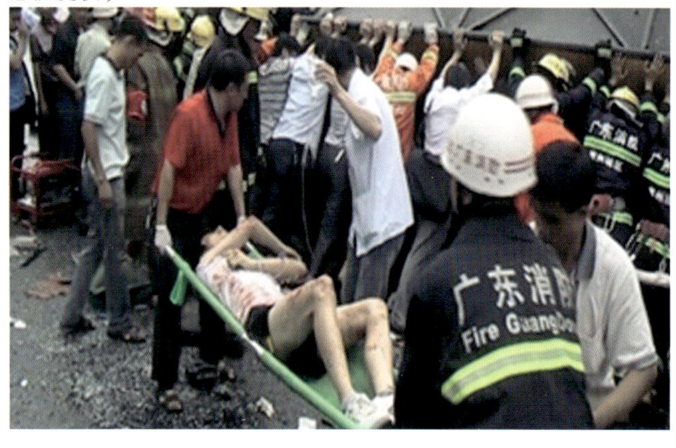

6月4日下午，惠河高速公路惠州段发生一起特大交通事故，造成多人伤亡。图为广东消防官兵正在抢救伤员。（省公安消防总队提供）

6月底，阳江市暴雨洪涝成灾。图为广东消防官兵在洪水中转移群众。（省公安消防总队提供）

11月22日下午，汕尾市某在建大楼倒塌，造成多人伤亡。图为广东消防官兵在废墟搜救遇险者。（省公安消防总队提供）

5月上旬，粤北地区出现暴雨洪涝。图为5月8日，清远连州市民兵轻舟分队连夜解救受困群众。（省军区政治部提供）

4月1日，汕尾市大鹏山发生山火。汕尾市军分区组织机关、城区人武部全体干部职工和民兵应急分队共88人，经过近1个半小时奋力扑救，扑灭了山火。左图为军分区政委周海侦（中）在现场指挥灭火；右图为军分区后勤部部长傅德文（左）与官兵一同扑灭山火。（省军区政治部提供）

6月29日，阳江市发生暴雨洪涝灾害，省军区积极组织官兵参加抗灾救灾。左图为省军区副司令员李欣剑（右）、阳江军分区司令员陈晓虹（中）在一线指挥救灾；右图为阳江军分区政委刘国文（右）带着战士们驾着冲锋舟，挨家挨户搜寻转移群众。（省军区政治部提供）

4月5日，肇庆市广宁县江屯镇隔坑村发生山火。肇庆武警支队出动20多名官兵，经过6个多小时奋战将山火扑灭。图为官兵在开辟隔离带（左上图）和奋力扑火（右上图）。（省武警总队政治部提供）

12月9日，省武警总队应急救援队授旗暨揭牌仪式在广州市举行。（省武警总队政治部提供）

2011年受热带气旋“洛坦”和“纳沙”影响，广东渔业生产损失较大。11月1日，省海洋与渔业局组织在湛江市徐闻县和安、新寮两镇同时举办渔业灾后复产技术培训班，渔农民共200多人参加培训。（省海洋与渔业局提供）

2011年春季，广东省农业生产受干旱影响，各地纷纷采取有效措施抗旱救灾。图为惠州市博罗县杨村坑美村农民引水抗旱（左上图），韶关市始兴县农民抽水浇灌烟田（右上图）。（省农业厅提供）

5 月中旬，河源市紫金县临江镇三威电池厂附近村民被发现疑似血铅超标，有关部门迅速组织开展应急处置工作。图为省卫生厅组织对村民送检血液进行血铅样本检测。（省卫生厅提供）

3 月 11 日，日本东北部海域发生里氏 9.0 级地震并引发海啸，造成日本福岛第一核电站发生核泄漏。省有关部门迅速组织开展应急处置工作。图为省卫生检疫部门为从日本归国人员进行体表放射性污染检测。（省卫生厅提供）

12 月 30 日，深圳市宝安区沙井医院确诊一例人感染高致病性禽流感病例。图为 31 日沙井卫生监督所工作人员对患者工作的车队大巴进行消毒。（省卫生厅提供）

6 月下旬，北江武江河乐昌段发生锑污染事件，省委、省政府、国家环保部对事件的应急处置十分重视。图为 7 月 5 日，环保部监察局领导主持召开湖广两省加强重金属污染防治协调会议。（省卫生厅提供）

基层防灾减灾

根据省减灾委员会和省民政厅有关指示精神，惠州市由市减灾委员会办公室牵头，市民政局、市应急办、市地震办、市三防办等相关部门每年定期联合开展大型防灾减灾日宣传活动，普及推广灾害知识和避灾自救技能，近年共向公众派发各类宣传资料30多万份。图为2011年5月12日宣传活动现场。（惠州市提供）

2011年惠州市各县（区）均建立救灾储备仓库，面积达2500平方米，形成以省珠三角区域（市级）救灾储备仓库为核心、县（区）救灾物资储备仓库为配套的救灾物资储备网络。全市储备的应急救灾物资价值达996.09万元。图为2010年5月28日落成的广东省珠三角救灾物资储备仓库，面积达2000平方米。（惠州市提供）

2011年位于惠东县港口滨海旅游度假区的惠东县港口灾害庇护中心落成并投入使用，其总面积达700多平方米，可一次性安置300多人的临时生活需求。图为该庇护中心外景。（惠州市提供）

广东省防灾减灾年鉴

（2012 年卷）

广东省防灾减灾年鉴编纂委员会　编

嶺南美術出版社
中国·广州

图书在版编目（CIP）数据

广东省防灾减灾年鉴. 2012 年卷 /《广东省防灾减灾年鉴》编纂委员会编. — 广州：岭南美术出版社，2012. 12 ISBN 978-7-5362-5089-5

Ⅰ. ①广… Ⅱ. ①广… Ⅲ. ①自然灾害—防治—广东省—2012—年鉴 Ⅳ. ①X432. 65-54

中国版本图书馆 CIP 数据核字（2012）第 287901 号

责任编辑：刘向上　王岳惠予
责任技编：许伟群

广东省防灾减灾年鉴. 2012 年卷

出版、总发行：岭南美术出版社（网址：www. lnysw. net）
（广州市文德北路 170 号 3 楼 邮编：510045）
经　　销：全国新华书店
印　　刷：广州佳达彩印有限公司
版　　次：2012 年 12 月第 1 版
2012 年 12 月第 1 次印刷
开　　本：889mm×1194mm 1/16
印　　张：13. 5
印　　数：1-1000 册
ISBN 978-7-5362-5089-5

定　　价：200. 00 元

广东省防灾减灾年鉴编纂委员会

广东省防灾减灾年鉴编辑部

《广东省防灾减灾年鉴》编写组

广东省防汛防旱防风总指挥部办公室	贺国庆　章雪萍　王战友　凌宏森　罗永锐　杨　刚
广东省气象局	潘蔚娟　郝全成　黄珍珠　汤海燕　刘爱君　刘运策　叶　萌　许志钊　游积平
广东省地震局	王维亮　陈大庆　王　挺
广东省水利厅	胡　建
国家海洋局南海分局	汤超莲　邓　松　赵　雪
广东省国土资源厅	梁俊平　罗　娟
广东省海洋与渔业局	姚国成　钟小庆
广东省民政厅	韩　明　徐建利　王春鸣　刘　梅　董　浩
广东省农业厅	刘付启荣　郑洪　屈源泉　蒋启荣　熊奎州　蒋启荣　杨伟新　邹积祥
广东省环境保护厅	罗晓冬
广东省林业局	谢伟忠　叶燕华　罗和国　曾庆峰
广东省卫生厅	张玉润　吴景赠　林海波
广东省海上搜救中心	庄振荣
广东省军区政治部	王　波　谭新杰
武警广东省总队政治部	刘玉俊　杜　勇
广东省公安消防总队	潘燕红　董　丹

序

广东地处“典型气候脆弱区”，是各种自然灾害多发省，主要灾害有暴雨洪涝、热带气旋、干旱、寒冷、地震、泥石流、滑坡、赤潮和病虫害等，灾种多，灾期长，发生频率高，灾害重。据统计，1991—2010年，全省因自然灾害造成的经济损失平均每年达130亿元，重灾年损失超过400亿元。随着广东省经济社会的发展和社会财富的增加，自然灾害造成的经济损失有增大的趋势。

新中国成立后，全省兴建了一大批水利工程，具备了防御中等洪水、暴潮的能力，85%的易涝面积得到整治。珠江三角洲建成十大联围，可抵御50年一遇的洪水。灾害的监测、预测、预警得到重视，在20世纪末基本建成覆盖全省各种自然灾害的监测网络和自然灾害预测、预警系统。同时加强了防灾减灾法制建设，全省防灾减灾工作逐步走向法制化、规范化、社会化。从20世纪80年代后期起，以行政首长负责制为主要内容的防灾减灾措施不断得到加强和完善，主要防灾部门都建立了防灾预案。上述种种防灾减灾措施使广东省自然灾害损失和人员伤亡减少至最低限度。据专家研究，采取适当的防灾减灾措施可减少经济损失30%以上。

广东是各种自然灾害多发省，同时也是经济大省，防灾减灾任务十分繁重，是一项长期的、艰巨的任务。各级领导要认真贯彻中共十七大精神，深入学习与实践科学发展观，把防灾减灾工作与经济建设、环境保护、城市规划、“三农”（农业、农村、农民）工作、新农村建设等有机结合起来，与实现全面发展、协调发展、可持续发展结合起来，真正为人民群众办好事、办实事。要进一步加强行政首长负责制，建立和健全各种切实可行的防灾预案，加强自然灾害防御管理体系建设，提高对自然灾害的监测、预测、预警能力，做好公众宣传，提高全社会忧患意识和防灾减灾意识。

自1994年经省政府批准组织编写《广东省防灾减灾年鉴》（以下简称《年鉴》）以后，已出版1995年卷至2012年卷，共18卷，约540万字。《年鉴》整理与保存了丰富而宝贵的自然灾害资料，总结了防灾减灾工作成果、经验和教训，对全省防灾减灾工作起到了宣传、指导和推动作用，产生了明显的社会效益。《年鉴》的出版具有重要意义，省政府将继续支持《年鉴》的编写和出版工作。希望各有关单位和工作人员不断总结经验，与时俱进，努力工作，不断提高《年鉴》的质量，扩大《年鉴》发行量和宣传面，使《年鉴》在全省防灾减灾工作中发挥更大作用。

谨向参加《年鉴》编写的各有关单位和同志致以衷心的感谢。

刘昆

2012 年 7 月

※ 刘昆同志为广东省副省长。

凡　例

一、《广东省防灾减灾年鉴》是反映广东省自然灾害和防灾减灾状况的资料性工具书，1995年创刊，每年出版一卷。《年鉴》编纂工作由省人民政府地方志办公室和省气象局负责组织，省直及中央驻穗各有关单位合作完成。

二、本《年鉴》采取分类编辑法，设立基本栏目，栏目下为条目。本卷分别设立概述、大事记、重大自然灾害事件、自然灾害分述、省直部分防灾减灾工作、各地级以上市自然灾害与防灾减灾工作、附录。其中原“部分市防灾减灾工作”更新、充实为“各地级以上市自然灾害与防灾减灾工作”，附录内容也进行了调整。

三、本卷所载的有关内容和资料，均经供稿单位审核同意，由本《年鉴》首次公开发表。

四、本卷各项灾害数据，一般采用各主管部门或主办单位正式提供的数字。雨量资料主要采用气象站记录，部分来源于水文站。

五、数字书写，按国务院1984年2月27日颁布的《中华人民共和国法定计量单位》和国家技术监督局1996年6月1日起实施的《出版物上数字用法的规定》执行。

六、全卷记述的地名除经国务院和地方政府正式命名或更名的外，一律沿用历史或习惯称谓，必要时加注乡名。科技术语、专业名词一律采用中文名称。机构名称以印鉴为准，或使用规范简称。

七、本《年鉴》中，除必要时使用繁体字外，一律采用国务院1956年公布的《汉字简化方案》和1964年批准的《简化字总表》中的简化字。

八、本《年鉴》中，凡称“党的”均指中国共产党；凡称省委、市委、县委、镇（区）委，均指中国共产党相应地方组织；相关部门和单位概以“省……厅”、“省……局”出现，省略“广东”二字。

九、全卷除引用原文外，均以第三人称记述。文体采用现代汉语的记叙体或说明文。

十、本《年鉴》注释采用括注或在表格下编码脚注方式，不编通码。

广东省防灾减灾年鉴编辑部

2012年7月

目　录

概　述

大　事　记

重大自然灾害事件

自然灾害分述

省直部分单位防灾减灾工作

各地级以上市灾情与防灾减灾工作

附 录

编 后 记

概　　述

自然灾害概况

2011年广东省自然灾害影响属偏轻年景。年内主要气象与水文灾害有：1月中北部地区低温灾害；4月中旬珠三角地区和5月初韶关的强对流天气；全省范围秋冬春连旱（2010年10月至2011年4月），8～9月粤东秋旱；热带风暴“海马”、强热带风暴“洛坦”、强台风“纳沙”等热带气旋；5月中上旬、6月中下旬、7月中旬和10月中旬暴雨洪涝。此外，受天气影响，年内农业病虫害偏重发生。

2011年登陆和严重影响广东的热带气旋偏少，影响相对较小。从6月中旬至10月初，广东省先后受到热带风暴“莎莉嘉”、“海马”，强热带风暴“洛坦”，超强台风“南玛都”，强台风“纳沙”、“尼格”等6个热带气旋影响，其中登陆或影响较大的有4个。“莎莉嘉”、“海马”、“纳沙”先后登陆广东，“海马”、“洛坦”、“纳沙”给广东带来经济损失。6月11日，初旋“莎莉嘉”在汕头市龙海与澄海交界处登陆，其登陆时间比常年平均初旋登陆时间早17天；6月23日，热带风暴“海马”先后在阳西与电白交界处和吴川沿海地区登陆，给湛江、阳江、珠海造成直接经济损失0.52亿元；7月29日，强热带风暴“洛坦”在海南文昌登陆，给湛江市造成直接经济损失0.49亿元；9月29日，强台风“纳沙”先后在海南文昌和广东徐闻角尾乡登陆，使湛江、茂名、阳江3市共23县（市、区）、122.93万人受灾，直接经济总损失17.05亿元。

2011年广东省因暴雨洪涝造成的损失相对较小。全省平均年降水量1390.5毫米，较常年偏少22.5%，江河水位总体平稳。开汛偏晚，暴雨集中时段主要是5月中上旬、6月中下旬、7月中旬、10月中旬。其中5月上旬和6月中旬暴雨洪涝分别造成直接经济损失3.32亿元和3.23亿元，6月底和7月中旬暴雨洪涝分别造成直接经济损失1.67亿元和1.63亿元，10月中旬暴雨洪涝造成直接经济损失约0.6亿元。

据省防讯防旱防风总指挥部办公室（以下简称省三防办）统计，2011年受热带气旋和暴雨洪涝影响，全省21个地级以上市、70个县（市、区）、631个乡（镇）、198.94万人受灾，农作物受灾面积20.414万公顷，倒塌房屋4630间，死亡4人，共转移人员22.64万人，直接经济总损失29.88亿元，其中水利设施损失9.85亿元。

1～3月，低温灾害使6.73万公顷农作物受灾。

4月17日，广东省发生雷雨大风、冰雹等强对流天气，其强度罕见，造成18人死亡、155人受伤，直接经济损失达5.4亿元；5月1～2日，韶关发生雷雨大风、冰雹、龙卷风等强对流天气，造成直接经济损失1.7亿元。

年内因全省范围秋冬春连旱和粤东秋旱造成直接经济损失2.935亿元。

全年共发生雷击致人伤亡事件17宗，死亡16人，伤19人。因雷电灾害造成直接经济损失2327.76万元。

年内广东省及近海地震活动水平仍然维持近年低水平，2级以上地震频次比2009年、2010年略有增加。最大地震为阳西M3.0级，比2010年最大地震阳东M3.3级略低。“3·11”日本

9.0级强震对广东省地震活动影响不显著。

全年共发生突发性地质灾害100起，造成2人死亡，直接经济损失2744.95万元。与2010年相比，突发性地质灾害起数、死亡（含失踪）人数和直接经济损失数均大幅度减少。

全年共发生海难事故293宗，死亡、失踪104人。

全年共发生山火239宗，过火面积3367公顷，受害森林面积1476公顷，森林火灾受害率为0.15‰，1人受伤，无人员死亡，无重特大森林火灾。8月，第26届世界大学生夏季运动会（以下简称深圳大运会）期间，全省未发生山火，深圳市实现零山火和零热点。全省发生城乡火灾8148起，死亡110人，受伤64人，直接经济损失1.97亿元。

全省林业有害生物发生面积37.10万公顷，成灾面积2173公顷。农作物病虫草鼠螺害发生面积2183.34万公顷次，绝收面积0.36万公顷，损失粮食82.34万吨，经济作物74.45万吨；渔业因病害造成直接经济损失5.5亿元。

表1 2011年广东省主要自然灾害灾情统计表

灾情 / 灾别	发生时间	受灾人口（万人次）	农业受灾面积（万公顷次）	倒塌房屋（万间）	人员（人）		直接经济损失（亿元）
					伤	亡（含失踪）	
低温灾害	1～3月		6.73				
暴雨洪涝	5月3～8日	22.62	1.844	0.059		2	3.32
	5月12～17日	0.593	0.095	0.006			0.082
	6月16～18日	23.16	1.54	0.016		1	3.23
	6月28～30日	19.97	0.808	0.025			1.67
	7月12日	0.12	0.018	0.002			0.023
	7月15～22日	8.835	0.861	0.045			1.626
	10月12～14日	5.188	0.451	0.001			0.596
热带气旋	6月22～24日（热带风暴“海马”）	3.68	1.512				0.52
	7月28～30日（强热带风暴“洛坦”）	0.96	1.23				0.49
	9月29日至10月2日（强台风“纳沙”）	122.93	10.627	0.221			17.05
干旱	3～4月	133.6	25.579				2.835
	8～9月	21.4	0.53				0.1
强对流	4月17日（雷雨大风、冰雹）		0.505	0.028	155	18	5.4
	5月1～2日（雷雨大风、冰雹、龙卷风）		0.48	0.004			1.7
雷击	1～12月				19	16	0.233

（续上表）

<table>
<tr><th rowspan="2" colspan="2">灾情
灾别</th><th rowspan="2">发生时间</th><th rowspan="2">受灾人口（万人次）</th><th rowspan="2">农业受灾面积（万公顷次）</th><th rowspan="2">倒塌房屋（万间）</th><th colspan="2">人员（人）</th><th rowspan="2">直接经济损失（亿元）</th></tr>
<tr><th>伤</th><th>亡（含失踪）</th></tr>
<tr><td colspan="2">地质灾害</td><td>1～12月（暴雨洪涝和热带气旋中已统计者此处不重复）</td><td></td><td></td><td></td><td></td><td>2</td><td>0.173</td></tr>
<tr><td colspan="2">海难</td><td>1～12月</td><td></td><td></td><td></td><td></td><td>104</td><td></td></tr>
<tr><td colspan="2">赤潮</td><td>8月12～26日</td><td></td><td>0.89</td><td></td><td></td><td></td><td>0.032</td></tr>
<tr><td rowspan="3">病虫害</td><td>农业</td><td>1～12月</td><td></td><td>2183.34</td><td></td><td></td><td></td><td>粮食82.34万吨，经作74.45万吨，折合人民币30.5亿元</td></tr>
<tr><td>渔业</td><td>1～12月</td><td></td><td>1.9</td><td></td><td></td><td></td><td>5.5</td></tr>
<tr><td>林业</td><td>1～12月</td><td></td><td>37.10</td><td></td><td></td><td></td><td></td></tr>
<tr><td colspan="2">森林火灾</td><td>1～12月</td><td></td><td>0.148</td><td></td><td>1</td><td></td><td></td></tr>
<tr><td colspan="2">城乡火灾</td><td>1～12月</td><td></td><td></td><td></td><td>64</td><td>110</td><td>1.97</td></tr>
<tr><td colspan="2">合计</td><td>全年</td><td>363.056</td><td>2276.188</td><td>0.407</td><td>239</td><td>253</td><td>77.05</td></tr>
</table>

防灾减灾概况

2011年广东省自然灾害影响程度属较轻年景，但局部影响较大。各级党委、政府认真组织做好防灾减灾工作，使灾害损失减至最低。

省三防办积极推动全省三防应急能力建设，修编完成《广东省防汛防旱防风防冻应急预案》并经省政府批准实施，组织开展全省“三防能力建设年”活动，从三防组织机构、制度、山洪灾害防治非工程措施、三防信息化、应急保障能力、办公设施设备和宣传信息能力等方面，对全省各市县、乡镇三防能力建设提出具体要求。高度重视三防信息收集报送，全年共编发103期《防汛抗旱简报》。积极推进惠州、韶关、梅州、茂名等4个区域性仓库建设且进展顺利。组织做好防汛备汛，从物资、资金、人力等方面确保水利工程安全度汛。

省军区积极组织参加抢险救灾，全年共出动现役部队人员3169人次、民兵18222人次，动用车辆1891台次，解救转移群众5732人，抢救物资160多吨，森林扑火面积9859亩（注：1亩=1/15公顷），搬运土石2778立方米，加固堤坝3086米，抢修道路560千米，开辟隔离带69.9千米，出色地完成各项工作任务，得到地方党委、政府的充分肯定。

省武警总队成立应急救援队，共有100名官兵成为救援队队员。积极组织开展应急救援训练，提高部队抢险救灾能力，全省21个地级以上市支队和机动支队共150名冲锋舟操作手参加为期1个月的年度冲锋舟操作手集训。总队和各支队武警官兵在防抗强台风“纳沙”等热带气旋、扑救山火、建筑物倒塌抢险等工作中作出突出贡献。

省公安消防部门深入推进构筑“防火墙”工程，全面加强现代化公安消防铁军建设，圆满完成防火、灭火和应急救援各项任务。年内全省消防部队共接警出动6万多次，抢救疏散被困人员6.7万多人，抢救保护财产达83.9亿元，出色地完成深圳大运会消防安保、惠州中海油火灾扑救和汕尾在建工地坍塌抢险等急难险重任务。

在省政府应急办的主导下，省气象局在全国率先创办广东应急气象频道，成功开展全球首次“回南天”预报服务。全省气象部门为各级党政部门提供《重大气象信息快（专）报》等决策参考材料4023份；启动气象灾害应急响应509次，其中Ⅱ级以上51次；为公众发布气象服务短信约60亿人次，其中应急、预警短信超过10亿人次。

省民政部门启动救灾预警和应急响应6次，转移安置18.38万人。2011年全省各级政府共下拨灾害救助资金2.5亿元（其中冬春救助资金1.55亿元），救助受灾群众160多万人次，下拨帐篷680顶、折叠床3230床、棉被5510床、毛毯（毛巾被）4985床、衣服4.8万套。2012年春节前，3454户“全倒户”全部搬进新居。

省国土资源部门着力提升基层地质灾害防治能力，年内完成36个地质灾害群测群防“十有县”建设。全省共安排资金约2.9亿元（其中省级财政资金3970万元），至年底基本完成全省

84 处重大地质灾害隐患点搬迁治理，其中实施搬迁工程 23 处、治理工程 61 处，减少重大地质灾害隐患点受威胁人员 56871 人。年内成功预报地质灾害 13 起，避免人员伤亡 381 人，避免直接经济损失 2372.3 万元。

省农业部门认真抓好抗旱保春耕和强台风“纳沙”等灾害的防抗工作，坚持落实应急值班制度，严格执行灾情一日一报制度，同时积极筹措资金支持农民救灾复产。扎实推进农作物生物灾害防治工作，防治面积 2914.72 万公顷次，挽回粮食损失 442.15 万吨，挽回水果损失 227.05 万吨，挽回蔬菜损失 354.99 万吨，挽回油料损失 18.54 万吨，挽回其他经济作物损失 82.13 万吨。全面强化动物疫病防控措施，年内全省累计进行动物疫病血清学与病原学检测 59.6 万多次，并确保产地检疫和屠宰检疫率达到 100%。此外，全省共举办培训班 200 多期，培训基层动物防疫专业人员 5000 多人次。

省海洋与渔业部门加强海洋观测站网建设。6 月 12 日，全省第一个海洋观测站——北部湾雷州海洋观测站落成并投入使用。8 月 12 日，惠州市惠东海龟湾海洋站揭牌成立。积极支持渔民灾后复产。强台风“纳沙”过后，联合徐闻县政府举办省渔业灾后复产技术培训班，共培训渔、农民 200 多人。全省海洋渔业生产安全环境保障服务系统建设项目正式启动。

省林业部门狠抓森林防火工作部署和责任制落实，确保森林防火工作安全。年内全省无重特大森林火灾，无人员因森林火灾死亡。深圳大运会期间全省未发生山火，深圳市实现零山火和零热点。省林业厅以松材线虫病、薇甘菊等重大林业有害生物防治为重点，全面落实森林病虫害防治责任制，全省林业有害生物成灾率 0.22‰，全省实施防治作业面积 21.69 万公顷次，无公害防治率 98.21%，实施监测面积 2343.39 万公顷次，测报准确率 91.33%，种苗产地检疫 6765.5 公顷，种苗产地检疫率 96.9%。

省海上搜救中心全年共接报有关海上安全事件 623 宗，其中海难事故 293 宗。协调组织内地参救船舶 1201 艘次、直升机 61 架次；协调利用香港救援船舶 7 艘次、直升机 12 架次、固定翼飞机 11 架次；协调外国籍船舶 11 艘次。救起遇险生还者 2102 人，其中内地 1798 人，香港、澳门、台湾地区 73 人，外国籍 231 人。

省地震部门积极做好地震突发事件处置。3 月 10 日云南盈江 5.8 级地震和 3 月 11 日日本 9.0 级特大地震后，省地震局及时向公众发布地震灾情，普及地震科普知识，消除公众恐震心理。针对 3 月 18 日云浮 1.9 级地震，5 月 13 日揭阳、汕头交界地区 2.4 级地震，6 月 2 日阳江 2.9 级地震，6 月 8 日阳江 2.8 级地震和 11 月 5 日阳江 2.5 级地震等事件，及时做好应急处置，确保当地社会稳定。

国家海洋局南海分局建立健全应急系统，认真做好海洋预报预警服务。年内共发布潮汐、海浪、海温等各类常规海洋预报 1000 多次，发布各类海洋灾害预警预报 440 份（次），发布海上溢油监测报告 189 期，为省海上搜救中心提供准确的漂移路径预测 14 份（次），并为深圳大运会海上运动项目等做好海洋灾害预警及海洋预报保障服务。

省环境保护厅牵头组织，全省成功应对 26 起突发环境事件。至 11 月底，全省共出动执法人员 647786 人次，检查企业 261642 家次，立案处理 11419 宗，罚没金额 2.429 亿元，限期整改及治理企业 8596 家，关闭企业 461 家，停产企业 1807 家。

省水利厅认真落实水土保持措施。年内全省共治理水土流失面积 429 平方公里，其中建设基本农田 28 平方公里，种植水保林 59 平方公里，种植经济林 47 平方公里，种草 60 平方公里，封育治理 206 平方公里，其他措施治理 29 平方公里，建造塘、坝、池等小型水保工程 104 座，当年竣工小流域26条，共投入经费26744万元。经治理，共减少土壤流失量3265万吨，增加降水有效利用量5989万立方米，受益人口达714万人。

省卫生系统积极组织开展全省卫生应急示范县（市、区）创建工作，成立广东省第一支国家级应急医疗队，组织应急医疗救援演练。年内顺利完成一系列大型活动卫生保障工作，并较好地参与完成武江锑污染、深圳人禽流感、日本核泄漏、紫金铅污染、遂溪“6·24”重大交通事故、强台风“纳沙”等重大灾害（事故）应急处置工作。

防灾减灾组织体系

广东省各类自然灾害防灾减灾工作由省政府统一管理，并通过下属机构和有关职能部门具体执行，实行行政首长负责制。

【省级主要防灾减灾机构及其负责人】

1. **广东省防汛防旱防风总指挥部**

   总指挥：刘昆（广东省副省长）

   办公室主任：邱德华（广东省水利厅副厅长）

2. **广东省森林防火指挥部**

   总指挥：刘昆（广东省副省长）

   专职副总指挥：杨胜强（广东省林业局党组成员）

3. **广东省海上搜救中心**

   主任：刘志庚（广东省副省长）

   常务副主任：梁建伟（广东海事局局长）

   副主任：周尚平（广州军区司令部）庄则平（广东海事局副局长）

4. **广东省防震抗震救灾工作联席会议**

   召集人：刘昆（广东省副省长）

5. **广东省松材线虫病防治指挥部**

   总指挥：刘昆（广东省副省长）

   副总指挥：颜学亮（广东省政府副秘书长）张育文（广东省林业局局长）

   办公室主任：陈俊勤（广东省林业局副局长）

【广东省防灾减灾系统】

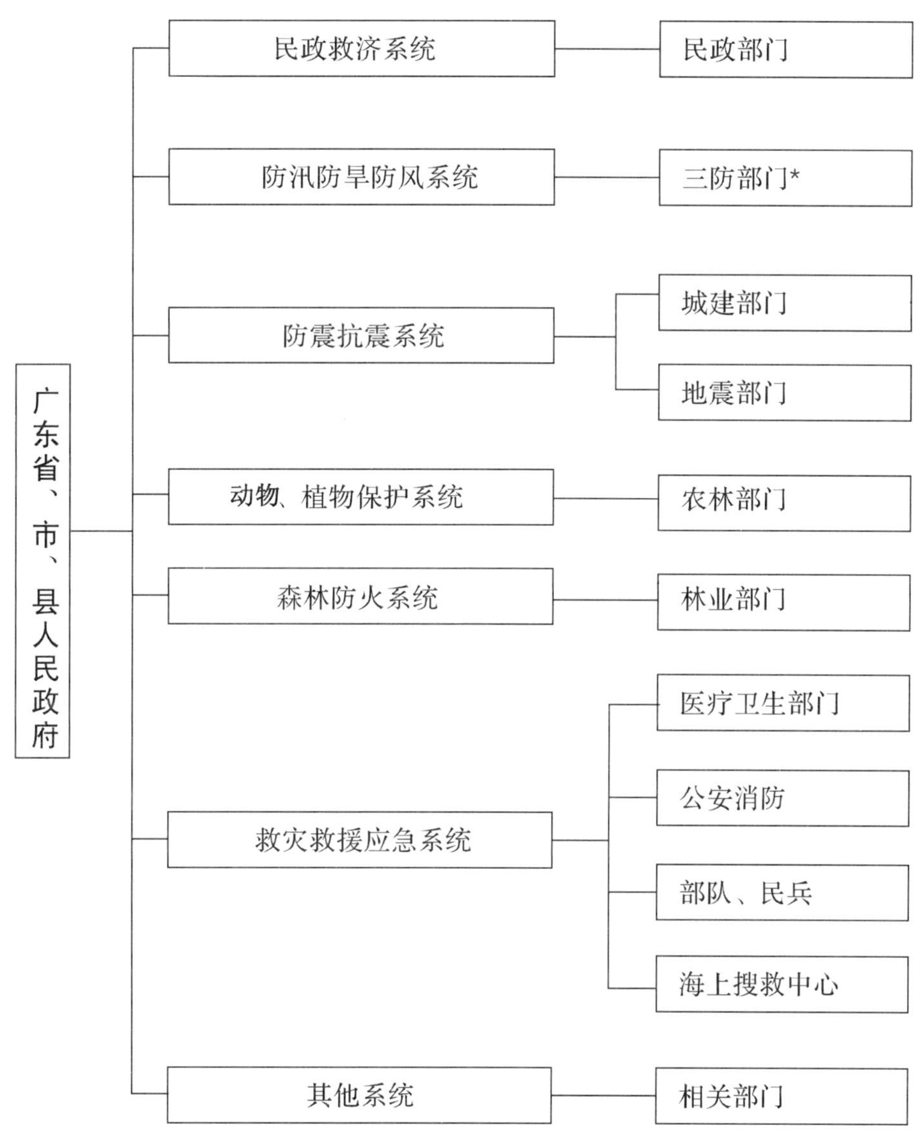

图 1 广东省防灾减灾系统示意图

※广东省三防总指挥部成员单位：省军区、省委宣传部、省水利厅、省发改委、省财政厅、省经信委、省水文局、省气象局、省教育厅、省公安厅、省监察厅、省武警总队、省公安消防总队、省民政厅、省人社厅、省国土资源厅、省住建厅、省交通厅、省农业厅、省卫生厅、省环保厅、省广电局、省物价局、省林业厅、省安监局、省海洋与渔业局、国家海洋局南海分局、省旅游局、省通信管理局、民航中南管理局、广东海事局、省粤电集团公司、广东电网公司、广东物资集团公司、广州铁路集团公司、省交通集团公司、中石化广东石油分公司、中石化销售公司华南分公司

【广东省防汛防旱防风指挥系统】

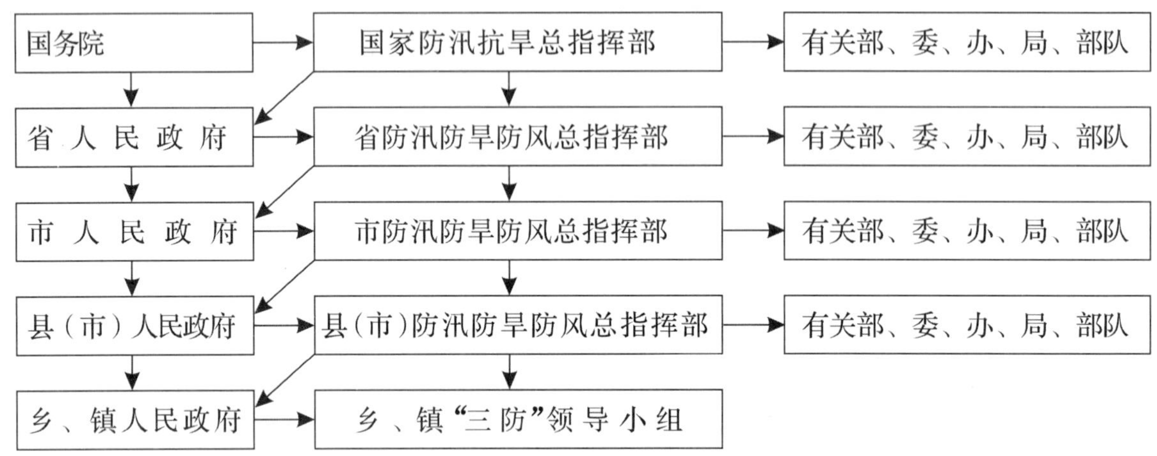

图2　广东省防汛防旱防风指挥系统示意图

【广东省防汛防旱防风主要措施】

广东省防汛防旱防风主要措施，按其防治方式不同，分为工程措施和非工程措施两大类。工程措施是：通过防御、调蓄、疏导、分泄等手段，包括修建防洪防潮堤围、水闸、水库、蓄滞洪区、提水站、排涝站以及修渠打井、水土保持、营造防风林带等，减小或免除水旱风灾威胁和危害。非工程措施是：通过法律、政策、行政、经济、技术、管理等手段，包括建立行政首长负责制及其领导下的三防机构、气象水文监测预报、三防信息系统和预案、土地使用管理、河道清障、洪泛区划分以及抢险救援、防灾保险等，减小灾害影响，把灾害损失减至最低限度。

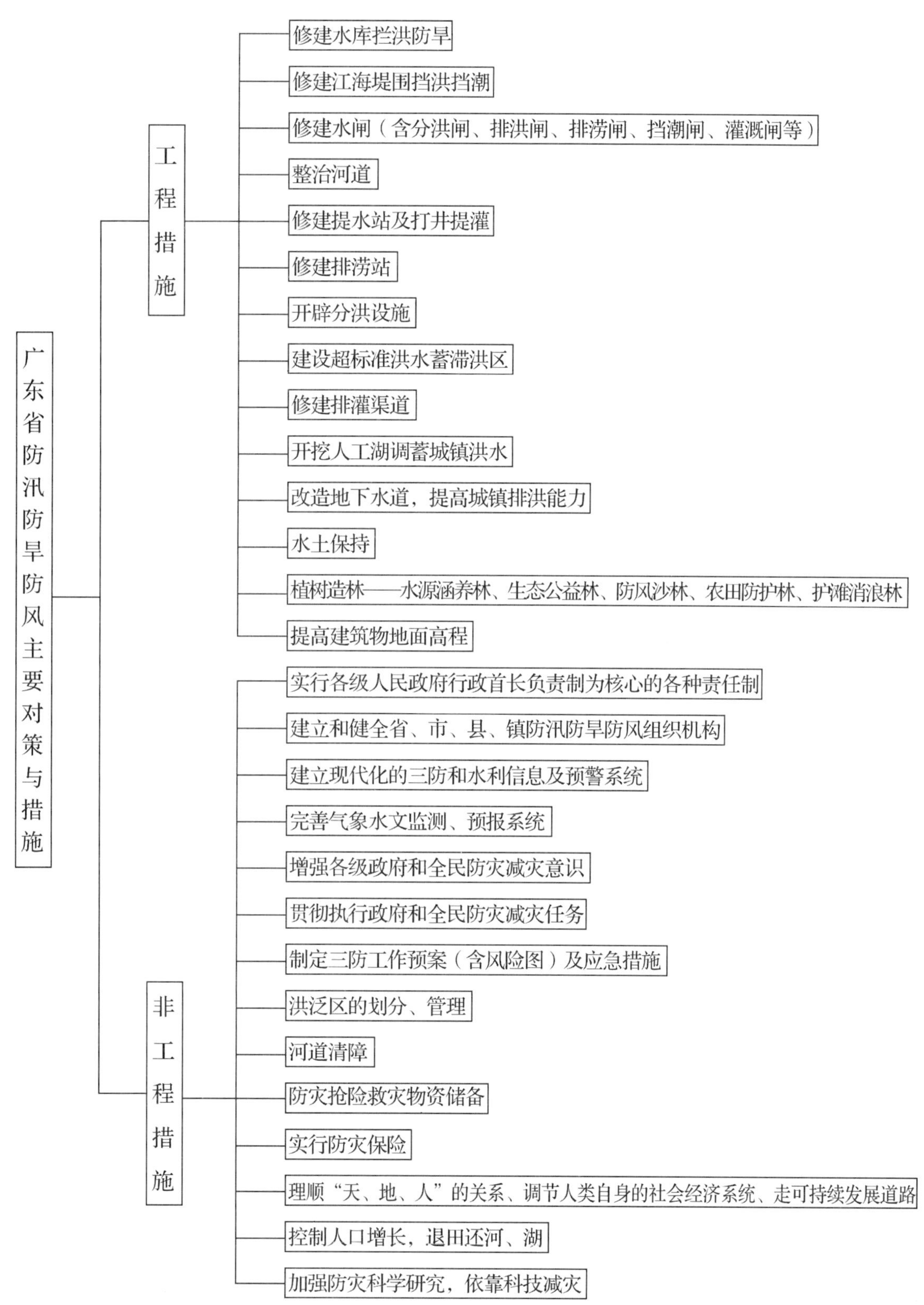

图 3　广东省防汛防旱防风主要措施示意图

【广东省海上搜救系统】

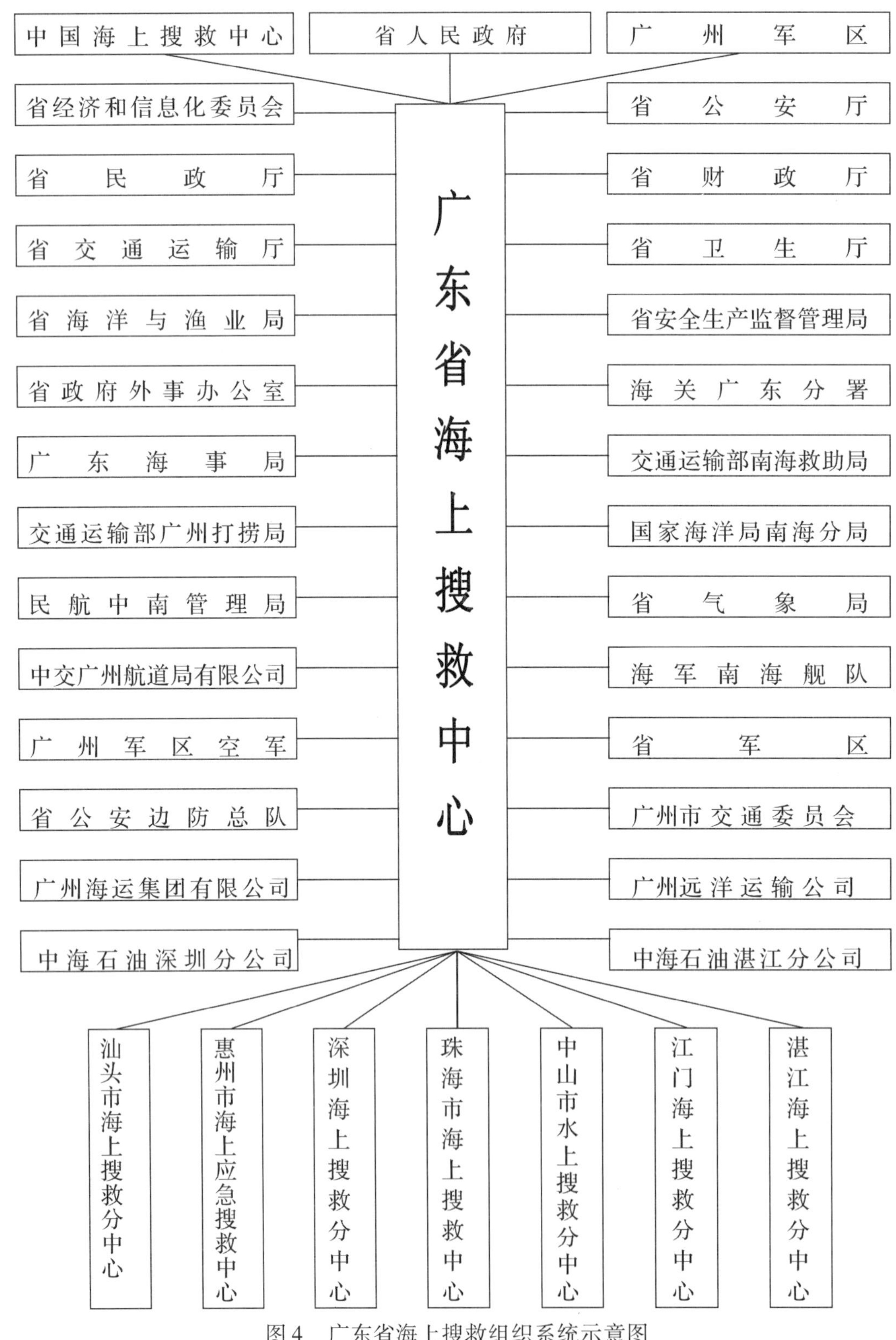

图4 广东省海上搜救组织系统示意图

【广东省防震抗震救灾系统】

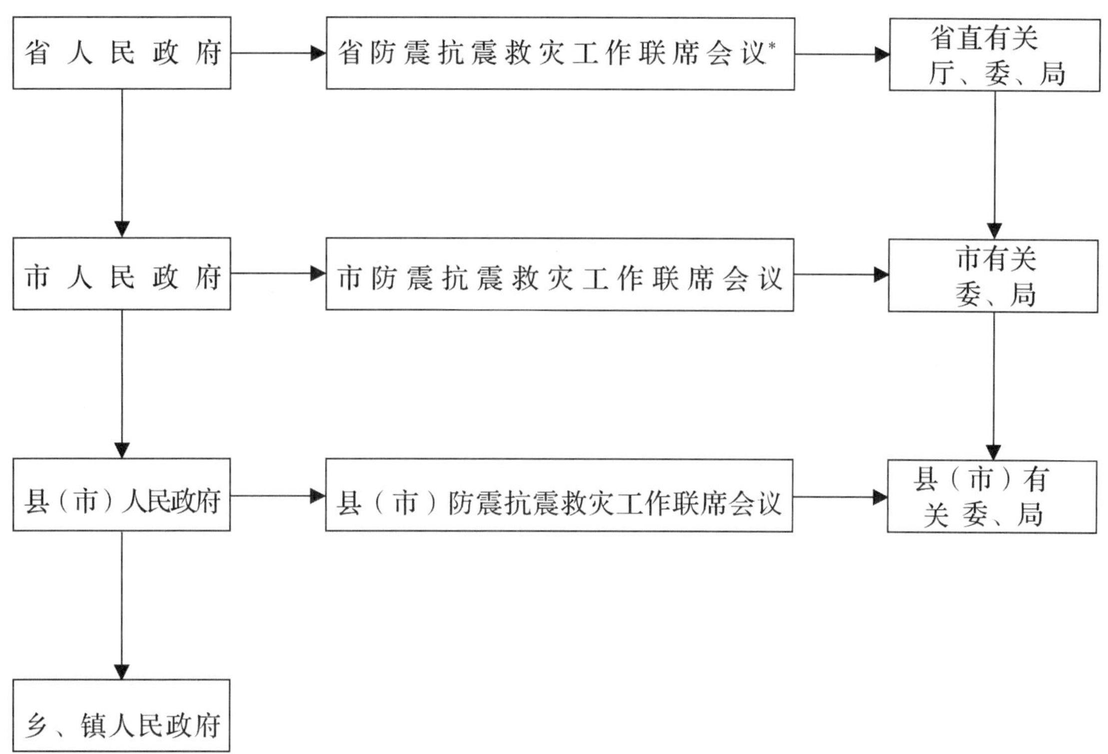

图5　广东省防震抗震救灾系统示意图

※省防震抗震救灾工作联席会议成员单位：省军区、省地震局、省委宣传部、省发展和改革委员会、省经济和信息化委员会、省教育厅、省科学技术厅、省公安厅、省民政厅、省财政厅、省国土资源厅、省住房和城乡建设厅、省交通运输厅、省水利厅、省农业厅、省卫生厅、省广播电影电视局、省气象局、省通信管理局、省公安厅消防局、广东物资集团公司、广东电网公司、中国人民财产保险股份有限公司广东省分公司

大 事 记

1 月

2 日 △“粤台山 1438”渔船在江门上川岛以南约 70 海里处沉没，船上 2 人获救、7 人失踪。

4 日 △省海洋与渔业局印发《关于切实加强冬季渔业船舶安全管理工作的紧急通知》。

△南方电监局印发《关于做好冰雪灾害防范应对工作确保电力可靠供应的紧急通知》。

6 日 △省政府办公厅印发《关于做好〈永不放弃——广东省应急管理之歌〉传唱工作的通知》。

△省国土资源厅印发《关于认真做好 2011 年全省地质灾害防治工作的通知》。

7 日 △省政府印发《广东省应对气候变化方案》。

7 ~ 10 日 △国家林业局派检查组对广东省 2008—2010 年松材线虫病防治目标责任完成情况进行考核。

10 日 △省防总印发《关于切实做好当前防冻工作的通知》。

△汕尾市政府办公室印发《关于加强应急救援队伍建设工作的意见》。

12 日 △粤港澳防治传染病联席会议第十次会议在香港召开。

13 日 △晚上，东莞市樟木头镇一五金店因电线短路发生火灾，共造成 8 人死亡、4 人受伤。中共中央政治局委员、省委书记汪洋，省委常委、省政法委书记、省公安厅厅长梁伟发，副省长李容根、佟星等分别作出批示。

15 日 △凌晨 4 时，“粤台山 12014”渔船在珠海市万山群岛以南海域沉没，5 人失踪。中共中央政治局委员、省委书记汪洋和省长黄华华分别作出批示。

16 日 △晚上，珠海市政府举行以“应急知识在心中，平安幸福伴一生”为主题的 2011 年应急知识宣传普及年活动启动仪式暨“四进”（进学校、进社区、进乡村、进企业）文艺宣传队首演活动，在全省率先唱响《永不放弃——广东省应急管理之歌》。

17 日 △上午，省政府召开全省遏制恶性火灾事故紧急电视电话会议，副省长李容根出席会议并讲话。

19 日 △继成立全国第一所应急管理学院之后，暨南大学又在全国率先成立应急管理研究中心。

△省森林防火指挥部印发《关于切实做好 2011 年春节和元宵节期间森林防火工作的通知》。

△省海洋与渔业局印发《关于切实做好春节期间渔业防冻工作的通知》。

20 日 △省政府成立《广东省突发事件应急体系建设“十二五”规划》编制小组，全面启动规划编制工作。

△省防总组织省气象局、省水文局、省海洋与渔业局等成员单位会商，研讨广东省 1 月下旬低温雨雪冰冻灾害趋势。

△省林业局启动低温雨雪冰冻灾害后林业有害生物灾害预防工作。

△省地震局徽标正式启用，其图形设计构思涵盖防震减灾工作体系内容。

21 日 △省林业局印发《关于做好节假日期间陆生野生动物疫源疫病监测防控工作的通知》。

25 日 △省第二人民医院举行应急医疗队授旗，副省长雷于蓝出席仪式并授予“广东省应急医疗队”队旗，这标志着广东省第一支国家级应急医疗队正式成立。

27 日 △上午，省防总副总指挥、水利厅厅长黄柏青召集省防总有关成员单位负责人，就春节期间广东省低温冰冻发展趋势进行会商，并部署防御工作。当日，省防总印发《关于切实做好春节期间防冻工作的通知》。

△下午，副省长、省三防总指挥部总指挥刘昆到省水利厅就进一步加强水利三防工作进行调研。

27～29 日 △中德灾害风险管理重要子项目——广东省地方政府风险治理与预案优化试点项目专题培训班在广州市开班，标志着试点项目正式启动。

28 日 △广东省发现 4 例甲型 H1N1 流感重症病例（深圳市 3 例，佛山市 1 例）。副省长雷于蓝批示要求做好甲型 H1N1 流感监测防控工作。

28～30 日 △省卫生厅多次召开专题会议，研究部署广东省春节前后突发急性传染病等突发公共卫生事件应对工作，并印发《关于做好突发急性传染病防控和突发公共卫生事件应对的通知》。

28 日至 3 月 5 日 △省海洋与渔业局派出工作组开展全省渔业安全生产应急管理工作大检查。

30 日 △中共中央政治局委员、省委书记汪洋赴茂名高州市、信宜市“9・21”特大暴雨灾区看望慰问灾区群众，检查指导复产重建工作。省委副书记、省纪委书记朱明国和副省长刘昆参加。

2 月

9 日 △上午，省卫生厅召开突发急性传染病防控队伍应急装备专家论证会。

11 日 △下午，省政府召开全省安全生产工作暨防范重特大安全事故工作会议，副省长佟星出席会议并讲话。

14 日 △上午，省防总召集水利、三防、农业、气象、水文等部门负责人和专家对广东省旱情进行会商，研究部署防旱抗旱工作。

14～15 日 △14 日晚，位于江门市新会区经济开发区的宝豪塑料五金（江门）有限公司发生火灾。中共中央政治局委员、省委书记汪洋作出批示，副省长刘昆等于 15 日下午到省公安消防总队指挥火灾救援。大火持续燃烧 20 个小时，幸未造成人员死亡。

15 日 △上午，省防总召开抗旱形势分析会商会。

16 日 △下午，省农业厅召开全省重大动物疫病防控和畜产品安全监管工作会议。

18 日 △省环境保护厅和省海洋与渔业局共同签署《广东省环境保护厅、广东省海洋与渔业局建立完善海洋环境保护沟通合作工作机制的协议》。

△“粤湛江 04087”渔船在返回硇洲岛途中失去联系，船上 7 人失踪。

21 日 △省环境保护厅印发《关于开展铅酸蓄电池专项排查工作的通知》。

22 日 △上午，省政府召开全省应急管理工作会议，副省长刘昆出席会议并讲话。

23 日至 3 月 8 日 △省环境保护厅对全省重点行业企业环境风险及化学品检查工作开展质量检查。

25 日 △省环境保护厅召开全省环境应急管理工作会议。

△《广东省防灾减灾“十二五”规划》在广州通过专家论证，论证会与会专家来自省地震局、发展改革委、经济和信息化委、科技厅、民政厅、财政厅、国土资源厅、住房和城乡建设厅、农业厅、人防办、地质局、三防办、气象局等单位。

28 日至 3 月 5 日 △省海洋与渔业局派出 7 个工作组开展全省渔业安全生产应急管理工作大检查。

3 月

3 日 △深圳市政府应急办印发《第26届世界大学生夏季运动会突发事件预防与应急准备工作方案》。

△上午，江门市海洋与渔业局和国家海洋局南海预报中心签署《江门市海洋环境预报与灾害应急预警系统项目合作协议》。

4 日 △省政府办公厅印发《关于全省第二批火灾隐患重点地区整治情况的通报》。

7 日 △下午，省三防消防抢险救援装备交接仪式在广州市举行，省防总向省公安消防总队提供一批专业抢险救援装备。

11 日 △省委、省政府向云南省委、省政府发出慰问电，对云南省德宏州盈江县于10日中午12时58分发生里氏5.8级地震表示深切慰问，并向盈江灾区捐赠救灾资金500万元。

△13时46分，日本东北部海域发生里氏9.0级地震并引发海啸，造成日本福岛第一核电站发生核泄漏。省地震台网在大地震发生3分钟后发出地震速报短信。

△省政府办公厅发出《关于开展2011年汛前防汛安全大检查的通知》。

12～14 日 △中德灾害风险管理项目中方执行单位国家行政学院和德方执行单位德国国际合作机构有关负责人到试点市河源、深圳检查广东省地方政府公共风险治理与预案优化试点项目进展情况，省政府应急办主任纪家琪参加。

15 日 △下午，全国森林防火工作电视电话会议结束后，省政府接着召开全省森林防火工作电视电话会议，副省长刘昆出席会议并讲话。

15～18 日 △省政府应急办和省气象局通过省突发事件预警信息发布系统向公众发布有关日本核电站核泄漏的应急短信。

15～30 日 △省政府派出10个检查组，对全省各市汛前防汛安全准备工作进行全面检查。

16 日 △继2009年荣获第三届中国数字出版博览会国家级大奖后，省政府应急办网站再次荣获2010年度中国政府网站领先奖。

△广东出入境检验检疫局召开日本受核污染食品进境检验检疫专题会议，并启动日本输华食品日报告制度。

16～18 日 △受日本核泄漏事件及谣传影响，广州、深圳、珠海、汕头、韶关、河源、梅州、惠州、阳江、湛江、茂名、清远、揭阳、云浮等地级以上市部分县（市、区）出现群众抢购食盐现象。省委、省政府对此高度关注。汪洋、黄华华、朱小丹、肖志恒、林雄、佟星、林木声、刘昆等省领导分别作出批示。17日，省政府应急办和省气象局通过省预警信息发布平台发布预警信息，提醒公众日本核泄漏未对广东海域造成影响，广东省食盐库存充足，保障供应。18日，抢购食盐风波基本平息。

17 日 △省新闻办组织召开专题新闻发布会，通报日本地震特别是核泄漏事故对广东省的影响及相关单位采取的监测与防护措施。

△上午，省防总召开2011年度三防形势分析会商会，副省长刘昆出席会议并讲话。

18日 △省地震局印发《广东省防震减灾“十二五”规划》。

△9时38分，云浮市（22.9°N、112.0°E）发生里氏1.9级地震。该市部分地区有感，引起广泛关注。省地震局迅速启动应急预案。

22日 △由省公安消防总队主持完成的公安部消防局2010年度科研计划重点攻关项目“危险化学品事故应急救援决策支持系统”在广州市通过专家论证。

24日 △上午，广东省第二届突发事件应急管理专家组成立大会在广州市召开，省长黄华华出席会议并讲话。

25日 △省民政厅在惠州市召开全省救灾减灾工作会议。

27日 △上午，省环境保护厅在广州市部分地区大气样品中检测出极微量来自日本福岛核事故的人工放射性核素碘。中共中央政治局委员、省委书记汪洋作出批示。

28～30日 △珠江水利委员会副主任王秋生率珠江防总汛前防汛安全检查组到广东省检查汛前防汛安全工作。

4 月

1 日 △省松材线虫病防治指挥部发出《关于加强松材线虫病疫木及其制品管理工作的通知》。

7 日 △珠江防汛抗旱总指挥部在福州市召开 2011 年工作会议，副省长、珠江防总副总指挥刘昆出席会议并发言。

7～8 日 △副省长刘昆率有关单位负责人到汕头市检查消防和防汛工作。

11 日 △上午，省政府在肇庆市召开全省三防工作会议，副省长刘昆出席会议并讲话。会前，中央防汛抗旱物资肇庆仓库在肇庆市鼎湖区正式揭牌成立，副省长刘昆、国家防办副主任田以堂、省政府副秘书长颜学亮、省水利厅厅长黄柏青共同为仓库揭牌。

12 日 △中共中央政治局委员、省委书记汪洋到清远市英德检查指导抗旱保春耕工作，省政府党组成员李容根参加。

△上午，省政府在东莞市召开全省第九次消防安全责任人会议暨深入推进社会消防安全“防火墙”工程东莞现场会。副省长刘昆出席会议并讲话，并代表省政府与各地级以上市消防安全责任人签订《消防安全工作目标管理责任书》。

15 日 △省防总在《南方日报》公布全省省管水利工程、十大围堰、大中型水库 2011 年度防汛责任人名单。

16 日 △省防总下拨 50 台小型抽水泵支援梅州抗旱。飞来峡水利枢纽紧急调度，加大水库出库流量，保障清远抗旱用水。

17 日 △广州、佛山、中山、江门、韶关、清远、深圳、东莞、珠海、云浮、肇庆、梅州、汕头等市出现雷雨大风等强对流天气，云浮市云城区极大风速达 44.3 米/秒（14 级），云城区都杨镇杨柳站冰雹直径达 3.6 厘米。受其影响，佛山、肇庆、广州等地 18 人死亡，直接经济损失约 5.4 亿元。

△21 时，省民政厅启动救灾Ⅳ级应急响应。

18 日 △水利部与省政府在广州签署《贯彻落实中央一号文件，共同推进广东水利改革发展合作备忘录》。中共中央政治局委员、省委书记汪洋，省长黄华华和水利部部长陈雷等领导出席签字仪式。陈雷和黄华华分别致辞，并共同签署合作备忘录。

△省防总派工作组赴河源、梅州、惠州、湛江、茂名等地查看旱情，指导抗旱工作。

19 日 △汕尾市政府办公室印发《汕尾市突发事件信息处理办法》。

20 日 △省政府办公厅印发《关于切实做好强对流气象灾害防御工作的通知》。

△上午，省政府召开专题会商会，研究部署全省防旱抗旱及防御强对流天气灾害工作，副省长刘昆出席会议并讲话。

22 日 △副省长刘昆率省政府、省防总、省财政厅、省农业厅、省水利厅、省气象局等单位负责人到惠州市检查抗旱保春耕工作。

25 日 △省政府办公厅转发泛珠三角内地 9 省（区）应急管理合作联席会议秘书处《关于印

发泛珠三角区域内地跨省（区）特别重大、重大矿山事故救援应急预案等应急预案的函》。

△韶关市政府办公室印发《韶关市开展应急救护培训工作方案》。

26日 上午，省防总召集水利、农业、气象和水文等有关部门专家会商旱情。

△省国土资源厅印发《广东省2011年度地质灾害防治方案》和《关于调整汛期地质灾害防治工作组分片负责地区的通知》。

26~27日 △泛珠三角区域内地9省（区）毗邻市（州）应急联动合作协议集中签约仪式在广东省肇庆市、广西壮族自治区梧州市举行。

27日 △上午，省长黄华华率广州、佛山、肇庆、清远和省直有关部门负责人到北江大堤、肇庆景丰联围检查指导防汛备汛工作。省委常委、省军区司令员刘联华和副省长刘昆等参加。

28日 △14时30分，省气象局启动气象灾害干旱Ⅲ级应急响应。

△2010年10月1日至2011年4月28日，全省平均降水量比常年同期少六成，为历史同期最少，各地出现秋冬春连旱，其中韶关、河源、梅州、惠州、茂名、清远、云浮等市为重旱到特旱。汪洋、黄华华、朱小丹、刘昆等省领导多次就抗旱工作作出批示。

△省林业局发出《关于下达2011年度松材线虫病防治任务的通知》。

△省地震局举行以“减灾、安全，建幸福家园”为主题的首次媒体开放日活动。

29日 △省林业局发出《关于开展薇甘菊疫情春季调查工作的通知》。

5 月

1~2 日 △1 日，韶关市始兴、仁化两县出现雷雨大风和冰雹等强对流天气；2 日，乳源瑶族自治县出现龙卷风，乐昌市坪石镇出现冰雹。上述地区农作物受灾共计 4800 公顷，房屋倒塌 43 间、损坏 7177 间，直接经济损失 1.7 亿元。

3~8 日 △受强降水影响，韶关、清远、河源、茂名等 4 市不同程度出现洪涝灾害，死亡 2 人，直接经济损失 3.32 亿元。

5 日 △下午，省长黄华华主持召开十一届第七十二次省政府常务会议，审议通过《广东省应急管理工作考核办法（试行）》。

5~6 日 △水利部副部长刘宁率国家防总检查组到广东省检查防汛工作，副省长刘昆等参加。

6 日 △省林业局印发《广东省林业植物检疫执法专项行动方案》。

△中共中央、国务院在广州市举行广州亚运会、广州亚残运会总结表彰大会，中共中央政治局委员、国务委员刘延东出席大会并讲话，中共中央政治局委员、省委书记汪洋主持大会。中共中央政治局委员、中央军委副主席郭伯雄，全国人大常委会副委员长桑国卫，全国政协副主席罗富和出席大会，省公安消防总队总队长雷盛武、广州支队支队长张小宏等广东省获奖集体和个人代表参加会议。

7 日 △省国土资源厅印发《广东省 2011 年度地质灾害防治工作方案》。

9 日 △下午 1 时 30 分，广西壮族自治区桂林市全州县咸水乡洛江村广坑槽采石场突发泥石流灾害，正在山脚工棚休息的 23 名农民工遇险，其中 1 人死亡、21 人失踪、1 人受伤。失踪人员中，18 人为广东省梅州市五华县人。中共中央政治局委员、省委书记汪洋，省长黄华华，副省长林木声、刘昆分别作出批示，梅州市政府立即派工作组赴事发地协助处理相关事宜。

△国家防总工作组和省防总工作组赴韶关、清远两市检查督导抢险救灾和灾后复产工作。

9~13 日 △省卫生厅在湛江市开展军地联合综合救援应急能力演练。

10 日 △上午，由省减灾委主办，省民政厅、省科协、广州市政府承办的广东省暨广州市“防灾减灾日”活动启动仪式暨减灾知识现场咨询活动在广州市人民公园举行。副省长刘昆出席启动仪式并讲话。

12 日 △省政府办公厅印发《关于切实做好持续性大范围降雨天气防范应对加强地质灾害防治工作的紧急通知》。

△省教育厅、省地震局、省科协在广州市番禺区洛溪新城中学联合举办防灾减灾科普进校园活动。

△上午，广东省“海洋防灾减灾宣传周”启动仪式在广州市举行。

12~17 日 △全省大部分地区出现连续性降水，南部沿海地区旱情缓解。但河源和肇庆地区出现涝灾，直接经济损失 819 万元。

12～20 日 △河源市紫金县临江镇三威电池厂附近村民被发现疑似血铅超标，全省累计检测河源市送检成人和儿童血样 8 批共 2669 份，达到中毒判定标准 101 人。汪洋、黄华华、徐少华、雷于蓝、林木声、刘昆等省领导及环境保护部部长周生贤和副部长张力军分别作出批示。省卫生厅召开专题会议研究处置问题。环境保护部、省环境保护厅、省卫生厅等派工作组到现场开展处置和督导工作。17 日，副省长林木声赴河源市协调处置工作。20 日，省监察厅会同省公安厅、环境保护厅、卫生厅及河源市等成立调查组，开展专项调查。

13 日 △5 时 26 分，揭阳市阳东县、榕城区和汕头市潮阳区交界处发生里氏 2.4 级地震。

△9 时，省气象局启动气象灾害暴雨Ⅲ级应急响应。

14 日 △省林业局在全省范围启动林业检疫执法专项行动。

16 日 △上午，副省长刘昆率省有关单位负责人到清远市飞来峡水利枢纽检查指导防汛备汛工作。

17 日 △由中国信息协会主办的 2011 中国应急管理信息化成果评选活动揭晓，省应急平台荣获最高奖项卓越成就奖，省政府应急办网站荣获管理创新奖。

△下午，副省长刘昆到省气象局调研，省政府副秘书长颜学亮、省政府应急办主任纪家琪等有关单位负责人参加。

19 日 △上午，驻粤部队支援北江大堤、西江景丰联围抗洪抢险工作会议在佛山市召开，省委常委、省军区司令员刘联华出席会议并讲话。

20 日 △广东省援建汶川干部正式全部撤回。省对口支援地震灾区灾后恢复重建工作领导小组及其办公室、省对口援建工作组同时撤销。

26 日 △省交通运输厅印发《关于加强强降雨期我省交通建设工程施工安全管理工作的紧急通知》。

△省三防办印发《关于做好当前南海热带低压防御工作的通知》。

26～27 日 △德国政府应急管理考察团到广东省考察广东省地方政府公共风险治理与预案优化试点项目合作进展，交流学习应急管理工作经验。

6 月

1 日 △上午，全国中小学校舍安全工程领导小组办公室督查组到东莞市督查中小学校舍安全工作。

△省政府办公厅印发《广东省应急管理工作考核办法（试行）》。

2 日 △省科技厅、省政府应急办联合印发《关于同意暨南大学等 6 家单位组建第三批广东省突发事件应急技术研究中心的通知》。第三批包括公共网络安全风险评价与预警、食品安全卫生、山洪灾害突发事件、食品安全应急监测技术、突发事件应急卫星定位与低空遥感、突发事件紧急医学救援等 6 个应急技术研究中心。

7 日 △省政府办公厅转发省地震局《关于开展防震减灾示范城市创建活动的实施意见》。

△全省消防战勤保障建设推进会议在广州召开，省公安消防总队总队长雷盛武、政委牛跃光等参加会议，省政府副秘书长颜学亮出席会议并讲话。

8 日 △上午，省政府召开全省重大动物疫病防控工作会议，副省长刘昆出席会议并讲话。

△5 时 39 分，阳江市阳西县与江城区交界处发生里氏 2.8 级地震。

△省卫生厅在深圳市部署深圳大运会突发急性传染病监测预警工作。

△出海作业的“粤惠来 22191 号”渔船在返航途中失去联系，该渔船和船上 8 人失踪。

9～10 日 △省地震局、省气象局、广东海事局在省青少年军校黄埔基地联合举办以“增强交流协作，提高应急救援能力”为主题的青年应急技能演练比赛。

10 日 △佛山市与顺德区完成应急管理工作相关事宜交接工作，顺德区开始行使地级市突发事件应急处置权限。

10～11 日 △10 日凌晨，第 1103 号热带风暴“莎莉嘉”形成。8 时 30 分，省气象局启动气象灾害台风Ⅲ级应急响应。9 时，省防总启动防风Ⅳ级应急响应。22 时，省防总将防风应急响应从Ⅳ级提高到Ⅲ级。11 日 7 时 5 分，“莎莉嘉”在汕头市龙海与澄海交界处登陆，登陆时中心附近最大风力 8 级（18 米/秒）。

△国家防汛工作组到粤东地区指导防汛工作。

13 日 △省政府办公厅印发《广东省安全生产“十二五”规划》和《广东省防汛防旱防风防冻应急预案》。

△上午，广东省、广州市 2011 年安全生产宣传服务咨询活动在广州市举行，副省长佟星出席活动并讲话。该项活动由省安委会、广州市安委会联合主办，省委宣传部、省安全监管局、省教育厅、省公安厅、省广电局、省总工会、团省委、省妇联及广州市相关单位联合承办。

15 日 △省国土资源厅印发《关于进一步加快推进我省地质灾害群测群防“十有县”建设的通知》。

16 日 △省防总印发《关于加强水库水电站安全度汛和山洪灾害防御工作的紧急通知》。

16～18 日 △粤东和珠三角地区出现强降水过程，汕头、汕尾、梅州、惠州、潮州、揭阳等

6 市发生洪涝灾害，死亡 1 人，直接经济总损失 3.23 亿元。

16～25 日 △中日应急救援培训交流合作项目中日教官组一行 4 人到广东省进行救援培训指导。

20 日 △省林业局发出《关于进一步加强扶桑绵粉蚧检疫工作的紧急通知》。

21 日 △为做好热带风暴“海马”防御工作，8 时 30 分，省气象局启动气象灾害台风Ⅲ级应急响应；12 时，省防总启动防风Ⅳ级应急响应；16 时，省民政厅启动救灾预警响应；20 时，副省长刘昆在茂名市三防办主持召开全省防御热带风暴“海马”视频会商会。

22 日 △省防总印发《关于切实做好“海马”带来强降雨防御工作的紧急通知》。

△上午 8 时，省防总将防风应急响应从Ⅳ级提高到Ⅲ级。

23 日 △省政府办公厅印发《日本大地震对我省防灾减灾工作的启示》。

△10 时 10 分和 16 时 50 分，热带风暴“海马”先后在阳西与电白交界处及吴川沿海地区登陆，湛江、阳江和珠海 3 市出现洪涝灾害，直接经济损失 0.52 亿元。

25 日 △省政府上报国务院《关于我省防御热带风暴“海马”工作情况的报告》。

28 日 △省防总印发《关于进一步加强水库度汛安全检查的紧急通知》。

28～30 日 △广东省出现暴雨到大暴雨过程，阳江、江门、茂名、云浮等 4 市受灾，直接经济损失 1.67 亿元。

29 日 △省防总印发《关于做好强降雨防御工作的紧急通知》，并派工作组赴江门、阳江两市指导抢险救援。

△上午 9 时，省气象局启动气象灾害暴雨Ⅲ级应急响应。

30 日 △国家防总正式批复珠江防总办编制的《珠江枯水期水量调度预案》。

7 月

1 日 △广东省正式启用野生动物疫源疫病监测信息网络直报系统。

5 日 △上午，省质监局在广州塔举行特种设备应急救援演练。

△省防总印发《广东省“三防能力建设年”活动实施方案》。

6 日 △上午，由省政府应急办、省气象局、省广播电视网络公司共同推动建设的全国首个省级应急气象频道——广东应急气象频道正式开播。副省长刘昆出席开播启动仪式并讲话，中国气象局副局长矫梅燕、国务院应急办副巡视员陈胜出席仪式，省政府副秘书长罗欧主持仪式。开播启动仪式上，省政府应急办、省气象局、省广播电视网络公司签署《信息化战略合作框架协议》。汕头、佛山、梅州、江门、揭阳等 5 市同步举行应急气象频道开播仪式。

△省防总召集三防、气象、海洋、水文部门有关专家，就后汛期全省三防形势进行会商。

8 日 △上午，广东省矿山应急救援清远基地项目奠基仪式在连南瑶族自治县举行。

11 日 △4 时 10 分，惠州市大亚湾石化区中海油惠州炼油分公司运行三部芳烃联合装置重整生成油塔底泵机密封泄露发生火灾。省消防部门投入 493 名指战员、96 辆消防车，经过 13 个小时奋战，将大火扑灭。

14 日 △省三防办印发《关于做好近期强降雨防御工作的通知》。

15 日 △省国土资源厅印发《关于贯彻落实国土资源部汛期地质灾害防治工作紧急视频会议精神切实加强广东省地质灾害防治工作的通知》。

15～22 日 △珠江三角洲、粤东和雷州半岛出现强降水，河源、梅州、湛江、云浮 4 市受灾，直接经济损失 1.626 亿元。

16 日 △上午，省政府应急办主任纪家琪会见美国研究灾后恢复重建著名应急管理专家、伊利诺伊大学香槟分校教授罗伯特·奥先斯基一行，双方交流了应急管理工作相关经验。

△8 时 30 分，省气象局启动气象灾害暴雨Ⅲ级应急响应。

19 日 △省林业局、省住房和城乡建设厅、交通运输厅、水利厅、农业厅、广州铁路（集团）公司联合发出《关于进一步加强薇甘菊除治工作的通知》。

21 日 △上午，省卫生厅召开 2011 年全省卫生应急工作会议。

22 日 △省政府办公厅印发《关于加强学校托幼机构应急避险教育工作的意见》。

△省政府召开全省深入推进“五大”活动（即大排查、大整治、大宣传、大培训、大练兵），全力做好“平安大运”消防安保工作电视电话会议，副省长刘昆出席。

△省森林防火指挥部印发《关于做好大运会期间森林防火工作的通知》。

27 日 △上午，省政府举行以“抓避险教育，共建幸福广东”为主题的广东省第二届“百人百场”应急知识宣讲活动启动仪式。副省长刘昆在仪式上讲话，并为宣讲团授旗。

△省安全监管局印发《广东省安全生产监督管理局关于矿山救护队建设与管理的实施办法》。

△省三防办印发《关于切实做好第8号热带气旋“洛坦”防御工作的通知》。

28日 △上午，国家防总会议结束后，省防总接着召开全省防御强热带风暴“洛坦”视频会商会，副省长刘昆主持会议并讲话。15时，刘昆到省三防值班室部署“洛坦”防御工作。

△8时，省气象局启动气象灾害台风Ⅲ级应急响应。9时，省防总启动防风Ⅲ级应急响应。16时30分，省气象局将气象灾害台风应急响应从Ⅲ级提高到Ⅱ级。

△省长黄华华、副省长刘昆就强热带风暴“洛坦”防御工作作出批示。省防总再次发出紧急通知，要求各地、各单位进一步做好“洛坦”防御工作，并派督导组赴粤西沿海各市检查指导防风工作。

29日 △下午，副省长刘昆到省防总检查强热带风暴“洛坦”防御措施落实状况。

△省防总印发《关于进一步做好强热带风暴“洛坦”防御工作的紧急通知》。

30~31日 △受强热带风暴“洛坦”影响，湛江市直接经济损失0.49亿元。

8 月

1 日 △省科技厅、省政府应急办联合印发《关于同意中国气象局广州热带海洋气象研究所等 4 家单位组建第四批广东省突发事件应急技术研究中心的通知》。第四批包括灾害性天气、重大道路交通伤急救、实验动物安全、城市生命线工程结构力学等 4 个应急技术研究中心。

△广州市应急办实行城市运行信息“每日一报”制度。

3 日 △省长黄华华、常务副省长朱小丹、副省长刘昆相继批示，对广东省三防工作给予肯定。

4 日 △省地震局与新疆喀什地震局实地对接，确定 5 年援疆工作方案及 2011 年援建任务。

5 日 △省林业局转发《国家林业局办公室关于严格控制向广东省运输野生动物及其产品的紧急通知》。

△上午，省防总召开深圳大运会期间三防形势分析会商会。

△上午，交通运输部救助打捞局在珠海市九洲直升机场举行两架 EC225 大型救助直升机交付仪式，副局长张金山，珠海市委常委、常务副市长霍荣荫出席交付仪式。

△磨刀门水道中山市坦洲镇大涌口水闸出现秋季第一轮咸潮，较历史最早咸潮出现时间提前 48 天。

8 日 △上午，省防总召开深圳大运会三防形势视频会商会。

△省森林防火指挥部印发《大运会期间处置森林火灾专项应急预案》。

△省公安厅印发《广东省公安机关消防刑侦部门火灾调查工作协作规定实施细则（试行）》。

△上午，省国土资源厅在河源市连平县召开全省地质灾害群测群防工作现场会。

△上午，惠州海事局在深圳大运会海上比赛项目附近水域举行“迎大运，保平安”海上溢油应急演习。

11 日 △上午，省三防办主持召开 2011—2012 年枯水期珠澳供水形势分析会商会，西江水务局、珠海三防办、珠海海洋农渔和水务局、珠海水务集团有关领导和专家与会。

△广东省地震预警与重大工程安全诊断重点实验室列入省级重点实验室建设项目。

12～26 日 △珠海附近海域发生赤潮，面积达 89 平方公里，其赤潮生物种主要是双胞旋沟藻，造成经济损失 200 万元。

13 日 △省地震局、省发展和改革委员会、省民政厅、省安全生产监督管理局联合印发修订后的《广东省地震应急工作检查管理办法》。

16 日 △省财政厅印发《关于下达 2011 年应急度汛项目中央补助资金的通知》。

17 日 △国家林业局与省政府签订《2011—2013 年松材线虫病等重大林业有害生物防治目标责任书》。

△上午，珠江防汛抗旱总指挥部办公室、省三防办联合召开珠海、澳门冬春供水安全形势分析会商会。

18 日 △省防总召开深圳大运会后期三防形势视频会商会。省气象局、国家海洋局南海分局和省水文局分别对大运会后期和下半年广东省天气形势作预测分析。

22 日至 9 月 2 日 △省地震局选派省地震灾害紧急救援队骨干队员到日本学习紧急救援救助技术。

△潮州市政府印发《潮州市突发事件应对规定》。

23 日 △上午 6 时，佛山市盛丰陶瓷有限公司三水分公司办公综合楼因电线短路发生火灾，造成 15 人死亡、1 人受伤。中共中央政治局委员、省委书记汪洋，省长黄华华等分别作出批（指）示，副省长刘昆率有关单位负责人赴现场组织处置工作。

24 日 △省松材线虫病防治指挥部印发《关于迅速开展松材线虫病除治行动的通知》。

25 日 △约 7 时，江门市台山台城石化路 14 号临街住宅发生火灾，造成 6 人死亡。火灾系因住宅首层室内停放的助力车电池引出线短路引燃车体可燃物所致。

△省政府印发《关于佛山市“8・23”重大火灾和江门台山市“8・25”较大火灾情况的通报》。

29 日 △4 时 25 分，超强台风“南玛都”在台湾省台东县沿海地区登陆后进入台湾海峡。9 时，省气象局启动气象灾害台风Ⅲ级应急响应。10 时，省防总启动防风Ⅳ级应急响应。

30 日 △上午，副省长刘昆在省三防办主持召开防御超强台风“南玛都”视频会商会。

31 日△全省质监系统组织特种设备安全大检查，督促消除安全隐患，实现深圳大运会期间零事故。

9 月

6 日 △省防总召集水利、气象、海洋、水文等部门专家，就下一阶段全省三防形势进行会商。

8～9 日 △第十一次粤港澳防治传染病联席会议在澳门召开。

12～14 日 △国家减灾委副主任史培军率调研组到深圳市考察防灾减灾和应急管理工作。深圳市政府副秘书长、市应急办主任李一康参加。

14 日 △国务院安委会办公室印发《关于广东省佛山市三水区盛丰陶瓷有限公司“8·23”重大火灾事故情况的通报》。

△团省委、省教育厅、省地震局、省公安消防总队、省科协、省少工委等单位印发《关于开展“小红帽”广东红领巾应急避险教育活动的通知》。

△省国土资源厅印发《关于结合名镇名村示范村建设进一步做好地质灾害防治工作的通知》。

△省林业局印发《关于加强种苗花卉检疫工作的通知》。

△深圳保监局与中国人民财产保险股份有限公司合作开展深圳市巨灾风险分析及应对机制研究，深圳市政府办公厅、市应急办协助成立工作小组。

△清远市政府办公室印发《清远市火灾隐患举报奖励暂行办法》。

15 日 △上午，省国土资源厅、广州市国土资源和房屋管理局、广州市萝岗区政府在萝岗区联合举行“广东（广州）2011 年突发地质灾害应急演练”。

△泛珠三角区域内地 9 省（区）应急管理合作联席会议秘书处印发《泛珠三角区域内地 9 省（区）突发事件信息通报制度》，正式建立区域内突发事件信息通报机制。

16 日 △汕尾市政府办公室印发《汕尾市应急管理示范区建设试行标准》。

18～20 日 △山东省应急管理考察团到广东省交流学习应急志愿者队伍建设、应急物资储备、救援装备配备等工作经验。

20 日△副省长刘昆率省有关单位负责人到高州市检查灾后复产重建工作。

21 日 △省政府办公厅印发《广东省突发事件总体应急预案》。

△广州市政府办公厅印发《广州市应急管理工作考核办法》。

22 日 △省森林防火指挥部印发《关于贯彻落实 2011 年全国秋冬季森林防火工作会议精神切实做好国庆重阳节期间森林防火工作的通知》。

△上午，场外核应急工作粤港合作年会在香港召开。

△上午，闽、粤、赣毗邻 3 市应急联动合作第一次联席会议暨粤东北 6 市应急联动合作第二次联席会议在梅州市召开。

22～23 日 △珠江三角洲地区防震减灾工作联席会议在惠州市召开。

23 日 △省财政厅印发《关于安排“凡亚比”台风重灾区自然灾害生活救助资金的通知》。

26～29 日 △省地震局在广州从化市喜乐登防震减灾科普教育基地举办全省地震应急救援志愿者骨干培训班。

26～30 日 △省林业局组织 4 个督查组对全省各地松材线虫病和薇甘菊防治工作及检疫执法专项行动进行督查。

27 日 △国家防总派工作组分赴广东、海南两省检查防御强台风“纳沙”的准备工作。

△ 9 时，省气象局启动气象灾害台风Ⅲ级应急响应。16 时，省防总启动防风Ⅲ级应急响应。

28 日 △上午，副省长刘昆主持召开防御强台风“纳沙”视频会商会。

△11 时，省气象局将气象灾害台风应急响应从Ⅲ级提高到Ⅱ级。16 时，省防总将防风应急响应从Ⅲ级提高到Ⅱ级。

△下午，省防总派督导工作组赴粤西指导防风工作。

△省公安厅印发《全省深化消防安全“五大”活动，开展“清剿火患”战役实施方案》。

△省国土资源厅印发《关于认真贯彻落实省委省政府领导重要批示精神，切实做好第 17 号强台风“纳沙”强降雨期间可能引发地质灾害防范工作的紧急通知》。

29 日 △8 时，省气象局将气象灾害台风应急响应从Ⅱ级提高到Ⅰ级。17 时 30 分，省民政厅启动Ⅳ级救灾应急响应。

△上午，省防总召集渔业、水文、气象、海洋等单位及湛江、茂名市三防指挥部有关人员，就强台风“纳沙”可能带来的风暴潮进行会商。

△21 时 15 分，强台风“纳沙”在湛江市徐闻县沿海地区登陆，登陆时中心最大风力 12 级。受其影响，广东省大部分地区出现大到暴雨，粤西局部降特大暴雨，湛江、茂名、阳江 3 市受灾，直接经济损失 17.05 亿元。

△省政府在中山市召开全省推进火灾隐患重点地区整治暨“清剿火患”战役动员部署会议。

30 日 △下午，省防总召开全省视频会议，总结强台风“纳沙”影响及其防御工作，分析研判热带气旋“尼格”走向。副省长刘昆部署国庆期间防御台风和救灾复产工作。

△国家防办副主任张家团率工作组到茂名市督导强台风“纳沙”灾后工作。

△省政府印发《关于同意调整广东省海上搜寻救助中心办事机构设置的函》。

△省财政厅印发《关于安排强台风“纳沙”自然灾害应急补助资金的通知》。

10 月

1 日 △省防总印发《关于做好强台风“尼格”防御工作的通知》。

2 日 △省财政厅印发《关于下达茂名市“9·21”救灾复产重建缺口资金补助计划的通知》。

3 日 △国家防总召开防御强台风“尼格”视频会商会，省防总随即召开贯彻会议。副省长刘昆就“尼格”防御工作作出指示。省国土资源厅印发《关于切实做好国庆期间第 19 号强热带风暴“尼格”可能引发地质灾害防范工作的通知》。9 时 30 分，省气象局启动气象灾害台风Ⅲ级应急响应。12 时，省防总启动防风Ⅳ级应急响应。

8 日 △省林业局印发《关于切实做好秋冬季野生动物疫源疫病监测防控工作的通知》。

△省森林防火指挥部印发《关于调整省森林防火指挥部领导成员的通知》。

△省安委办印发《广东省安全生产应急管理“十二五”规划》。

△中山市政府办公室印发《中山市突发事件应急预案管理办法》。

9 日 △省公安消防总队、广州市消防支队和天河区消防大队在广州市国际金融中心举行大型消防应急演练，副省长刘昆观摩演练。

11 日 △2011 年度中南五省（区）（湖北、湖南、广东、广西、海南）地震应急区域协作联动联席会议在南宁市召开。

12 日 △国家减灾委副主任史培军率国家防灾减灾调研组到深圳市调研应急管理与防灾减灾工作。

△省财政厅印发《关于下达农业种子救灾补助资金的通知》。

12～14 日 △12 日夜间至 14 日早晨，清远、韶关、佛山、广州、惠州、河源、湛江、茂名等市出现暴雨到大暴雨，局部特大暴雨，部分地方伴有 7～8 级雷雨大风。广州、河源、肇庆 3 市出现洪涝灾害，直接经济损失 5958 万元。

13 日 △上午，省水利厅会同澳门特区政府港务局、珠海市政府及其相关职能部门在珠海市举行粤澳供水应急演练。

△省防总印发《关于做好强降雨防御工作的紧急通知》。

△省防震减灾示范城市认定标准研讨会在东莞市召开，中国地震局副局长刘玉辰出席会议，省地震局局长黄剑涛主持会议。

14 日 △汶川地震灾后恢复重建总结表彰大会在北京人民大会堂召开。中共中央政治局委员、国务院副总理回良玉出席会议并讲话。省委常委、常务副省长、省对口支援地震灾区灾后恢复重建工作领导小组常务副组长朱小丹率广东代表团参加，并代表全国对口支援省（市）发言。广东省共 10 个先进集体和 16 名先进个人受表彰。

15 日 △上午，省矿山救援韶关基地正式开工建设。

18～22 日 △省环境保护厅会同省发改委、国土资源厅、交通运输厅、水利厅、国资委、安全监管局、广东海事局等 8 个单位组成 5 个联合检查组，对沿海地区开展陆源溢油污染风险防范监督检查。

19 日 △上午，省民政厅、省气象局签署《关于加强防灾减灾工作合作协议》。

22 日 △下午，珠海市在北京师范大学珠海分校举行以“关爱生命、学会生存”为主题的全市高校应急文化建设系列活动启动仪式。

24～26 日 △第五届国际矿山救援大会暨第三届中国国际安全生产应急管理论坛及应急救援技术与装备展览会在北京市举行。省安全生产应急救援指挥中心主任章云龙在会上介绍广东省安全生产应急预案管理工作经验。

△省卫生厅应急办在江门市召开鼠疫防控工作专家研讨会。

25 日 △下午，省政府召开全省部署推进冬季防火工作暨“119 消防安全宣传月”活动电视电话会议，副省长刘昆出席会议并讲话。

26～27 日 △国家安全监管总局副局长付建华率国务院七部门联合检查组到东莞市检查陆源溢油污染风险防范工作。

27 日 △省森林病虫害防治与检疫总站发出《韶关市出现群发性松毛虫毒毛中毒引发病状》警示。

28 日 △省政府印发《关于进一步加强突发事件预警信息发布工作的意见》。

△下午，省防总召开当前旱情及冬季抗旱形势分析会商会。

31 日 △省地震局与澳门地球物理暨气象局联合在澳门举办为期 5 天的测震暨地震安全性评价技术培训班。澳门地球物理暨气象局和香港天文台相关技术人员参加培训。

11 月

1~10 日 △1 日上午，清远市连南瑶族自治县大麦山镇新寨村发生大规模地面塌陷。至 10 日晚 8 时，周边共有 244 户民房出现不同程度开裂和地面下陷，涉及群众 1279 人，灾害造成直接经济损失 663 万元。中共中央政治局委员、省委书记汪洋，省委副书记、代省长朱小丹等对应急处置工作作出指示。

3 日 △省松材线虫病防治指挥部印发《关于除治松材线虫病的紧急通知》。

7~11 日 △农业部动物防疫秋防检查组到广东省检查农业秋防工作。

8 日 △肇庆市政府印发《肇庆市气象灾害防御规定》。

9 日 △上午，省公安消防总队、广州市消防支队在广州国际金融中心联合举行“119 消防安全宣传月”活动启动仪式暨大型灭火应急疏散演习。副省长刘昆出席启动仪式并观摩演习。

△由省人大法工委、环资委领导组成的立法调研组到省地震局调研《广东省防震减灾条例》修订工作。

10 日 △国家海洋局组织沿海各省（区、市）政府和国务院有关单位举行 2011 年泛太平洋海啸演习。演习在国家海洋局南海分局设立广东省分指挥部，在惠州市大亚湾经济技术开发区设立分会场。

△副省长刘昆到省地震局调研，省政府副秘书长颜学亮，省政府办公厅、应急办和省财政厅等部门负责人随同参加。

11 日 △2011 年闽粤区域地震跟踪工作协调会在汕头召开。

12 日 △广州军区总医院在花都开展国家应急医疗救援队野外演练。

15 日 △省国土资源厅、省气象局转发《国土资源部、中国气象局关于进一步推进地质灾害气象预警预报工作的通知》。

△省地震局印发《广东省防震减灾示范城市申报认定办法（试行）》。

17 日 △上午，2011 年度闽粤防震减灾联防协作区工作会议在汕头市召开。

19 日 △下午，江门市环境保护局会同珠海市环境保护局、中山市环境保护局、江门市教育局举办首届“珠中江”中学生环境保护知识演讲比赛。

20~30 日 △省国土资源厅组织 3 个检查组检查 2011 年全省地质灾害群测群防“十有县”建设情况。

21 日 △下午，省卫生厅召开“全省卫生应急示范县（市、区）创建工作”启动视频会议。

22 日 △省国资委组织发动省属企业深入开展《广东省突发事件应对条例》宣传教育活动。

△省森林病虫害防治与检疫总站发出《广东省部分地区出现红火蚁伤人事件》警示。

△上午，珠海、中山、江门 3 市卫生部门在中山市联合举行珠海、中山、江门 3 市突发事件紧急医疗救援联合演练。

△河源市在全省率先成立消防志愿者“飞行队”。

23 日 △省财政厅印发《关于下达渔业救灾复产资金的通知》。

△下午，海关总署广东分署举行应急消防疏散演练及消防知识培训。

△上午，中山市举行全禄水厂蓄淡抗咸工程——岚田水库通水仪式。

24 ~ 26 日 △省林业局会同省交通运输厅、水利厅、农业厅对广州市萝岗区、增城市，惠州市惠城区及博罗县的薇甘菊除治工作进行专项督导。

25 日 △下午，广州增城市应急办与东莞市中堂镇应急办签署区域应急联动合作协议。

28 日 △上午，省防总召开当前旱情及冬季抗旱形势会商会。

29 ~ 30 日 △省政府法制办立法调研组赴阳江就《防震减灾法》修订工作开展调研。

12 月

2 日 △省国土资源厅印发《关于贯彻落实国土资源部和省政府要求进一步加强地质灾害防治工作的通知》。

3～4 日 △黑龙江省政府应急办副主任房军一行到广东省交流学习应急气象频道建设经验。

5 日 △在省政府组织召开的专家论证会上，《广东省突发事件应急体系建设“十二五”规划》通过评审。

6 日 △上午，农业部突发重大动物疫情应急指挥中心、香港特别行政区食物及卫生局、澳门特别行政区民政总署、广东省突发重大动物疫情应急领导小组在广州从化市联合举行 2011 年中国内地—香港—澳门突发重大动物疫情联合应急演练。

7 日 △下午，省政府、中国地震局在广州市举行《共同推进珠江三角洲地区防震减灾工作合作协议》签署仪式。中共中央政治局委员、省委书记汪洋，省委副书记、代省长朱小丹和中国地震局局长陈建民出席仪式。副省长刘昆、中国地震局副局长修济刚共同为中国地震局和广东省共建的“地震监测与减灾技术重点实验室”揭牌。

△上午，全省救灾物资储备仓库安全检查、物资盘点及消防安全培训班在惠州市救灾物资仓储站举行。

8 日 △省政府印发《关于同意作为率先基本实现气象现代化试点省的复函》。

△上午，省政府召开全省防震减灾工作会议。副省长刘昆、中国地震局副局长修济刚出席会议并讲话。

△下午，省森林防火指挥部在广州增城首次举行大规模森林消防“立体灭火”实战演习。副省长刘昆担任演习总指挥，并于演习结束后发表电视讲话。

8～9 日 △省地震局地震现场工作队与省公安消防总队直属特勤大队在云浮市郁南县举行跨区域地震救援拉动演练。

9 日 △省政府办公厅印发《关于进一步加强应急管理能力建设的意见》。

△省武警总队应急救援队授旗暨揭牌仪式在广州市举行。省委常委、省公安厅厅长梁伟发，副省长刘昆，中国地震局副局长修济刚，省地震局局长黄剑涛，省武警总队总队长何宏平和省政府应急办主任纪家琪出席仪式。

△省三防办印发《关于做好防御低温冰冻工作的通知》。

9～13 日 △中日合作地震紧急救援能力强化计划项目专家组一行 11 人到广东省开展项目中期评估工作。

12 日 △上午，省环境保护厅召开全省环境安全宣传教育月动员视频会议，启动环境安全宣传教育月活动。

12～16 日 △广东省第三期领导干部应急管理工作培训班暨泛珠三角区域内地省（区）第二期应急管理工作研讨会在暨南大学举办。省政府副秘书长罗欧出席开班典礼、结业典礼并讲话。

15 日 △省财政厅印发《关于安排拨付进一步支持茂名市“9·21”灾后复产重建补助资金的通知》。

△上午，广州市政府十三届第162次常务会议审议通过《突发事件危险源和危险区域管理规定》。

19 日 △上午9时，珠海市横琴岛西南14千米五沙水域因挖沙船作业不慎挖穿海底天然气管线导致天然气泄漏。汪洋、朱小丹、林木声、刘志庚等省领导分别就事故处理作出批示。中海油、国家海洋局南海分局、珠海海事局、珠海市有关单位联合成立应急指挥领导小组，全力开展处置工作。

△2011—2012年枯水期珠江流域水量调度工作会议在珠海召开。会议分析现阶段咸情，部署下一阶段珠江流域水量调度工作。

△团省委、省政府应急办、省教育厅、省地震局、省公安消防总队、省科协、省少工委等单位联合印发《关于开展“小红帽”广东红领巾应急避险教育、童谣作品创作大赛的通知》。

20 日 △省三防办印发《关于做好珠江水量调度期间保洁抢淡工作的通知》。

21 日 △省财政厅印发《关于下达2011年中央和省财政自然灾害生活补助资金的通知》。

22～23 日 △省环境保护厅在广州市举办全省环境应急管理培训班。

23 日 △上午，省政府召开全省林业有害生物防治工作会议。会上，省政府与各地级以上市和顺德区政府签订《2011—2013年松材线虫病和薇甘菊防控责任书》。

△省财政厅印发《关于下达杂交水稻种子救灾资金的通知》。

25 日 △省政府办公厅印发《关于做好低温冻害天气防御工作的紧急通知》。

△省政府应急办网站荣获2011年度中国政府网站领先奖。

△早晨，广东省中北部大面积出现低温霜冻天气，北部山区出现冰冻。省三防办发出通知，要求做好防御低温冰冻及森林防火工作。

26 日 △下午，省政府召开气象灾害应急管理工作座谈会。省政府副秘书长罗欧出席会议并讲话，省政府应急办主任纪家琪主持会议。

△省应急气象电视频道在全省地级以上市落地开播。

27 日 △上午，广东省海上搜救中心揭牌仪式在广东海事局举行。交通运输部党组成员何建中、副省长刘志庚共同揭牌。

△省委、省政府在广州市召开全省环境保护工作会议。中共中央政治局委员、省委书记汪洋出席会议并讲话。

△省政府办公厅印发《广东省消防工作“十二五”规划》。

△省森林防火指挥部办公室印发《广东省森林防火指挥部办公室处置森林火情工作守则》。

28 日 △省政府办公厅印发《广东省突发事件应急体系建设“十二五”规划》。

△上午，省三防办召开冬春防旱及防冻形势分析会商会。

30 日 △省农业厅印发《关于进一步做好禽流感防控工作的紧急通知》。

△上午，省防总在肇庆市怀集县召开全省山洪灾害防治县级非工程措施项目建设现场会暨2011年全省三防办主任会议。

30～31 日 △30日上午，深圳市宝安区沙井医院收治一例不明原因肺炎病例，经省疾控中心实验室、中国疾控中心实验室复核，人禽流感H5N1病毒核酸检测阳性，卫生部人禽流感防控专家组判定该病例为人感染高致病性禽流感确诊病例。31日下午，患者死亡。

31 日 △省财政厅印发《关于下达强台风“纳沙”中央特大防汛补助费的通知》。

△上午，省农业厅召开禽流感防控专家会议，研究防疫形势和对策。

△全省规划建设的7个区域消防战勤保障中心中，广州、汕头、韶关、江门4市已建成，梅州、惠州、茂名3市正在抓紧建设。

重大自然灾害事件

春季强对流天气

4 月 17 日，受高空槽、切变线和锋面低槽共同影响，广州、佛山、肇庆等地区出现强烈雷雨大风天气，造成严重经济损失和人员伤亡。此次强对流天气过程中，多地短时强降水、冰雹、雷电等多种灾害性天气并发，其风力极大，局地性强，灾情严重。据省水文部门资料，4 月 16 日 20 时至 17 日 20 时，广东省自西北到中南部陆续出现降水，除湛江、茂名两市雨量较小外，其余各地出现中到大雨、局部暴雨，平均雨量超过 10 毫米，雨量超过 50 毫米的站点有 44 个。雨量较大的有：河源市紫金县龙窝镇黄洞村黄洞站 126 毫米，河源市紫金县阳头镇洋头站 121.5 毫米，梅州市五华县龙村镇南洞村南洞站 102 毫米，东莞虎门镇站 88.5 毫米；最大 1 小时雨量为龙村站 61 毫米。省内各江河水位均在警戒水位以下。据全省气象站网监测，17 日 8 时至 18 日 8 时，全省共有 86 个测站录得超过 50 毫米雨量，其中深圳罗湖区罗湖党校录得全省最大累积雨量 154.8 毫米，334 个测站录得 25 ~ 50 毫米雨量；广州、佛山、中山、江门、韶关、清远、深圳、东莞、珠海、云浮、肇庆、梅州、汕头等市共 104 个测站录得超过 17.2 米/秒（8 级）大风，其中云浮市云城区雷雨大风极大风速达 44.3 米/秒（14 级，为 1994 年广东建设区域自动气象站以后所录最大瞬时风速），广州市南沙区横沥镇于 13 时 3 分出现全市最大阵风 42.5 米/秒。17 日中午前后，佛山市高明区荷城镇、顺德区大良镇、南海区九江镇，广州市南沙区，肇庆市德庆县及云浮市云城区等地先后出现冰雹天气。其中广州市南沙区珠江街冰雹直径 1.5 厘米，云浮市云城区都杨镇杨柳站冰雹直径达 3.6 厘米，宛如鸡蛋大小。全省雷电监测网显示，此过程全省电闪次数达 2210 次，其中，珠三角地区达 1395 次。强降水、大风、冰雹、雷电主要沿着强雷暴移动路径由东西向大约 10 千米左右狭长带状区域分布，灾害也基本发生在该狭窄带状区域内。佛山、肇庆、广州等地短时间内不同程度受灾，人员伤亡惨重。据民政部门统计，受其影响，全省 18 人死亡，155 人受伤，农作物受灾面积 5047 公顷，房屋倒塌 276 间、损坏 3899 间，直接经济损失 5.4 亿元。其中佛山市受灾最严重，农作物受灾面积 11200 亩，14 人死亡，153 人受伤，房屋倒塌 200 间，电塔倒塌 3 座，电线杆折断约 40 根，部分电信通讯设施受损。

5 月 1 日凌晨，韶关市始兴、仁化两县遭遇雷雨大风和冰雹等强对流天气袭击，短时阵风 7 ~ 9 级。2 日凌晨，乳源瑶族自治县遇龙卷风袭击；当日 18 时 20 分左右，乐昌市坪石镇出现冰雹。据民政部门统计，受上述强对流天气影响，广东省农作物受灾面积 4800 公顷，房屋倒塌 43 间、损坏 7177 间，直接经济损失 1.7 亿元。

干旱

2010年10月1日至2011年4月28日，广东省平均降水量为225.6毫米，比常年同期偏少58.4%，为历史同期最少。其中4月全省平均降水仅38.2毫米，较常年同期少八成，是1951年以后同期最少，27个县（市）创历史同期最少雨纪录。全省出现秋冬春连旱。旱情从3月开始由粤东向粤西蔓延加剧，至4月28日达到顶峰，全省轻度以上气象干旱面积率达98.8%，77站（占全省站点90%）达中旱以上。韶关、河源、梅州、惠州、茂名、清远、云浮等市为重旱到特旱，重度以上干旱面积率达31.7%。据省水文部门资料，4月25日全省大中型水库蓄水量比4月1日减少11.4亿立方米。4月末至5月上旬全省出现持续性降水过程，旱情才得到缓解。干旱给早稻生产造成损失，部分地区早稻缺水办田移栽，无水灌溉的山坡地、“望天田”以及灌溉失效的地方作物生长受到影响。据省农情调度统计，农作物受灾面积25.33万公顷，成灾面积3.87万公顷。据省民政厅统计，全省受灾人口133.6万人，农业直接经济损失2.6亿元。据省海洋与渔业局统计，全省水产养殖受旱面积2456公顷，水产品损失2514吨，渔业直接经济损失2349万元。

8月和9月全省平均降水量均偏少，其中8月降水显著偏少，较常年平均少六成，致使三季度全省平均降水量仅197毫米，比常年同期少55%。受其影响，江河、水库水位下降明显，秋季全省大部分地区出现轻度以上气象干旱，局部旱情偏重，农业生产受到一定影响，人畜饮水问题较为突出。据省民政厅资料，汕头、潮州两市4县（区）受灾人口21.4万人，农作物受灾面积5300公顷，直接经济损失0.1亿元。

另一方面，因西江上游地区降水持续偏少，西江来水大幅度减小，使水库蓄水总量偏少。至10月15日，全省32座大型水库蓄水量为137亿立方米，可用库容为74.7亿立方米。与年初相比减少5亿立方米，与2010年同期相比减少26.4亿立方米，与多年同期相比减少1.9亿立方米。这导致2011年珠江口发生近50年最严重咸潮，其特点是上溯早、来势猛、历时长。7月底磨刀门水道挂定角和广昌泵站开始出现咸情，比近年最早咸潮活动时间提早近1个月，12月9~13日氯度超过标准（250毫克/升）40~50倍，12月10日磨刀门氯度最高值达14054毫克/升。至12月18日，咸潮入侵造成珠海平岗站已连续14天不能取水，造成枯水期珠澳供水安全保障形势严峻。此外，江河水量减少也造成西江船只堵塞和影响航行。

5月中上旬暴雨

5月3~8日，受高空槽和切变线共同影响，广东省持续降水，其降水时间长、范围广、局地强度大，部分市县相继出现暴雨，并发生洪涝灾情。降水主要集中在韶关、清远、河源等市。据省水文部门监测资料，3日8时至8日8时，全省降水量大于100毫米站点404个，大于200毫米站点32个，该时段总雨量最大为河源市源城区255.7毫米，其次为清远英德市桥头镇红桥246毫米和韶关翁源县六里镇河唇刘屋244毫米。受强降水影响，武江犁市站9日2时出现洪峰流量2000立方米/秒，8时水位58.64米、流量1260立方米/秒；浈江新韶站9日2时出现洪峰水位55.99米、相应流量2600立方米/秒，8时水位54.8米、相应流量1700立方米/秒；连江连县站9日3时30分出现洪峰水位91.88米，超警戒水位0.68米，阳山站9日8时出现洪峰水位63.06米。9日8时，连江高道站（西牛）水位32.36米，流量4550立方米/秒；北江飞来峡水库入库流量8200立方米/秒，飞来峡水文站水位18米、相应流量8780立方米/秒；清远站水位11.63米；石角水文站水位7.57米，相应流量7690立方米/秒。韶关、清远、河源、茂名等4个市、16个县（市、区）、105个乡（镇）不同程度出现洪涝灾害，农作物受灾面积1.844万公顷，倒塌房屋约590间，受灾人口22.62万人，转移人口1.47万人，死亡2人，直接经济损失3.32亿元，其中水利设施直接经济损失1.04亿元。

5月12~17日，受锋面低槽和高空切变线共同作用，广东省大部分地区出现连续性降水。根据全省气象站网监测资料，12日8时至17日8时，全省累积雨量共有5个站点超过250毫米（其中最大为台山赤溪镇337.5毫米），500个站点为100~250毫米，666个站点为50~100毫米。降水使广东省南部沿海地区旱情得到有效缓解，同时也使河源和肇庆地区共5个县（市、区）、15个乡镇、5927人受灾，转移人口15人，农作物受灾面积949公顷（其中粮食作物面积811公顷）、成灾面积693公顷（其中粮食作物面积587公顷）、绝收面积76公顷（其中粮食作物面积63公顷），水产养殖受损面积12公顷，倒房58间，公路中断9条次，直接经济损失819万元。

6月中旬暴雨

6月16~18日，受季风低槽影响，粤东地区出现强降水过程，部分市县发生洪涝灾情。据省气象部门监测资料，16日粤东出现暴雨到大暴雨，局部地区出现特大暴雨，深圳、广州、惠州、茂名、中山、清远、梅州部分地区出现暴雨，个别乡镇伴有7~8级雷雨大风。当日5~21时，全省共有37个自动气象站录得超过100毫米以上降水（其中揭阳揭西、汕尾陆丰和红海湾开发区雨量超过250毫米，揭西录得全省最大雨量284.2毫米），76个测站雨量在50~100毫米之间。此外，揭西和陆丰八万镇最大一小时雨量超过100毫米，揭西南山镇、汕头潮阳区关埠镇、潮南区胪岗、陇田等乡镇出现8级大风。据省水文部门监测资料，16日8时至18日8时，降水量超过200毫米站点29个，超过100毫米站点140个，超过50毫米站点331个，其中降水量较大的有：揭阳揭西县河婆镇南和村298毫米，汕尾陆丰市八万镇下葫村294.5毫米，揭阳揭西县大北山273.5毫米。

受强降水影响，东江淡水河控制站淡水站17日15时出现洪峰水位18.86米，超过警戒水位（18.6米）0.26米，17日20时退至18.11米；榕江河婆站16日18时出现洪峰水位35.99米（珠基），超过警戒水位（34.80米）1.19米，17日8时退至32.05米（珠基）。

受其影响，汕头、汕尾、梅州、惠州、潮州、揭阳等6个市、12个县（市、区）、66个乡镇不同程度出现洪涝灾害，农作物受灾面积1.54万公顷，倒塌房屋162间，受灾人口23.16万人，转移人口1.63万人，死亡1人，直接经济损失3.23亿元。

热带风暴“海马”

6月18日17时，位于菲律宾以东洋面的热带扰动发展成为热带低压，20日上午8时进入南海东北部海面，21日凌晨2时在东沙群岛附近海域加强为第1104号热带风暴“海马”，之后继续向偏西到西北方向移动。23日上午10时10分，“海马”在广东省阳西与电白交界处登陆，12时前后南落到电白近海海面，16时50分在湛江吴川沿海地区再次登陆。两次登陆时中心附近最大风力均为8级（20米/秒），中心最低气压为990百帕。“海马”23日夜间横穿雷州半岛移入北部湾北部海面后缓慢西移，24日19时50分在越南北部沿海地区登陆，结束对广东的影响。

热带风暴“海马”的特点是路径曲折、多次登陆、生命史长、强度少变、风雨较明显。受其影响，粤西沿海、珠江三角洲西侧以及梅州南部地区出现暴雨到大暴雨、局部特大暴雨，其过程雨量普遍在50～250毫米之间，降水中心在江门、珠海、湛江、梅州、中山等市，全省其余地区也普遍出现大雨、局部暴雨。根据全省气象站网监测，21日20时至25日8时，梅州南部、珠三角西侧和粤西地区共有162个气象站录得100～250毫米雨量，其中新会最大累积雨量377.6毫米；中南部地区共有443个气象站录得50～100毫米雨量。广东省中西部海面和沿海地区出现7～9级大风，其中阳江海陵岛23日8时录得过程最大阵风29.6米/秒（11级）。

据省水文部门监测资料，22日8时至24日12时，全省过程雨量大于200毫米站点12个，大于100毫米站点144个，大于50毫米站点492个，最大降水量为江门新会崖门镇扫管塘站325毫米。全省平均雨量38毫米，其中粤西地区平均雨量75毫米，珠三角地区63毫米。全省江河水位均在警戒水位下。

受“海马”影响，湛江、阳江和珠海3个市、12个县（市、区）、46个乡（镇）不同程度出现洪涝灾害，受灾人口3.68万人，转移人口2.69万人，农作物受灾面积1.512万公顷（其中粮食作物210公顷）、成灾面积492公顷，水产养殖损失面积50公顷、70万吨，损坏小型水库2座、堤防51处计3.2千米、护岸66处、水闸17座，冲毁塘坝18座，损坏灌溉设施81处、机电井17口，直接经济总损失5200万元，其中农林牧渔业损失2900万元，水利设施损失2300万元。

6 月下旬暴雨

受500百帕西风槽、切断低涡、850百帕西南季风、地面低压槽共同影响，6月28日8时至30日20时，广东省出现暴雨到大暴雨过程，珠江口和粤西南地区普遍出现大暴雨、局部特大暴雨，粤东南和粤北出现暴雨、局部大暴雨。其中，28日20时至29日20时降水最为集中，全省气象站网监测数据显示，28日8～20时，清远、肇庆、河源、江门、阳江、珠海、汕尾、汕头等市出现暴雨，部分站点录得大暴雨，其中252个自动气象站雨量为15.0～29.9毫米，60个自动站雨量为30.0～69.9毫米，3个自动站雨量为70.0～140.0毫米，萝岗观象台雨量为28.9毫米，全省最大雨量为江门大坑站122.5毫米；28日20时至29日20时，江门、阳江出现大暴雨、局部特大暴雨，清远、广州、东莞、深圳、惠州、中山、珠海、茂名等市出现暴雨、局部大暴雨，其中483个自动站雨量为25.0～49.9毫米，373个自动站雨量为50.0～99.9毫米，121个自动站雨量为100.0～250.0毫米，12个自动站雨量超过250.0毫米，萝岗观象台雨量为65.8毫米，全省最大雨量为阳江阳西政府大院站422.7毫米；29日20时至30日20时，佛山、汕尾、深圳、江门、阳江等市出现暴雨、局部大暴雨，465个自动站雨量为25.0～49.9毫米，200个自动站雨量为50.0～99.9毫米，46个自动站雨量为100.0～250.0毫米，萝岗观象台雨量为19.7毫米，全省最大雨量为宝安区民治站214.7毫米。全省雨势从29日20时左右开始减弱，至30日20时，暴雨过程基本结束。据省水文部门监测资料，6月28日8时至30日8时，全省降水量超过400毫米站点10个，超过200毫米100个，超过100毫米406个，过程降水量较大有江门恩平市那吉镇黄角圩537.5毫米、阳江市江城区河堤514毫米。6小时雨量较大有阳江阳西县水利局352.5毫米、阳江埠场镇政府303.4毫米，均接近50年一遇的雨量。

受强降水影响，粤西部分小河流水位有所上涨，漠阳江支流潭水河水文控制站荆山站于29日22时出现洪峰水位21.33米（超过警戒水位0.23米）。

阳江、江门、茂名、云浮等4市、9个县（市、区）、47个乡镇受灾，受灾人口19.97万人，转移人口2.37万人，倒塌房屋245间，农作物受灾面积8080公顷，水产养殖损失面积1270公顷计1500吨，停产工矿企业34个，中断公路29条次、供电线路11条次、通讯线路2条次，直接经济损失1.67亿元，其中水利设施损失5200万元。

强热带风暴“洛坦”

原位于菲律宾以东洋面的热带扰动云团于7月25日14时加强为热带低压并向西北方向移动，26日8时加强为第1108号热带风暴“洛坦”，23时加强为强热带风暴。“洛坦”27日中午在菲律宾东部沿海登陆，20时在菲律宾吕宋岛北部地区减弱为热带风暴，23时前后进入南海并向西北偏西方向移动。28日下午在南海海面重新加强为强热带风暴，并继续向西北偏西方向移动。29日8时向西北方向移动，17时40分在海南省文昌市龙楼镇沿海地区登陆，登陆时中心附近最大风力10级（28米/秒），中心最低气压980百帕，登陆后向偏西方向移动。30日3时前后，自海南省昌江县进入北部湾东部海面，17时10分在越南北部沿海地区再次登陆，登陆时中心最大风力10级（28米/秒）。

强热带风暴“洛坦”的特点是路径较稳定、移速较快、风大雨少。受“洛坦”及其外围环流影响，湛江、汕尾、惠州、深圳等市出现大到暴雨、局部大暴雨，广东省其余地区出现（雷）阵雨。28日20时至30日7时，全省共有35个气象站录得50毫米以上降水，其中深圳高峰录得全省最大雨量100毫米，另有193个自动气象站累积雨量为25～50毫米。受“洛坦”影响，珠江口外海面和粤西沿海出现7～10级大风，徐闻录得最大阵风29米/秒（11级）。据省水文部门监测资料，30日8时至31日8时，广东省境内北江流域出现中到大雨、局部暴雨，暴雨主要分布在清远、韶关等市，该时段有26个站点雨量超过50毫米，雨量较大有清远英德市白沙镇太平站90毫米，清远连山县三水站81毫米，肇庆四会市迳口镇水迳站72.5毫米，各江河水位均在警戒水位以下。

受“洛坦”影响，湛江市8县（市、区）、0.96万人受灾，转移人口22257人，农作物受灾面积1.23万公顷，水产养殖损失面积1570公顷，损坏水闸20座、水文测站43个，直接经济损失4900万元，其中农林牧渔业损失3870万元，工业交通运输业损失510万元，水利设施损失520万元。

7月中下旬暴雨

7月15~22日，受季风低槽影响，广东省大部分市县出现暴雨到大暴雨、局部特大暴雨，主要强降水出现在珠江三角洲、粤东和雷州半岛，徐闻、东莞和广州部分乡镇累积雨量超过250毫米。根据全省气象站网监测，15日8时至18日8时，全省平均雨量58.8毫米，徐闻录得全省最大雨量374毫米，有4个气象站录得大于250毫米降水，423个气象站录得100~250毫米降水，738个气象站录得50~100毫米降水，累积雨量大于50毫米站点数占总站数52.4%。据省水文部门监测资料，7月14日8时至17日14时，湛江、梅州等大部分地区出现大雨到大暴雨、局部特大暴雨。过程雨量超过250毫米站点10个，超过100毫米站点574个，超过50毫米站点1382个。最大过程雨量出现在湛江徐闻县迈陈镇鲤鱼潭站，为416.5毫米；最大1小时、3小时和6小时雨量均出现在徐闻县徐城镇徐闻站，分别为95.5毫米（接近10年一遇）、188毫米（超20年一遇）和234.5毫米（接近20年一遇）。各江河水位均在警戒水位以下。

此次降水过程特点是降水范围广、分布不均匀、局地雨势大、短时降水强、降水持续时间长、累积雨量大。受其影响，河源、梅州、湛江、云浮4市、11个县（市、区）、38个乡（镇）、88345人受灾，倒塌房屋450间，转移人口3370人，农作物受灾面积8609公顷（其中粮食作物2945面积公顷）、成灾面积1759公顷（其中粮食作物面积1582公顷）、绝收面积232公顷（其中粮食作物面积82公顷），死亡大牲畜27头，水产养殖损失面积662公顷计610吨，停产工矿企业4个，中断公路71条次、供电线路30条次、通讯线路13条次，损坏小型水库5座、堤防50处计4.13千米、护岸41处、水闸5座，冲毁塘坝10座，损坏灌溉设施490处、水文测站2个、机电泵站5座、水电站7座，直接经济总损失1.626亿元。

强台风“纳沙”

第1117号热带风暴“纳沙”9月24日在西北太平洋生成，25日早晨加强为强热带风暴，傍晚加强为台风，26日夜间加强为强台风。27日7时前后在菲律宾吕宋岛东部沿海登陆，登陆时中心附近最大风力14级（45米/秒）。“纳沙”在穿越吕宋岛时减弱为台风，进入南海，29日早晨再度加强为强台风，当日14时30分在海南省文昌市翁田镇沿海登陆（登陆时中心附近最大风力13级、风速40米/秒，中心最低气压960百帕），并迅速减弱为台风，经过海南北部和琼州海峡后，21时15分在广东徐闻角尾乡再次登陆（登陆时中心附近最大风力12级、风速35米/秒，中心最低气压968百帕），22时前后进入北部湾海面。30日早晨在越南北部广宁沿海登陆后迅速减弱。强台风“纳沙”具有生命期长、强度强、移速快、移向稳定、登陆次数多、在中国登陆时强度大等特点。“纳沙”是年内登陆中国最强台风，也是继第0518号强台风“达维”之后登陆海南最强台风。

据气象部门监测，受“纳沙”影响，广东省出现北部小到中雨、中部中到大雨、南部大到暴雨、局部大暴雨的降水过程，阳春一自动站点测到雨量为311.5毫米（全省最大雨量）的特大暴雨。9月28日20时至10月1日6时，广东雷州半岛雨量为150~190毫米，海南大部和广西南部部分地区降水达200~400毫米，海南强降水中心昌江王下乡雨量达828毫米，一小时最大雨量达75毫米，最大24小时降水达728毫米。海南、广东中西部和东部沿海、广西东南部出现8~9级大风，海南北部和沿海、广东中西部及广西南部阵风10~11级、局地达12~14级，海南文昌七洲列岛观测到极大风力15级（风速46.8米/秒）。

据省水文部门监测资料，9月28日20时至30日18时，广东省大部地区出现大到暴雨，粤西局部降特大暴雨，阳江、茂名、湛江等市降水较集中。该时段雨量超过300毫米站点14个，超过100毫米站点238个，其中茂名信宜市大成镇大田顶站443.5毫米，阳江阳春市八甲镇政府站397.8毫米，茂名高州市马贵镇厚园圩站351毫米，湛江徐闻县风桥站258毫米。

沿海各验潮站出现40~399厘米增水，西部沿岸增水最为严重，南渡、湛江、北津等6个验潮站出现超警戒水位，其中南渡站29日18时出现最大增水399厘米，超过当地警戒潮位53厘米，29日17时湛江站和硇洲站最大增水分别为319厘米和270厘米，珠海三灶、阳江闸坡等站增水超过100厘米。

至30日，湛江、茂名、阳江3市共23县（市、区）、122.93万人受灾，倒塌房屋2207间，转移人口112117人，农作物受灾面积10.627万公顷、成灾面积5.881万公顷，水产养殖受灾面积4520公顷，停产工矿企业489个，中断公路239条次、供电线路162条次、通讯线路114条次，损坏堤防359处计55.18千米，堤防决口27处计3.39千米，损坏水闸149座，损坏水文测站13个，直接经济总损失17.05亿元，其中水利设施直接经济损失6.11亿元。

10 月中旬暴雨

受高空槽和冷空气共同影响，10 月 12 日夜间至 14 日早晨，广东省自南向北出现一次强降水过程，清远、韶关、佛山、广州、惠州、河源、湛江、茂名等市出现暴雨到大暴雨、局部特大暴雨，部分地方伴有 7～8 级雷雨大风。

此次强降水过程持续时间长，局地雨量大，出现季节晚。全省强降水持续时间超过 36 小时，广州市区强降水从 13 日傍晚到 14 日凌晨，共持续 8 小时。根据全省气象站网监测资料，12 日 20 时至 14 日 14 时，全省平均雨量 45.9 毫米，最大累积雨量出现在广州市第五中学（320.2 毫米）。全省约 65% 的气象站点录得大于 25 毫米累积雨量，其中，9 个气象站录得 250 毫米以上雨量（集中在广州、佛山），351 个气象站录得 100～250 毫米雨量，438 个气象站录得 50～100 毫米雨量，323 个自动气象站录得 25～50 毫米雨量。暴雨可能影响区域为 7.79 万平方公里，占全省面积 43.4% 以上。出现 100 毫米以上大暴雨区域为 1.22 万平方公里，占全省面积 6.8% 以上。连山县小三江镇 13 日零时录得一小时 97.3 毫米的短时强降水。广州大学城自动气象站 14 日零时录得最大一小时降水量为 85.3 毫米，但未超过 2010 年 5 月 7 日广州市最大一小时降水量记录（99.1 毫米）。

10 月中旬前后，广东省出现由非台风造成的暴雨到大暴雨、局部特大暴雨属历史罕见。广州市区于 13 日 16 时起先后发布暴雨黄色、橙色和红色预警信号，这是广州市自 2000 年有暴雨预警信号以后首次在国庆后发布暴雨红色预警信号，属史上最迟“红色暴雨”。受暴雨影响，广州市内多处出现严重内涝，其中，中心城区共出现 32 处涝点。全市各级排水部门连夜对城区内涝区域开展强排抢险，共出动排涝抢险人员 2875 人，汽车 501 辆，水泵 1042 台。

受强降水影响，广州、河源、肇庆 3 市出现洪涝灾害。3 市共 5 个县（市、区）、129 个乡（镇）、51882 人受灾，转移人口 766 人，倒塌房屋 12 间，农作物受灾面积 4506 公顷（其中粮食作物受灾面积 3369 公顷）、成灾面积 2987 公顷（其中粮食作物成灾面积 1822 公顷）、绝收面积 33 公顷（其中粮食作物绝收面积 20 公顷），水产养殖损失面积 105 公顷计 100 吨，停产工矿企业 2 个，中断公路 12 条次、供电线路 1 条次；直接经济损失 5958 万元，其中水利设施损失 3713 万元。

自然灾害分述

气象和水文灾害

2011 年广东省气候年景偏好。全省年平均气温 21.5℃，与常年持平；平均年降水量 1390.5 毫米，较常年偏少 22.5%，是 1951 年以后第 5 个少雨年。年内气温变化起伏大：全省平均气温 1 月 9.6℃，为 1951 年以后同期最低；11 月 21.3℃，为 1951 年以后同期最高。各月降水量分布异常：4 月、8 月全省平均降水量为 1951 年以后最少，10 月、11 月则异常偏多。2010 年 10 月至 2011 年 4 月降水持续偏少，出现严重秋冬春连旱。主要暴雨洪涝发生时段集中在 5 月中上旬、6 月中下旬、7 月中旬和 10 月中旬。年内共有 6 个热带气旋登陆或严重影响广东，较常年平均略偏少，其中初旋（热带风暴“莎莉嘉”）6 月 11 日登陆，比常年平均早 17 天，强台风“纳沙”给粤西造成严重损失。4 月 17 日，珠三角强对流天气造成重大人员伤亡。

【基本气候特点】

2011 年广东省主要气候特点是“气温降水起伏大，局地异常灾害轻”。

1 ~ 2 月：1 月气温显著偏低，全省平均气温较常年平均低 3.5℃，2 月平均气温偏高 0.4℃。一二月降水量除雷州半岛偏少三成外，其余大部分地区少四至八成。1 月强冷空气频繁入侵，广东省出现持续时间较长的寒潮与低温阴雨过程。

春季（3 ~ 5 月）：气温起伏大，3 月和 5 月气温偏低，4 月气温偏高 0.6℃。降水量除局部略偏多外，其余大部分地区偏少两至八成。4 月 17 日，强对流袭击珠三角地区，造成重大人员伤亡和财产损失，其中佛山、广州、肇庆等地受灾严重。5 月上旬，广东省出现较大范围连续性降水过程，中北部降大到暴雨、局部大暴雨，局地伴随强对流天气，造成一定经济损失。5 月 3 日全省开汛，较常年晚 19 天。

夏季（6 ~ 8 月）：气温偏高，降水 6 月、7 月正常，8 月少六成。热带气旋“莎莉嘉”、“海马”、“洛坦”先后登陆或严重影响广东，其中 6 月 11 日登陆汕头的热带风暴“莎莉嘉”系年内登陆广东初旋，其登陆时间比常年平均早 17 天。

秋季（9 ~ 11 月）：9 月、10 月气温正常，11 月气温比常年平均高 2.2℃，破历史同期纪录。降水量 9 月正常，10 月、11 月异常偏多。强台风“纳沙”9 月 29 日先后登陆海南文昌和广东徐闻，粤西受灾严重。10 ~ 11 月中北部和粤东地区暴雨频仍，其月雨量属同期罕见，其中 11 月有 17 个县（市）降水量打破历史同期最多纪录。

12 月：气温偏低，降水较常年同期少九成以上。冷空气影响频繁，全省出现大范围低温天气。

1. 气温

●年平均气温

2011 年全省年平均气温 21.5℃，与常年持平。年内气温变化起伏大，1 月和 3 月平均气温异常偏低，11 月则异常偏高。1 月天气持续寒冷，全省平均气温为 9.6℃，较常年同期低 3.5℃，是 1951 年以后同期最低，全省有 50 个县（市）打破或持平当地历史同期最低记录。11 月全省平均气温 21.3℃，较常年平均高 2.2℃，是 1951 年以后同期最高，全省有 49 个县（市）打破或持平当地历史同期最高纪录。

年平均气温区域分布：北部地区 18.7℃～21.5℃，中南部地区 21.5℃～23.1℃。与常年平均相比，东部和中部部分地区正常或略高，其余地区正常或略低，其距平介于－1℃至 1℃之间。

●年极端最高气温

全省各地年极端最高气温在 34.8℃（汕尾）～38.7℃（始兴）之间。11 月有 49 个县（市）打破或持平其历史同期最高纪录。

●年极端最低气温

全省极端最低气温在－2.5℃（连山）～6.8℃（南澳）之间。1 月全省有 50 个市（县）极端最低气温打破当地历史同期最低纪录。

2. **降水**

●年降水量

全省年平均降水量 1390.5 毫米，比常年平均偏少 22.5%，是自 1951 年以后第 5 个少雨年份。月降水量分布异常，除 10 月、11 月偏多外，其余月份正常或者偏少，其中 1～4 月和 8 月、12 月均少四成以上。

各地年降水量呈多中心分布：以阳江、徐闻、揭西和英德为中心的 4 个降水大值区域，年雨量在 1600～2100 毫米之间；东部部分地区和中部偏西地区是全省降水最少区域，年雨量为 750～1200 毫米；其余地区年雨量在 1200～1600 毫米之间。与常年平均相比，徐闻偏多超三成，西北部和雷州半岛部分地区略少一成，其余大部分地区偏少两至五成。南澳和清远年降水量为有记录以后最少。

●年最大日雨量

6 月 29 日，阳江雨量达 361.0 毫米，为年内全省最大日雨量。

●年雨日

全省年雨日在 83（南澳）～156 天（连山）之间。

3. **日照**

全省平均年日照时数 1858.3 个小时，较常年平均偏多 4.4%。全省日照时数从东南向西北递减，南部沿海和东部地区多于 1800 个小时，西北部局部少于 1600 个小时，其余地区多在 1600～1800 小时之间。与常年平均相比，西南部和番禺、蕉岭、翁源等地偏少 1%～13%，其余大部分地区偏多 1%～24%。

【热带气旋】

2011 年西北太平洋生成编号热带气旋共 21 个，较常年平均少 6.3 个，对广东造成影响的有 6 个，其中有 4 个登陆或严重影响广东。初旋即热带风暴“莎莉嘉”于 6 月 11 日登陆汕头，其登陆时间比常年平均初旋登陆时间早 17 天。热带风暴“海马”和强热带风暴“洛坦”分别给粤西等地带来损失。强台风“纳沙”给粤西造成严重损失。此外，8 月底至 9 月初，超强台风“南玛都”登陆福建省减弱后的低压槽给广东省带来一次自东向西降水过程。

1. **初旋“莎莉嘉”登陆早**

热带风暴“莎莉嘉”于6月11日7时5分在汕头市龙海与澄海交界处登陆，登陆时中心最低气压998百帕，中心附近最大风力8级（18米/秒）。“莎莉嘉”登陆后继续向偏北方向移动，减弱为热带低压后进入福建境内。受其影响，6月11日，广东东部海面和粤东沿海地区出现7～9级大风，粤东和珠三角地区出现大到暴雨。“莎莉嘉”登陆时间比常年平均初旋登陆时间早17天。

2. **“海马”两次登陆，粤西出现灾情**

6月23日10时10分，热带风暴“海马”在阳西与电白交界处登陆，登陆时中心附近最大风力8级。由于与第1105号热带风暴“米雷”产生“双台风”效应，16时50分，“海马”在湛江吴川沿海地区再次登陆，登陆时中心附近最大风力仍为8级，登陆后继续向偏西方向移动，强度逐渐减弱并远离广东省。受“海马”影响，6月22～24日，粤西、珠三角南部和粤东局部出现大到暴雨，局部大暴雨，湛江、阳江、珠海受灾。据三防部门统计，全省直接经济损失0.52亿元，其中以农林牧渔业和水利设施损失为主。

3. **“洛坦”影响沿海地区，湛江受灾**

强热带风暴“洛坦”于7月29日17时40分在海南省文昌市龙楼镇沿海地区登陆，登陆时中心附近最大风力10级，最低气压980百帕。受“洛坦”及其外围环流影响，29～30日，湛江、汕尾、惠州、深圳等市出现大到暴雨、局部大暴雨，其余地区出现雷阵雨。珠江口外海面和粤西沿海出现7～10级大风，徐闻录得最大阵风29米/秒。茂名海洋气象浮标站录得最大波高8.6米。“洛坦”有效缓解前期高温天气，其所携狂风暴雨也给湛江市造成直接经济损失0.49亿元。

4. **强台风“纳沙”给粤西造成严重损失**

9月29日14时30分，强台风“纳沙”在海南省文昌市翁田镇沿海地区登陆，登陆时中心附近风力13级（40米/秒），中心最低气压960百帕。21时15分，“纳沙”在广东省徐闻县角尾乡沿海地区再次登陆，登陆时中心附近风力12级（35米/秒），中心最低气压968百帕，登陆后以约20千米/小时速度继续向偏西方向移动，随后进入北部湾。

受“纳沙”影响，广东南部出现大到暴雨、局部大暴雨降水过程和风力8～9级、阵风10～12级大风天气。粤西沿海地区出现风暴潮，湛江、茂名等地多处海堤出现险情。至30日，湛江、茂名、阳江3市共23县（市、区）、122.93万人受灾，直接经济总损失17.05亿元。

表2　**2011年登陆中国的热带气旋（不含热带低压）统计表**

编号	名称	最大强度	登陆时间	登陆地点	登陆时中心气压（百帕）	登陆时最大风速（米/秒）
1103	莎莉嘉	热带风暴	6月11日7时5分	广东汕头市龙海与澄海交界处	998	18
1104	海马	热带风暴	6月23日10时10分	广东阳西与电白交界处	990	20
			6月23日16时50分	广东吴川	990	20

（续上表）

编号	名称	最大强度	登陆时间	登陆地点	登陆时中心气压（百帕）	登陆时最大风速（米/秒）
1108	洛坦	强热带风暴	7 月 29 日 17 时 40 分	海南文昌	980	28
1111	南玛都	超强台风	8 月 29 日 4 时 25 分 8 月 31 日 2 时 20 分 8 月 31 日 9 时 10 分	台湾台东 福建晋江 福建惠安	975 992 994	33 20 18
1117	纳沙	强台风	9 月 29 日 14 时 30 分 9 月 29 日 21 时 15 分	海南文昌 广东徐闻	960 968	40 35
1119	尼格	强台风	10 月 4 日 12 时 30 分	海南万宁	990	25

表 3　　2011 年影响广东的热带气旋（不含热带低压）简况表

编号	名称	最大强度	降水影响起止日期	过程最大雨量（毫米）	风速（米/秒）（最大/极大）（大风影响日期）
1103	莎莉嘉	热带风暴	6 月 11 ~ 12 日	122.1（清远）	13.4（饶平）/19.0（饶平）（6 月 11 日）
1104	海马	热带风暴	6 月 22 ~ 24 日	194.9（徐闻）	20.1（上川岛）/29.0（上川岛）（6 月 21 ~ 24 日）
1108	洛坦	强热带风暴	7 月 28 ~ 30 日	83.0（徐闻）	18.8（上川岛）/27.1（上川岛）（7 月 28 ~ 31 日）
1111	南玛都	超强台风	8 月 31 日至 9 月 4 日	149.4（佛岗）	—
1117	纳沙	强台风	9 月 29 日至 10 月 2 日	176.1（雷州）	24.1（上川岛）/ 35.9（上川岛）（9 月 28 日至 10 月 1 日）
1119	尼格	强台风	10 月 4 ~ 7 日	375.1（徐闻）	18.8（上川岛）/24.2（上川岛）

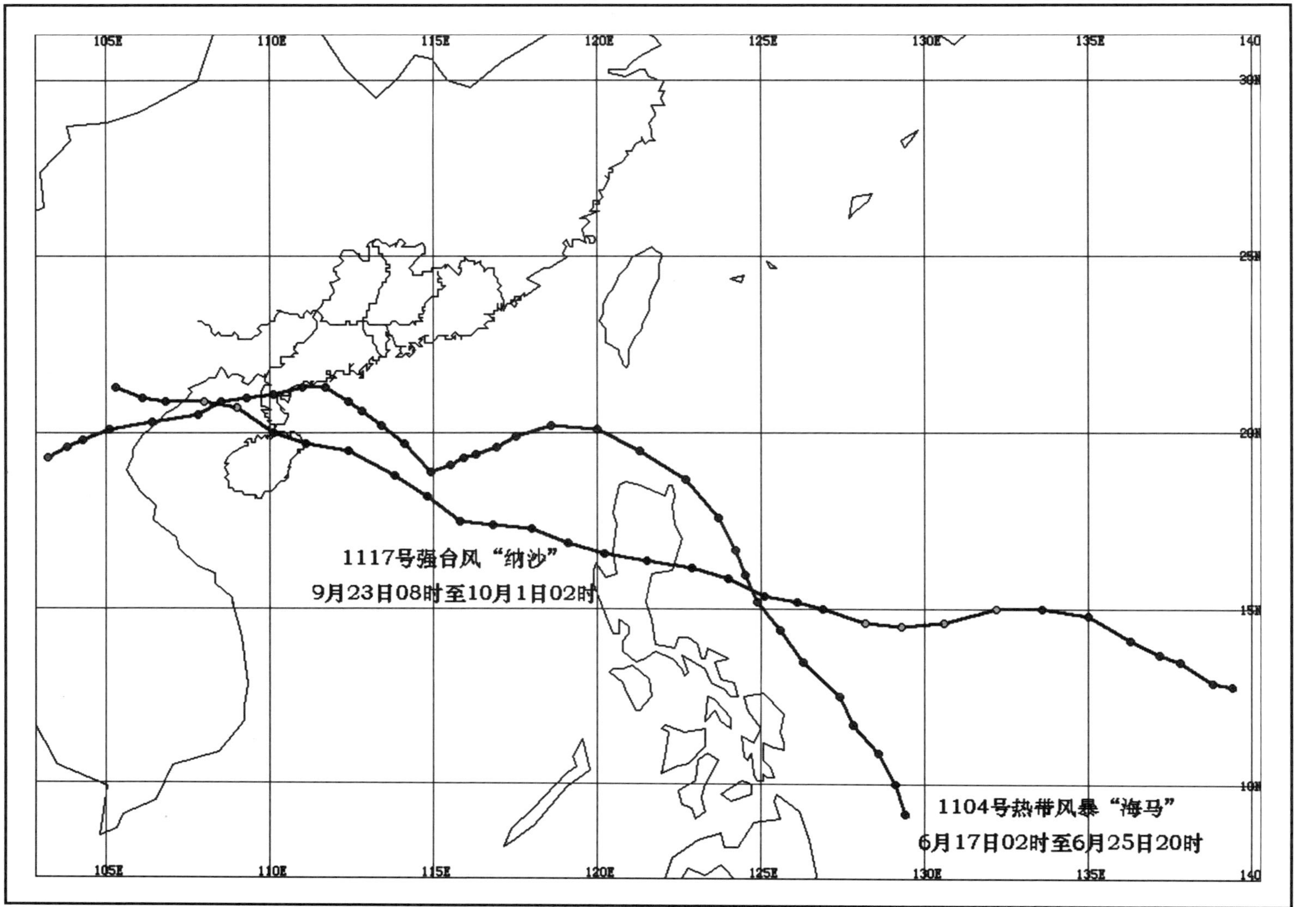

图6 第1104号强热带风暴“海马”、第1117号强台风“纳沙”路径图

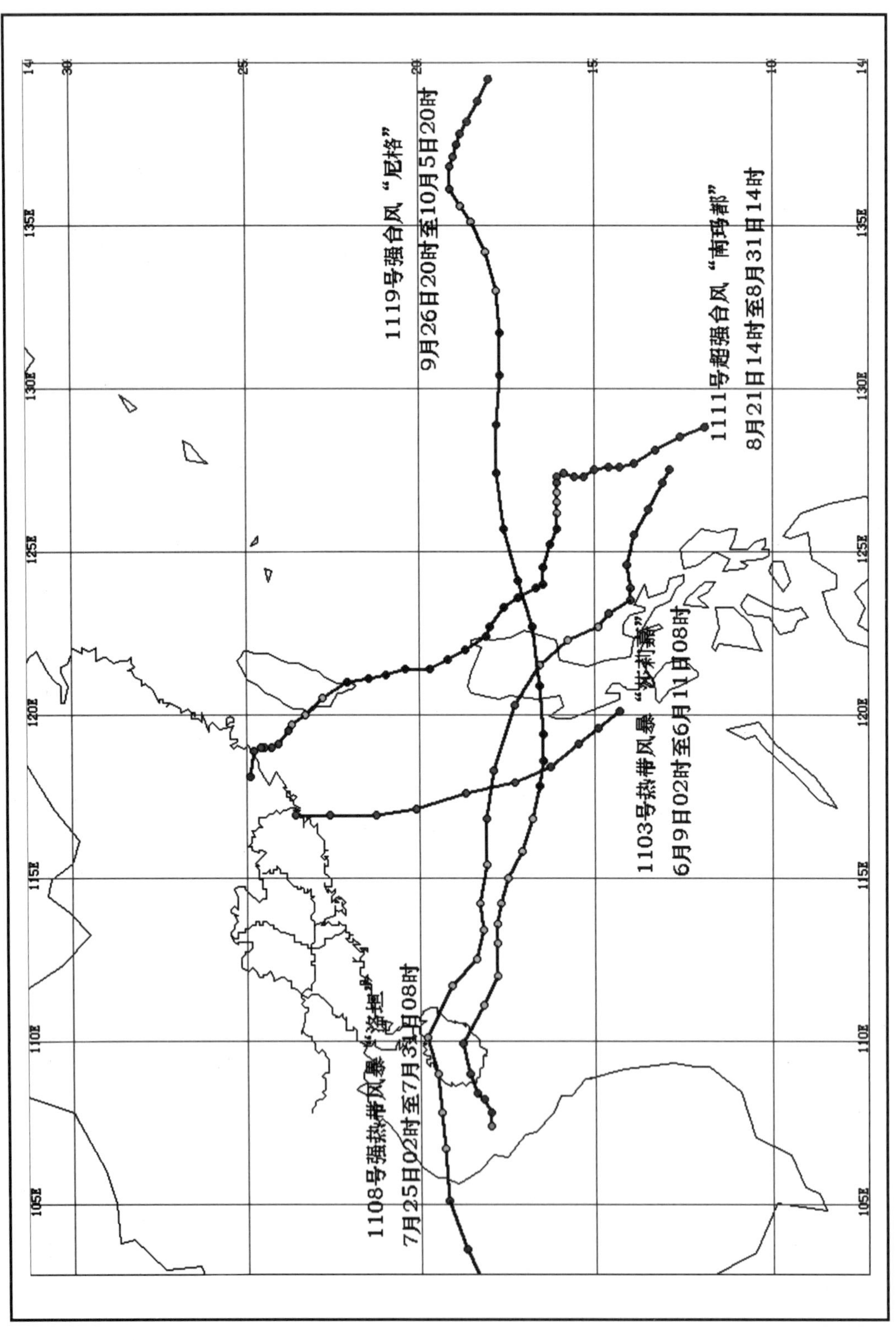

图7　第1103号热带风暴“沙莉嘉”、第1108号强热带风暴“洛坦”、第1111号超强台风“南玛都”、第1119号强台风“尼格”路径图

【暴雨洪水】

2011 年广东省暴雨特点是频次少、强度弱、时间分布异常。全省 86 个气象站共出现暴雨及以上级别降水 464 次，较常年平均少 176 次，暴雨频次之少位居 1951 年以后第八位。各地最大日雨量在 61.5～361.0 毫米之间，其中有 43 个县（市）未出现 100 毫米以上大暴雨，有 60 个县（市）小于其多年平均最大日雨量。全省开汛时间为 5 月 3 日，较常年平均偏晚 19 天。前汛期降水时段集中在 4 月底到 5 月下旬前期以及 6 月中下旬两个阶段，龙舟水期间雨量之少居历史第四位。广州市 10 月发布红色暴雨预警信号，媒体称之为“史上最晚红色暴雨预警信号”。

1. 开汛迟

2011 年广东省开汛日为 5 月 3 日，较常年平均（4 月 14 日）晚 19 天。5 月 3～8 日，广东省出现较大范围连续性降水过程，中北部出现大到暴雨、局部大暴雨，局地伴随强对流天气。受其影响，韶关、清远、河源、茂名等 4 市受灾，2 人死亡，直接经济损失 3.32 亿元。

5 月中旬，全省大部分地区出现大到暴雨、局部大暴雨。12 日 8 时至 17 日 8 时，全省累积雨量共有 5 个站点超过 250 毫米（其中最大为台山赤溪镇 337.5 毫米），500 个站点为 100～250 毫米，666 个站点为 50～100 毫米。12 日 16 时，肇庆怀集桥头镇出现过程最大 1 小时雨量 85.3 毫米。13 日，电白出现全省日最大降水量 176.8 毫米。暴雨过程给河源和肇庆两市带来 820 万元的直接经济损失。

2. 龙舟水少

龙舟水期间（5 月 21 日至 6 月 20 日），全省平均降水量 177.6 毫米，较常年同期少 124 毫米（41.7%）；全省 86 个气象站仅出现暴雨以上级别降水 60 站次。其雨量及暴雨站次之少，均居 1951 年以后同期第四位，其中新丰、连平、龙门、和平、始兴、乳源、曲江、雷州和南雄等 9 个县（市）为历史同期最少。

5 月 21～22 日，全省自西向东出现降水过程，南部沿海出现大到暴雨、局部大暴雨，并伴有短时雷雨大风。其中 5 月 22 日雨势最大，当日有 19 个县（市）降暴雨，3 个县（市）降大暴雨。

6 月 16～18 日，粤东、珠江三角洲出现暴雨到大暴雨。16 日，陆丰录得 260.2 毫米特大暴雨。当日 5～21 时，全省共有 37 个自动气象站录得超过 100 毫米以上降水，76 个测站雨量在 50～100毫米之间。受其影响，汕头、汕尾、梅州、惠州、潮州、揭阳等 6 个市、12 个县（市、区）、66 个乡镇不同程度出现洪涝灾害，死亡 1 人，直接经济总损失 3.23 亿元。

3. 6 月下旬至 7 月暴雨频密

6 月 28～30 日，粤东北和中南部大部分地区出现暴雨到大暴雨、局部特大暴雨，32 个县（市）共出现暴雨以上降水 47 次。29 日阳江降水达 361 毫米，是年内全省最大日雨量。此次降水过程共造成 19.97 万人受灾，直接经济损失约 1.67 亿元。

7 月暴雨、雷击次数较多。8～14 日，各地持续出现雷雨天气，部分市县还伴有 7～9 级短时雷雨大风和强降水，暴雨主要分布在粤东、粤西以及珠三角地区。此次降水有效缓解前期高温天气，但强降水和雷暴给部分地区带来灾情：9 日傍晚，乳源县游溪镇老茨良坑村因强降水引发泥石流灾害，冲毁房屋 20 多间，损毁农田 15 亩；10 日晚，广州市天河区、海珠区、黄浦区多处发生水浸，越秀区受雷电影响导致大面积停电；12 日，东莞市区多个路段以及部分镇街因水浸街发生多起汽车抛锚和追尾事故；同日云浮市郁南县因强降水造成 1200 人受灾，损毁房屋 18

间，农作物受灾面积184.2公顷，直接经济损失229万元。15～22日，全省大部分市县出现暴雨到大暴雨、局部特大暴雨，主要强降水出现在珠江三角洲、粤东和雷州半岛，徐闻、东莞和广州部分乡镇累积雨量超过250毫米，其中15～18日降水尤为集中，此次降水过程使河源、梅州、湛江、云浮4市受灾，直接经济总损失1.626亿元。

8月8～12日，受季风低压槽影响，粤东、粤西沿海地区出现明显降水过程，降水主要分布在茂名、阳江、广州、揭阳、汕尾等市。据省气象部门监测资料，全省共32个县（市）过程雨量≥50毫米，其中汕尾站186.5毫米为最大。9日雨势最大，汕尾、海丰降大暴雨，四会、紫金、普宁、博罗、陆丰降暴雨，10日三水、吴川、电白、阳江、顺德续降暴雨。11～12日雨势逐渐减弱。据省水文部门监测资料，8月8日8时至10日20时，全省降水量超过100毫米站点有95个，超过50毫米站点447个；其中雨量较大站点为：揭阳市惠来县葵潭镇磁窑村磁窑站257.8毫米，汕尾陆丰市碣石镇政府234.5毫米，茂名市电白县旦场镇福寨站231.5毫米。

4. 秋季暴雨连场

10月12～14日，清远、韶关、佛山、广州、惠州、河源、湛江、茂名等市出现暴雨到大暴雨、局部特大暴雨降水过程，其中紫金、花都、龙川、翁源、番禺和顺德6个县（市）降大暴雨，另有29个县（市）降暴雨，紫金、番禺、花都、龙川、翁源、从化和顺德7个县（市）最大日雨量超过当地历史同期纪录。广州市气象台13日16时起先后发布暴雨黄色、橙色和红色预警信号，这是广州市自2000年开始发布暴雨预警信号以后首次在国庆后发布暴雨红色预警信号。受暴雨影响，广州、河源、肇庆3市受灾，直接经济损失5958万元。

11月7～10日和17～19日，广东省大部分地区出现大到暴雨降水过程。全省42个县（市）共出现暴雨以上降水50站次，18日潮阳和惠来分别出现雨量为113.0毫米和131.4毫米的大暴雨。惠来、惠东、龙川、龙门、海丰和平远等6县（市）最大日雨量超过当地历史同期纪录。

【干旱】

2010年10月1日至2011年4月28日，广东省出现秋冬春连旱。期间，全省平均降水量为225.6毫米，比常年同期平均少58.4%，为历史同期最少，其中4月全省平均降水仅39毫米，较常年同期少八成，是1951年以后同期最少。旱情从3月开始由粤东向粤西蔓延加剧，4月25日全省大中型水库蓄水量比4月1日减少11.4亿立方米。受其影响，广东省农作物受旱，水库水位下降，珠江咸潮上溯，森林火险气象等级持续偏高，林火频发。至4月28日，全省轻度以上气象干旱面积占总面积的98.8%，其中韶关、河源、梅州、惠州、茂名、清远、云浮等市达重旱到特旱。4月末至5月上旬，全省出现持续性降水过程，旱情得到缓解。秋冬春连旱造成全省农业和渔业直接经济损失2.835亿元。

8月和9月全省平均降水量均偏少，其中8月全省平均降水量仅97.4毫米，较常年同期平均偏少六成多，为1951年以后历史同期最少，除丰顺、梅县降水略多一两成外，其余大部地区偏少一至九成。月平均气温偏高0.5℃，平均高温日数较常年同期平均偏多4.8天。持续高温天气加快水分散失，全省大部地区出现轻度以上气象干旱，其中粤东地区干旱较重，人畜饮水问题较为突出，汕头、潮州两市直接经济损失1000万元。

【低温】

2011年全省平均年低温日数（日最低气温≤5℃）为12.2天，较常年偏多0.9天。全省最

低气温 -2.5℃，出现在连山。1～3 月冷空气活动频繁，全省农作物因低温受灾面积达 6.73 万公顷，成灾面积 3.016 万公顷，绝收面积 2200 公顷，其中 1 月出现持续寒冷天气过程，影响最严重。

1 月为历史同期最冷时段之一，其主要特点：一是平均气温低。1 月全省平均气温为 9.6℃，较常年同期偏低 3.5℃，是 1951 年以后同期最低，全省有 50 个县（市）打破或持平当地历史同期最低纪录。二是低温时间长。1 月全省逐日平均气温仅为 6.2℃～13.0℃，一半以上气象站点日平均气温≤10.0℃天数多达 14 天，期间各站极端最低气温均低于 5.0℃。三是阴雨天数多，日照时数少。1 月全省平均日照时数 100.9 小时，较常年偏少两成，雷州半岛以及西北部地区偏少三至七成。逐日变化上，全省一半以上站点日照时数≤2 小时天数 15 天，其中 2～13 日日照尤其少。四是北部多次出现冰（霜）冻。冰（霜）冻主要出现在 2～4 日、11～12 日、16～17 日、21～22 日和 28～31 日。其中 16～17 日天气晴冷，广东省出现大范围低温霜（冰）冻，中北部地区最低气温普遍在 5℃以下，粤北山区在零度以下。16 日连山出现 -0.3℃最低气温，韶关、清远北部、粤西北部及珠江三角洲北部共有 11 个市（县）出现霜（冰）冻；17 日和平、龙门、大埔出现 -0.5℃最低气温，河源、梅州、粤西北部及珠江三角洲北部等地共有 17 个市（县）出现霜（冰）冻。低温霜（冻）过程造成粤北交通受阻，部分地区蔬菜、香蕉因受冻长势较差，罗非鱼有冻死现象，给社会经济和人民生活带来较大影响。

12 月冷空气频繁，广东省先后 4 次受冷空气影响，其中 11～12 日以及 25～26 日出现大范围霜（冰）冻天气。25 日早晨有 42 个县（市）出现 5℃以下低温，其中 9 个县（市）最低气温在零度以下，连山出现年内全省最低气温 -2.5℃，中北部有 27 个县（市）出现霜（冰）冻天气。

【高温】

全省年平均高温日数 23.8 天，较常年多 10.5 天，列历史第 7 位。高温日数较多区域主要位于粤东北、粤西北和珠三角局部地区，其中粤东北年高温日数普遍超过 40 天，最多为梅县 64 天。主要高温天气过程发生在七八月。全省年极端最高气温为 38.7℃（7 月 25 日，始兴），与 2010 年同列近十年最低值。

7 月上旬和下旬，广东省出现两次高温天气过程。受副热带高压影响，2 日梅县、郁南等率先出现高温天气，随后高温范围迅速扩大，至 8 日高温天气覆盖全省 54 个县（市），梅县、始兴、南雄、大埔等县（市）日最高气温≥37℃，9 日起高温范围开始缩小。下旬，副热带高压重新控制广东省，22～28 日，全省近九成县（市）出现高温天气，40 个县（市）最高气温≥37℃，始兴、阳山、花都、南海、大埔、丰顺、梅县等县（市）最高气温达 38℃或以上，25 日始兴录得年内全省最高气温 38.7℃。

8 月，受副热带高压频繁进退和热带气旋外围环流影响，广东省高温天气不断，但持续时间不长。1～7 日，受副热带高压和热带气旋“梅花”外围下沉气流影响，广东省出现持续高温天气，其中 3 日高温范围达 57 个县（市）。之后受低压槽影响天气不稳定，高温范围迅速缩小。进入中旬后副热带高压逐渐加强西伸，广东省高温范围再次扩大，16 日有 44 个县（市）出现高温。受超强台风“南玛都”外围下沉气流影响，27～31 日，广东省重现高温天气，其中 29 日和 30 日高温范围均超过 50 个县（市）。

【灰霾】

2011年珠三角地区共发生灰霾过程22次，粤北地区发生12次，粤西地区发生6次，粤东地区发生1次。全省平均灰霾日数45天，比2010年少6天，为2004年以后最少，有39个县（市）年灰霾日数少于30天。灰霾日数多于全省平均日数县（市）主要分布在珠三角、西北地区及粤东局部，其中部分县（市）灰霾日数超过100天。尽管珠三角地区仍是广东省灰霾天气高发区之一，但2011年该地区灰霾日数明显减少。珠三角9个地级以上市平均年灰霾日数69.2天，比2010年（90.9天）减少24%。

2月22～24日，珠三角地区出现较严重典型灰霾过程，且持续时间长，范围广，污染强度大。22日番禺日均能见度为4.3千米，能见度最低时仅1.8千米；黑碳浓度、可吸入颗粒物浓度、细粒子气溶胶浓度等多项监测指标出现超标现象，细粒子与黑碳粒子污染特征较明显。黑碳浓度最高达23.3微克/立方米，超过日均值标准2.9倍；可吸入颗粒物（PM10）浓度最高为265微克/立方米，超过日均值标准1.77倍；细粒子气溶胶（PM2.5）浓度最高为178微克/立方米，超过日均值标准2.37倍。

4月27日至5月1日，广州出现大范围灰霾过程。其中4月29日番禺日均能见度低达1.4千米，能见度最低仅0.2千米，但黑碳浓度、可吸入颗粒物浓度、细粒子气溶胶浓度等多项监测指标仅略高于标准限值。黑碳浓度最高为11.7微克/立方米，超过日均值标准1.46倍；可吸入颗粒物（PM10）浓度最高为151.8微克/立方米，超过日均值标准1.01倍；细粒子气溶胶（PM2.5）浓度为88.4微克/立方米，超过日均值标准1.18倍。

【强对流天气】

1. 概况

2011年广东首次强对流天气出现于4月17日，是日封开、德庆、云浮、肇庆、高要、高明、三水、南海、新会、鹤山、顺德、佛山、番禺、中山、珠海、广州、东莞、深圳、恩平、台山、五华等21个市、县（市、区）出现8～14级雷雨大风，德庆、高要、云浮、高明、番禺、广州、开平等地局部伴随出现冰雹天气。前汛期影响广东范围最大强对流天气发生在5月12日，是日化州、高州、德庆、信宜、郁南、封开、三水、阳春、恩平、怀集、罗定、高要、清远、云浮、四会、广宁、南海、英德、阳山、肇庆、花都、广州、番禺、从化、曲江、紫金、增城、龙门、连平、博罗、五华、东源、河源、梅州等34个市、县（市、区）出现8～10级雷雨大风，这也是年内影响广东范围最大的强对流天气过程。后汛期影响广东范围最大的强对流天气发生在8月17日，是日江门、高州、信宜、新兴、罗定、云安、云浮、电白、郁南、肇庆、高要、德庆、顺德、封开、广宁、佛山、怀集、佛冈、连山、连南、东源、阳江等22个市、县（市、区）先后出现8～9级雷雨大风。年内影响广东最后一次强对流天气过程发生在9月30日，是日韶关市翁源县出现8级雷雨大风。

全年广东共有72个强对流日［注：在一天之中，若在全省范围内有两个或两个以上市、县（市、区）出现强对流天气，则定义为一个强对流日］。全年强对流天气现象以雷雨大风为主，冰雹、龙卷风也有发生。

表 4　　2011 年广东省强对流日一览表

月份	日期	天气现象	天数
4	17，28	雷雨大风、冰雹	2
5	1，2，6~8，11，12，14，22	雷雨大风、冰雹、龙卷风	9
6	4~8，11~17，21，25~30	雷雨大风、龙卷风	19
7	8~12，15，16，18，19，22，25，27，29~31	雷雨大风	15
8	1，3~8，10，11，17~19，22~24，26~28，31	雷雨大风	19
9	8，10，11，13~17	雷雨大风	8
合计			72

2．区域分布

2011 年广东省各地级以上市均有强对流天气发生，其中佛山、肇庆、广州等市是年内强对流天气高发地区。全年强对流天气出现最多的是佛山市与肇庆市，均为 34 天；广州市次之，为 30 天。

表 5　　2011 年广东省各地级以上市发生强对流天气天数一览表

市 别	天数	市 别	天数	市 别	天数
广州市	30	梅州市	26	湛江市	15
深圳市	7	惠州市	16	茂名市	32
珠海市	5	汕尾市	2	肇庆市	34
汕头市	7	东莞市	16	清远市	28
佛山市	34	中山市	11	潮州市	8
韶关市	25	江门市	21	揭阳市	12
河源市	25	阳江市	18	云浮市	18

3．强对流天气活动特点

年内出现时间异常偏晚：首次强对流天气发生在 4 月 17 日；强对流天气结束时间比常年稍晚：最后一次强对流天气出现在 9 月 30 日。

强对流天气活动频繁（全年共有 72 个强对流日），且经常持续几天出现。影响范围超过 7 个县（市、区）的强对流天气全年共有 38 天。

9 月强对流天气异常偏多，全月共有 5 天出现影响范围超过 7 个县（市、区）的强对流天气。

强对流天气异常剧烈，其强度之大为近年罕见。4 月 17 日，云浮市云城区雷雨大风极大风速达 44.3 米/秒，为 1994 年广东建设区域自动气象站所录最大瞬时风速，云浮市云城区都杨镇冰雹最大直径达 36 毫米。

全年共出现冰雹天气 4 天，其中 4 月和 5 月各 2 天。

年内共有 2 天出现龙卷风，其中 5 月和 6 月各 1 天。

4．强对流天气事件

4月17日，受高空槽、切变线和锋面低槽共同影响，广东省遭遇2011年影响最大强对流天气过程，共有21个市、县（市、区）出现雷雨大风，云浮市云城区雷雨大风极大风速达44.3米/秒，多地先后出现冰雹天气。据省民政部门统计，受其影响，全省18人死亡，155人受伤，农作物受灾面积5047公顷，房屋倒塌276间、损坏3899间，直接经济损失5.4亿元。其中佛山市受灾最严重，农作物受灾面积1.12万亩，14人死亡，153人受伤，房屋倒塌200间，电塔倒塌3座，电线杆折断约40根，部分电信通讯设施受损。

5月1日凌晨，韶关市始兴、仁化两县遭遇雷雨大风和冰雹等强对流天气袭击，短时阵风7～9级。2日凌晨，乳源瑶族自治县遇龙卷风袭击；当日18时20分左右，乐昌市坪石镇出现冰雹。据民政部门统计，受上述强对流天气影响，广东省农作物受灾面积4800公顷，房屋倒塌43间、损坏7177间，直接经济损失1.7亿元。

5月6日下午至7日3时，因强对流天气影响，广州白云机场共有277个航班发生延误，滞留机场旅客超过万人。

5月7日中午到傍晚，佛山市出现强对流天气，中北部降中到大雨，局部暴雨，其余地方出现雷阵雨，并伴有6级、局部7～8级短时大风。当日12～20时各区最大雨量：南海狮山80.0毫米，三水西南60.9毫米，顺德北滘34.5毫米，禅城南庄17.9毫米，高明荷城0.9毫米。全市最大雨量为南海狮山80.0毫米。全市132个自动站有6个站雨量超过50毫米，南海狮山、里水、大沥出现时雨量50～70毫米短时强降水，南海区出现人员伤亡。据区三防办资料，罗村部队农场因厂房倒塌压死2人，受伤9人；大沥因雷击死亡2人；横岗村一厂房损坏，受伤8人；罗村、大沥受损厂房共约1.3万平方米，狮山镇约130亩渔场受淹，经济损失约16.3万元。

6月16日傍晚，汕头市潮南区胪岗镇胪溪、成田镇西岐村出现龙卷风。胪溪居委会20多间平房受损，240人受灾，转移安置50人；西岐村50间平房受损，6间平房倒塌，80人受灾，其中两名群众受轻伤。

【雷电】

1．灾害概况

据不完全统计，2011年全省因雷击造成灾害实例568宗，其中雷击引发火灾爆炸事故5起，人身伤亡事故17宗，死亡16人，伤19人，损坏各种电子电器设备3212件，因雷电灾害造成直接经济损失2327.76万元，间接经济损失7462.34万元。

2．雷电灾害实例

●3月

24日14～15时，佛山市三水区大塘镇永丰村委水北二村村民王某（女）在村前劳作时遇雷击身亡，直接经济损失20万元，间接经济损失200万元。

●4月

17日12时25分，佛山市南海区九江镇梅镇村新创宜家具制造有限公司职工食堂遭雷击，造成卜某（女）死亡，3人受伤，食堂倒塌。

17日13时40分，珠海市香洲区横琴新区澳门大学珠海校区建设工地程某在施工时遇雷击，不幸身亡。

17日18时，恩平市那吉镇潭角村委会高塘村谭某在本村一空旷地点遇雷击身亡。

表 6　2011 年广东省各地级以上市雷电灾害调查统计表

市别或系统	雷电灾害事故																	
	雷电灾害（起）	火灾或爆炸（起）	人身事故			建（构）筑物受损(起)	办公电子电器设备受损		家用电子电器设备受损		直接经济损失（万元）	间接经济损失（万元）	电力行业（起）	石化行业（起）	通信行业（起）	交通行业（起）	金融行业（起）	学校（起）
			起	伤人	亡人		起	件	起	件								
广州市	70	0	3	1	3	2	62	398	3	7	443.96	3155.80	3	12	1	2	2	4
深圳市	6	0	0	0	0	2	5	79	0	0	44.20	0.00	0	1	0	0	0	1
珠海市	12	0	1	0	1	1	10	78	1	8	42.93	10.00	0	1	1	0	0	0
汕头市	8	2	1	2	0	3	4	26	1	40	128.60	0.00	0	0	0	0	0	0
韶关市	39	1	1	0	1	1	10	46	5	24	114.80	450.75	14	4	0	0	0	0
河源市	36	0	1	0	1	0	25	86	10	20	80.55	270.20	10	1	4	0	0	2
梅州市	114	0	1	3	1	5	15	56	23	85	129.39	196.60	17	0	55	1	0	0
惠州市	15	0	0	0	0	0	14	73	3	20	29.40	59.90	1	0	0	0	0	4
汕尾市	5	0	0	0	0	0	2	20	3	27	6.40	9.85	3	0	2	0	0	0
中山市	3	0	0	0	0	0	3	13	0	0	6.73	22.50	0	0	0	1	0	0
江门市	29	0	1	0	1	4	23	172	1	7	111.94	353.00	2	6	0	0	0	0
佛山市	69	0	4	5	5	9	53	222	6	13	189.08	955.66	0	4	0	0	0	0
阳江市	11	1	0	0	0	4	5	14	2	8	64.75	616.90	2	0	2	1	0	0
湛江市	29	1	3	8	2	1	20	142	5	18	138.80	605	0	1	0	1	0	4
茂名市	20	0	0	0	0	3	17	85	6	31	172.40	30.00	8	2	4	0	0	3
肇庆市	16	0	0	0	0	0	14	70	1	6	21.93	4.20	1	0	1	1	0	0
清远市	44	0	1	0	1	2	3	14	6	9	215.16	566.88	18	0	0	0	0	0
东莞市	8	0	0	0	0	2	7	31	1	2	15.90	42.80	0	0	0	0	0	0
潮州市	9	0	0	0	0	3	7	40	1	1	33.10	9.40	0	0	1	0	0	0
揭阳市	7	0	0	0	0	1	5	21	2	9	7.70	50.50	0	3	0	0	0	0
云浮市	14	0	0	0	0	1	5	33	5	9	19.85	52.80	3	0	0	0	0	0
其他部门	4	0	0	0	0	0	10	1149	0	0	310.2	0	54	8	0	0	0	0
总计	568	5	17	19	16	44	319	2868	85	344	2327.76	7462.34	136	43	71	7	2	18

注：调查资料由各市、县气象局防雷设施检测所和省直有关厅局提供，截止日期为 2011 年 12 月 31 日。

17 日，位于深圳市宝安区沙井上南东路 235 号的深圳市宝光工业有限公司遭雷击，击坏设备一批，直接经济损失 15 万元。

●5 月

7 日 18 时，佛山市南海区两人遇雷击身死亡。死者尧某（女）系骑自行车途经太平南工业区牌坊附近路段时遇雷击身亡；韦某系与妻子在大沥沥北坎南村菜地劳作时遇雷击身亡，其妻受伤。

8 日，位于连州市九陂镇对面的连州市龙潭香花水电站遭雷击，损坏油开关、配电屏、发电机组、电线杆、电缆等，直接经济损失 35 万元，间接经济损失 60 万元。

11 日 18 时，广州市番禺祈福物业管理有限公司祈福新村天湖居遭雷击，击坏设备一批，直接经济损失 10 万元。

12 日，仁化县董塘镇河富村遭雷击，击坏 1 台环境监测仪，直接经济损失 39.4 万元，间接经济损失 200 万元。

22 日 6 时 25 分，珠海市香洲区中海广东天然气有限责任公司南屏分输站遭雷击，击坏 2 台流量计算机，直接经济损失 20 万元。

22 日，位于连州市九陂镇对面的连州市龙潭香花水电站遭雷击，损坏配电屏、电缆等，直接经济损失 30 万元，间接经济损失 50 万元。

●6 月

4 日 16 时 50 分，廉江市横山镇乾案村委会长山村村民陈某在山脚下放牛时遇雷击身亡，耕牛受伤，直接经济损失 20 万元，间接经济损失 200 万元。

7 日 16 时 40 分，广州市白云区人和镇新联村一农场遭雷击，致周某死亡，并造成直接经济损失 20 万元、间接经济损失 200 万元。

14 日，河源野趣沟 CMDA 基站遭雷击，直接经济损失 20 万元。

20 日 20 时 35 分，紫金县敬梓镇杨眉村郑某住宅遭雷击，致李某（女）死亡，并造成直接经济损失 20 万元，间接经济损失 200 万元。

21 日 15 时 30 分，位于深圳市宝安区沙井街道办南环路四茭塘工业区 1 栋的东丽塑料（深圳）有限公司遭雷击，致消防系统受损，直接经济损失 24 万元，间接经济损失 70 万元。

22 日 12 时 30 分，位于佛山市顺德区杏坛镇右滩管理区的广东粤星实业有限公司遭雷击，损坏 1 套变压器，造成直接经济损失 40 万元，间接经济损失 400 万元。

25 日 19 时 31 分，茂名市鉴江河流域管理局位于高州长坡镇的办公大楼遭雷击，损坏电器设备一批，直接经济损失 23 万元。

25 日 22 时，汕头市澄海区添丰彩印有限公司遭雷击，厂房起火，损毁设备产品一批，直接经济损失 100 万元。

28 日 15 时，阳东县广东阳江移动三津基站机房遭雷击，击坏直流模板 1 个、变压器 1 个，直接经济损失 10 万元，间接经济损失 100 万元。

29 日 9 时，阳东县东城区供电系统遭雷击，击坏 1 个供电变压器，造成东城区部分区域停电，直接经济损失 35 万元，间接经济损失 350 万元；阳东县国税局遭雷击，击坏税务收税系统，直接经济损失 12 万元，间接经济损失 120 万。

●7 月

9 日 21 时 45 分，平远县仁居镇社南村村民潘某在远航矿区清理废旧稀土时遭雷击身亡，另有3人受伤，直接经济损失10万元，间接经济损失60万元。

10日18时，位于佛山市高明区的广东双利电缆厂5台电气设备因感应雷影响而损坏，直接经济损失45万元。

11日18时10分左右，广州市白云区人和镇鹤亭村凤尾经济社篮球场旁一空旷田地里，菜农罗某（女）遇雷击死亡，直接经济损失20万元，间接经济损失200万元。

12日13时30分，肖某骑摩托车途经佛山市南海区大沥镇谢边东义村东塘附近时遇雷击身亡，坐在车后座的死者叔叔受轻伤。

12日15时，江门中澳网业有限公司建设工地遭雷击，击坏1台电变压器、1个电源开关，造成直接经济损失15万元，间接经济损失30万元。

13日15时45分，茂石化铁运分部供气公司遭雷击，损坏仪表控制室、值班室、监控室等设备共36台（套），直接经济损失75万元。

13日18时20分，英德海英公路有限公司望埠收费站遭雷击，损坏设备一批，直接经济损失30万元，间接经济损失150万元。

13日，南雄市雄州管电所管理区遭雷击，击坏5台变压器，直接经济损失15万元，间接经济损失30万元。

14日11时40分，位于雷州市调风镇的广东省丰收糖业发展有限公司办公楼遭雷击，击坏1台网络服务器、12台电脑，直接经济损失10.6万元，间接经济损失18万元。

15日3时，雷州市某养鸡场遭雷击，其中一鸡舍开关被烧，鸡场死亡8000多只鸡，直接经济损失20万元，间接经济损失100万元。

15日19时，佛山市南海区狮山镇狮西木厂一女员工在上班路上（周围较空旷）遇雷击身亡。

16日，广州市番禺创信鞋业有限公司（位于番禺区榄核镇）遭雷击，击坏设备一批，直接经济损失10万元。

17日17时，广州市白云区钟落潭镇竹料大罗四队龙虎塘路口旁一空旷田地里，曾某（女）与谢某（两人系夫妻）在小茅棚下避雨时遇雷击，曾某身亡，谢某重伤，直接经济损失25万元，间接经济损失250万元。

17日18时，恩平市人民检察院因雷击损坏电器一批，直接经济损失12.5万元，间接经济损失50万元。

18日13时30分，清新县太平镇天塘村贵某在自建一层平房天面遇雷击身亡。

29日16时，翁源县坝仔镇岩庄群辉村胡某在山上避雨时遇雷击死亡。

●8月

7日，广东电网茂名信宜供电局位于信宜市怀乡、洪冠、东镇等3镇的电力设施因雷击受损，直接经济损失14.7万元。

11日，广东电网茂名信宜供电局位于信宜市池洞、金垌、怀乡、朱砂等镇的电力设施因雷击受损，直接经济损失23.4万元。

19日18时45分，五华县眉山水泥厂遭雷击，击坏电器一批，直接经济损失10万元。

24日12时5分，雷州市客路镇黎家伍村伍某等8人在村庙旁大榕树下乘凉时遇雷击，伍某等两人重伤，其他6人轻伤，直接经济损失16万元，间接经济损失160万元。

●9月

3日11时，位于佛山市顺德区杏坛填七滘工业园光华区三横路3A号的佛山市顺德区晶正塑料有限公司遭雷击，损坏1台250千瓦专用变压器，造成直接经济损失10万元、间接经济损失100万元。

7日14时，遂溪县杨柑镇龙眼村委会西下村姚某在辣椒地里劳作时遇雷击身亡。

10日20时，位于广州市花都区狮岭镇益群村合一队的花都供电局狮岭供电所遭雷击，损坏高压柜1套，直接经济损失10.5万元，间接经济损失12万元。

11日14时，开平市诚辉建材有限公司金鸡水泥厂遭雷击，击坏1台变压器，直接经济损失10万元，间接经济损失30万元。

29日11时，汕头市潮阳区和平镇下厝乡后树脚一民宅遭雷击起火，造成财物损失，2人轻伤，直接经济损失10万元。

地震灾害

【地震活动特点】

2011 年 1 ~ 12 月，广东省地震台网共记录到广东省及其近海 M≥1.0 级地震 175 次，其中M1.0 ~ 1.9 级 152 次，M2.0 ~ 2.9 级 22 次，M3.0 ~ 3.9 级 1 次。最大地震为 6 月 2 日阳西（21.74°N，111.76°E）M3.0 级。

2011 年广东省及近海地震活动水平仍然维持近年低水平，M2 级以上地震频次比 2009 年、2010 年略有增加。其主要活动特征有三点：一是地震活动格局没有明显变化，M1 级以上地震活动空间上仍主要集中在河源、阳江、南澳 3 个老震区；M2 级以上地震分布较为分散，粤东、粤西和粤北都有发生，珠三角地区无 M2 级以上地震发生。二是 M2 级以上地震频次比 2009 年、2010 年略有增加，但强度都不高，最大地震为阳西 M3.0 级，比 2010 年最大地震阳东 M3.3 级略低。三是 5 ~ 8 月和 10 ~ 11 月地震相对活跃，1 ~ 4 月相对平静。

3 月 11 日，日本发生 M9.0 级地震后，广东省小震强度和频度无明显增加，说明日本强震对广东省地震活动影响不显著。

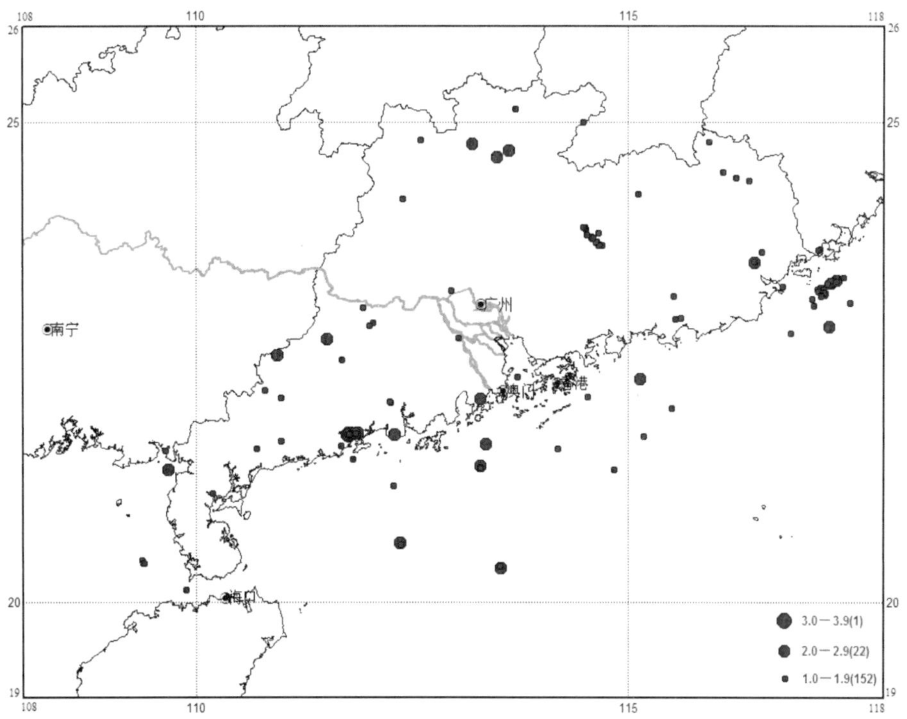

图 8　2011 年广东省陆地及近海 M≥1.0 级地震震中分布图

表 7　　2011 年广东省及近海 M≥2.0 级地震目录表

序号	月	日	时	分	北纬（度）	东经（度）	震级（M）	参考震中
1	3	13	13	2	21.38	109.68	2.1	广东东源
2	4	11	6	37	22.87	117.36	2.1	南海
3	4	21	23	42	22.33	115.13	2.6	广东惠东近海
4	5	13	5	26	23.54	116.47	2.5	广东揭东
5	5	24	9	49	24.64	113.48	2.1	广东韶关
6	5	24	22	8	21.74	111.76	2	广东阳西
7	6	2	4	31	21.74	112.29	2	广东阳东
8	6	2	19	15	21.74	111.76	3	广东阳西
9	6	8	5	39	21.74	111.76	2.6	广东阳西
10	6	22	21	17	22.74	111.51	2	广东罗定
11	6	23	2	53	21.75	111.86	2.2	广东阳江
12	7	7	15	19	20.35	113.52	2.5	南海
13	7	15	10	36	21.76	111.86	2	广东阳江
14	7	22	7	13	22.57	110.94	2.1	广东信宜
15	7	23	22	6	24.78	113.19	2.1	广东乳源
16	8	7	15	49	21.65	113.35	2.3	广东珠海海域
17	8	10	15	4	24.71	113.62	2	广东韶关
18	8	11	22	44	23.32	117.38	2.1	广东南澳海域
19	8	18	0	33	23.35	117.44	2.2	福建东山海域
20	8	23	4	44	20.62	112.36	2.1	南海
21	10	17	0	40	21.42	113.28	2.5	南海
22	11	5	3	41	21.75	111.83	2.6	南海
23	12	9	22	56	22.12	113.29	2.1	广东珠海

表 8　　1986—2011 年广东省及近海地震频度统计表[①]

年份 \ M	2.0~2.9	3.0~3.9	4.0~4.9	5.0~5.9	Max	地震总能量（焦耳）
1986	18	7	0	1	5.0	2.27e+12[②]
1987	49	5	2	0	4.7	1.03e+12

（续上表）

M 年份	2.0～2.9	3.0～3.9	4.0～4.9	5.0～5.9	Max	地震总能量（焦耳）
1988	20	1	0	0	3.1	5.79e+09
1989	24	3	3	0	4.5	6.26e+11
1990	31	1	0	0	3.2	1.08e+10
1991	42	4	1	0	4.6	4.75e+11
1992	43	3	0	0	3.2	1.01e+10
1993	56	6	0	0	3.7	5.06e+10
1994	16	1	0	0	3.6	1.76e+10
1995	37	8	5	0	4.8	1.18e+12
1996	50	2	1	0	4.0	2.61e+10
1997	99	21	0	0	3.9	1.73e+11
1998	33	5	0	0	3.2	3.08e+10
1999	38	6	3	0	4.7	5.23e+11
2000	52	8	1	0	4.0	8.89e+10
2001	23	3	1	0	4.2	1.46e+11
2002	31	2	0	0	3.4	1.91e+10
2003	36	2	0	0	3.1	1.08e+10
2004	42	4	1	0	4.8	1.03e+12
2005	32	4	0	0	3.4	5.66e+10
2006	34	1	1	0	4.0	7.72e+10
2007	22	6	0	0	3.4	2.64e+10
2008	21	2	0	0	3.2	1.83e+10
2009	13	1	0	0	3.3	4.08e+9
2010	16	2	0	0	3.3	1.48e+10
2011	22	1	0	0	3.0	1.30e+9
平均	34.62	4.19	0.73	0.04	3.82	3.03e+11

注：①统计时间为每年1月1日至12月31日。

②2.27e+12 = 2.27×10^{12}，下同。

地质灾害

【灾害概况】

2011年广东省发生突发性地质灾害100起，造成2人死亡，直接经济损失2744.95万元。与2010年相比，突发性地质灾害起数、死亡（含失踪）人数和直接经济损失分别减少83.3%、95.4%和87.9%。

年内全省突发性地质灾害主要有滑坡、崩塌和地面塌陷3种类型。其中，崩塌45起，占地质灾害总数的45%；滑坡30起，占总数的30%；地面塌陷19起，占总数的19%。自然因素为主诱发地质灾害87起，占总数的87%；人为因素为主诱发地质灾害13起，占总数的13%。

【灾情特点】

1. 灾害程度轻、损失小

2011年广东省地质灾害发生次数、因灾造成死亡和失踪人数及直接经济损失均为自2008年以后最少。

2. 发生地域集中、灾害级别较小

2011年广东省地质灾害主要发生在粤东北地区，灾害类型以崩塌、滑坡为主，灾害级别以小型为主。韶关、梅州、肇庆、清远等市发生地质灾害82起，占全省地质灾害总数的82%。发生崩塌、滑坡地质灾害75起，占各种类型地质灾害总数的75%。发生小型地质灾害95起，占各种级别地质灾害总数的95%。

表9　**2011年广东省各地级以上市地质灾害汇总表**

序号	市别	灾害起数小计（起）	各类地质灾害起数（起）						死亡（人）	灾害损失（万元）
			滑坡	崩塌	泥石流	塌陷	地裂缝	地面沉降		
1	广州	3		2		1			2	53
2	清远	26	12	7	1	6				1100
3	云浮	3	2	1						27
4	肇庆	14	2	8		4				300
5	韶关	19	10	5	1		1	2		384.5
6	梅州	23	3	18		2				180.95
7	惠州	5		3		1	1			329
8	河源	4	1	1		2				239.5
9	佛山	2				2				81
10	顺德	1				1				50
合计		100	30	45	2	19	2	2	2	2744.95

表 10　　2011 年广东省突发性地质灾害统计表

序号	月 - 日	地点	灾害类型	规模	死亡（人）	直接经济损失（万元）
1	1 - 9	佛山市高明区荷城街佛山监狱门口	地面塌陷	小		1
2	1 - 11	英德市大湾镇英建水口村	地面塌陷	小		20. 5
3	1 - 13	佛山市高明区富湾荷城街道照明社区	地面塌陷	大		80
4	3 - 5	英德市九龙镇九龙居委富民一巷	地面塌陷	小		2
5	3 - 5	连州市龙坪镇袁屋村委卢屋村	崩塌	小		3. 5
6	3 - 5	怀集县中洲镇鱼藤村华村	地面塌陷	小		15
7	3 - 7	佛冈县龙山镇江森约克空调设备厂后山	滑坡	小		5
8	3 - 19	广宁古县水镇太和工业大道	崩塌	小		15
9	4 - 6	怀集县连麦镇步岗村廖屋寨	地面塌陷	小		1
10	4 - 15	罗定市泗纶镇鸭脚寨	滑坡	小		15
11	4 - 15	连南县大坪镇大掌村委旺洞村	滑坡	小		2
12	4 - 17	平远县石正镇周畲村三板四户	地面塌陷	小		50
13	4 - 20	云浮市	崩塌	小		2
14	4 - 22	四会市江谷镇大垌村委严坑大村	崩塌	小		30
15	4 - 25	清远市清新县禾云镇	滑坡	小		2
16	4 - 26	广州市白云区原夏茅煤矿机场路 2681 号	地面塌陷	小		2
17	4 - 26	乐昌市大源镇新秦村委会办公点	滑坡	小		40
18	4 - 28	怀集县城北一路	地面塌陷	小		35
19	5 - 6	翁源县新江镇新江中学	崩塌	小		2
20	5 - 6	翁源县周陂镇陈村村委会石坎片	滑坡	小		2
21	5 - 6	翁源县官渡镇利龙村委坪滩村小组	崩塌	小		3
22	5 - 6	连南县涡水镇瑶龙村深冲坑大贵一级电站	滑坡	小		50
23	5 - 7	大埔县百侯镇软桥村半岭村民小组	崩塌	小		1. 25
24	5 - 7	乳源县桂头镇草头坪村委	滑坡	小		10
25	5 - 8	阳山县黄坌镇王村大塘坑	滑坡	小		1
26	5 - 8	阳山县黄坌镇高陂村桥头	滑坡	小		2
27	5 - 8	阳山县岭背镇莲花村委会水口	滑坡	小		1
28	5 - 8	阳山县岭背镇水建村委会秀琅段公路	滑坡	小		1

（续上表）

序号	月－日	地点	灾害类型	规模	死亡（人）	直接经济损失（万元）
29	5－8	阳山县岭背镇黄屋村委会枫凡墩村	滑坡	小		1.5
30	5－8	阳山县江英镇长富洞村马山仔组	地面塌陷	小		1
31	5－8	阳山县青莲镇朋塘村至柳塘村公路	崩塌	小		20
32	5－8	南雄市全安镇兰溪村委会	崩塌	小		25
33	5－8	南雄市百顺镇溪头村委会下洞村小组	滑坡	小		45
34	5－8	始兴县沈所花山大坪	崩塌	小		3.5
35	5－8	连南县三排瑶族自治乡黄坑村委黄泥社村	崩塌	小		45
36	5－8	英德市东华镇空子水库后山	滑坡	小		50
37	5－8	阳山县称架瑶族自治乡黄沙坑二级水电站	泥石流	中		200
38	5－8	佛山市顺德区乐从	塌陷	中		50
39	5－9	龙门县龙潭镇铁岗马岭村委木潭村小组	地裂缝	中		300
40	5－10	乐昌市乐城镇王坪村下王坪组后山	滑坡	小		50
41	5－11	博罗县公庄镇鹊楼村老围村小组	地面塌陷	小		5
42	5－12	新丰县丰城横江	崩塌	小		20
43	5－13	乐昌市三溪镇车头园村草里冲组	滑坡	小		10
44	5－13	阳山县黄坌镇高陂村水圳村小组	地面塌陷	小		1
45	5－14	乐昌市三溪镇白露塘村平头岭组	滑坡	小		20
46	5－15	乐昌市大源镇政府附近乐昌峡右岸公路	滑坡	小		90
47	5－15	乐昌市大源镇大长滩葫芦丘	滑坡	小		5
48	5－16	连山县吉田镇三水小学门前村	崩塌	小		15
49	5－16	连山县太保镇	滑坡	小		2
50	5－16	平远县河头镇樟坑村乌交塘	滑坡	小		1
51	5－17	韶关市武江区龙归镇冲下村委会黄岗岭	地面沉降	小		25
52	5－17	阳山县黄坌镇王村大洞田	滑坡	小		1
53	5－18	韶关市武江区西河镇红星村委会冷水坑	滑坡	小		5
54	5－19	连州市九陂镇联一村委会清水塘村	地面塌陷	小		1
55	5－21	丰顺县埔寨镇采芝村湖仔	崩塌	小		3.5
56	6－2	清远市清新县太和古洞后山	崩塌、滑坡群	小		2

（续上表）

序号	月－日	地点	灾害类型	规模	死亡（人）	直接经济损失（万元）
57	6－26	河源市紫金县苏区镇长排坑	崩塌	小		20
58	6－28	新丰县丰城街道大洞村下双角小组17号	地面下陷	小		5
59	7－4	怀集县桥头镇新平村谭芬自然村	滑坡	小		5
60	7－4	德庆县高良镇大江村委会上冷水村	崩塌	小		1.2
61	7－5	紫金县义容镇下窖村	塌陷	小		210
62	7－9	乳源县游溪镇老坑（瑶寨）村	泥石流	小		22
63	7－11	惠州市惠城区金麦山庄	山体崩塌	小		2
64	7－12	惠州市惠城区龙丰街道花园水社区	山体崩塌	小		2
65	7－13	高要市小湘镇九市源村委会文武村	崩塌	小		8
66	7－16	惠州市惠城区小金口办事处惠州市求实职业技术学校	山体崩塌	小		20
67	7－16	高要市小湘镇脉源村委会长度村	滑坡	小		12
68	7－17	丰顺县砂田镇荐坪村江南	滑坡	小		3
69	7－17	丰顺县砂田镇沙溪村6组3宗	崩塌	小		5
70	7－17	大埔县大麻镇岐丰村凹头	崩塌	小		1.2
71	7－17	丰顺县砂田镇占下村庵岗	崩塌	小		10
72	7－17	丰顺县砂田镇占中村横角2宗	崩塌	小		2
73	7－17	丰顺县砂田镇黄花村立新2宗	崩塌	小		3
74	7－17	丰顺县砂田镇大坑村大坑2宗	崩塌	小		15
75	7－17	丰顺县砂田镇占上村岌下	崩塌	小		2
76	7－17	丰顺县砂田镇黄花村坪湖2宗	崩塌	小		15
77	7－17	大埔县银江镇昆仑村南卜坑	崩塌	小		1.8
78	7－17	大埔县高陂镇三岗村长山口	崩塌	小		1.6
79	7－17	大埔县高陂镇赤坑村塘腹	崩塌	小		1.9
80	7－17	大埔县洲瑞镇赤水村芷窝	崩塌	小		3
81	7－18	广州市黄埔区长洲街深井社区丛桂横街10号北侧	崩塌	小		1
82	7－18	大埔县大麻镇小留村长牛坪	崩塌	小		1.3
83	7－18	丰顺县北斗镇才口村大福唇4宗	滑坡	小		15

（续上表）

序号	月－日	地点	灾害类型	规模	死亡（人）	直接经济损失（万元）
84	7－18	大埔县洲瑞镇下营村凹背	崩塌	小		3
85	7－18	四会市江谷镇大垌村委严坑大赛村	崩塌	小		1.5
86	7－19	广宁县古水村委会金前村	崩塌	小		2.3
87	7－19	大埔县枫朗镇清泉溪村中央片	崩塌	小		1.3
88	7－28	兴宁市石马镇礤下村坑尾	崩塌	小		15.1
89	2010.07－2011.07	翁源县周陂镇陈村铁矿	地裂缝	小		2
90	8－25	德庆县悦城镇罗洪村委会罗洪村	塌陷	小		5
91	8－27	紫金县苏区镇黄布村委新联村	地面沉降	小		1.5
92	9－16	郁南县宋桂镇马安小学	滑坡	小		10
93	9－20	广州市白云区太和镇大源村18设沙排南街7号旁边坡	崩塌	小	2	50
94	10－12	广宁县赤坑社区赤坑口	崩塌	小		167
95	10－12	广宁县赤坑旺洞村委会下汕	崩塌	小		2
96	10－13	紫金县瓦溪镇瓦溪村上围小组陶窝塘	滑坡	小		8
97	11－1	连南县大麦山镇新寨村	塌陷	大		663
98	11－17	梅县松口镇松南蓬下村正子岌	塌陷	小		25
99	12－9	阳山县黎埠镇扶村村委风塘、风围村	崩塌	小		3
100	12－9	佛冈县石角镇小潭村委大湾肚村后山	崩塌	小		4.5
合计					2	2744.95

【典型灾害事件】

11月1日，清远市连南瑶族自治县大麦山镇新寨村发生大规模地面塌陷。当日上午，大麦山镇派出工作组对事发地附近民房进行全面勘查，共查明有13户民房出现不同程度破裂，受影响群众59人。初步判断事故原因是附近矿场在采矿过程中抽取地下水造成地表下沉所致。省委常委、常务副省长朱小丹，副省长林木声、陈云贤分别作出批示。当地党委、政府迅速组织做好应急处置工作，紧急转移安置受影响群众，同时勒令矿场立即停止作业，并安排国土资源部门技术人员24小时监测灾情。

经技术人员现场持续监测发现，该次地质灾害事故呈扩大趋势。至10日晚8时，周边共有244户民房出现不同程度开裂和地面下陷，涉及群众1279人。其中，受损严重（不宜居住）23户、102人，轻微影响（可以继续居住）221户、1177人。灾害共造成直接经济损失663万元。对此，省委、省政府高度重视，汪洋、朱小丹、梁伟发、林木声、陈云贤等省领导分别批（指）示，要求迅速采取应急措施，科学应对。省、市有关单位立即成立工作组，认真做好受影响群众转移安置工作。

海洋与渔业灾害

【船舶遇险】

1. 船舶遇险概况

2011 年省海上搜救中心共接报在广东海域因风浪、火灾、碰撞及其他原因引发的船舶遇险事故 293 宗，其中沉没船舶 62 艘，包括中国内地船舶 57 艘，香港、澳门籍船舶 4 艘，外国籍船舶 1 艘；死亡、失踪 104 人，其中中国内地 97 人，香港地区 3 人，外国籍 4 人。

2. 船舶遇险实例

●1 月

2 日，“粤台山 1438” 渔船在 20°28′N、112°20′E（江门上川岛以南约 70 海里）处沉没，船上 9 人落水。经过 7 天救援，“闽狮渔 6988” 渔船救起 2 人，其余 7 人失踪。

11 日，“粤汕尾 0003” 渔船在 21°44′N、113°52′E（桂山岛南面约 25 海里）处因风浪影响，船体进水后沉没，船上 4 人报警求救。经过组织南海第一救助飞行队直升机、“海巡 1548” 船等力量前往救助，4 名遇险人员全部被“B—7125” 直升机安全救起。

15 日，“粤台山 12014” 渔船在 21°37′52″N、113°45′50″E（珠江口大万山岛西南约 18 海里）处进水沉没，船上 11 人要求救援。险情发生后，中共中央政治局委员、省委书记汪洋，省长黄华华，副省长李容根、佟星等立即批示，要求全力搜救失踪人员，同时进一步加强渔船安全生产工作，防止类似事故再次发生。省海上搜救中心立即启动应急预案，协调派出“南海救 112”、“海巡 151”、“中国渔政 44183” 及南海第一救助飞行队救助直升机等力量前往救助，11 名遇险船员中有 6 人获救，5 人失踪。

19 日，“粤雷州 54103” 渔船在 20°45′N、110°38′E（硇洲岛以南约 7 海里）处沉没，船上 4 人落水。经组织救援，4 名落水人员全部被湛江渔政支队雷州大队所派“中国渔政 9544” 快艇安全救起。

20 日，海南籍“琼临高 20068” 渔船在 20°57′N、112°51′E（上川岛以南 36 海里）处与一艘巴拿马籍货船发生碰撞，船上 12 人因船体进水而弃船，并要求救援。经过组织“海巡 1546”、“中国海监 9060”、“银通” 轮及“粤阳东 19168” 渔船等力量救助，12 名遇险人员全部被“粤阳东 19168” 渔船安全救起。

28 日，“粤惠东 10180” 渔船在 22°35′N、114°43′E（惠州惠东碧甲码头附近距岸约 1 海里）处因风浪大而漏水翻沉，船上 3 人落水，要求救助。经组织“海巡 15151”、“盐拖 10”、“中国渔政 44085” 及 4 艘过往船舶展开搜救，未找到 3 名遇险人员。

●2 月

7 日，“粤阳西 32209” 渔船在阳江市海陵岛试验区距闸坡渔港口 1 千米附近海域发生火灾，船上共 10 人。经组织救援，7 人获救，2 人死亡，1 人失踪。

16 日，“琼临高 11519” 渔船在上川岛沙堤港以南约 27 海里处进水，其时现场东北风 6 ~ 7 级，浪高 2 ~ 3 米，情况危急，船上 13 名船员请求救助。省海上搜救中心和江门海上搜救分中心协调组织“南海救 101”、“琼临高 11251”、“琼临高 12006” 等船舶前往救助，同时要求渔船积极采取措施自救。在搜救人员与渔船船员共同努力下，“琼临高 11519” 堵漏成功，13 名遇险人员安全获救。

18 日，“粤湛江 04087” 渔船从 20°27′N、111°01′E 处返回硇洲岛，途中失去联系。船上共有 7 人，家属报警并要求搜救。经过 7 天大规模搜救，未找到失踪人员。

21 日，“粤汕尾 12170” 渔船在 21°41′N、114°01′E（珠海大万山岛东南约 22 海里）处进水沉没，船上 8 人要求救助。省海上搜救中心和珠海市海上搜救中心立即组织“海巡 151”、“南海救 112”、“中国渔政 44199”、“B—7125” 直升机及附近 2 艘渔船前往救助。“B—7125” 直升机救起 7 人，另外 1 人被附近渔船安全救起。

21 日，“粤阳江 9899” 渔船在 21°22′N、112°58′E（江门上川岛东南约 15 海里）处遭遇风浪，船舶进水沉没，船上 7 人要求救助。省海上搜救中心和江门海上搜救分中心立即协调南海救助局、省渔政总队、省边防总队等单位派出力量前往救助，并请香港海上救援中心协调飞机参加救助。经过救援，香港政府飞行服务队救助直升机在上川岛以南约 18 海里（21°16′N、112°46′E）处救起 5 名遇险船员，“南海救 101” 在遇险位置附近打捞起一具尸体，另有 1 人失踪。

●3 月

1 日，“粤惠来 43303” 渔船在 22°43′N、116°50′E（揭阳惠来石碑山角东南 23 海里）处进水沉没，船上 5 人要求救助。经组织协调，南海救助局所派“南海救 113” 和附近渔船参加救助，5 名遇险人员被“粤惠来 43515” 和“粤惠来 43186” 渔船安全救起。

4 日，在 21°30′N、113°04′E（江门上川岛东南约 15 海里）处，“粤阳江 93025” 渔船海底门突然破损，船舶大量进水，船上 11 人请求救助。省海上搜救中心和江门海上搜救分中心先后协调派出“中国海监 9060”、“中国渔政 44202”、“南海救 195” 和两艘渔船“粤阳江 9319”、“粤阳西 96269” 前往救助。10 名遇险人员被转移到“粤阳江 9319” 渔船上，还有 1 名留在遇险船上排水堵漏。遇险渔船在“粤阳江 9319” 渔船和“粤阳西 96269” 渔船拖带下安全抵达台山沙堤渔港，人员和船舶安全获救。

16 日，在 20°35′N、110°59′E 处，因风浪过大，“粤湛江 8018” 渔业辅助船船体破裂进水，渔船面临沉没危险，船上 3 人请求救助。经组织“中国海监 9091” 等力量参加救援，3 名遇险人员被安全救起。

17 日，“鸿力 77” 船装载矿砂在 22°58′N、116°37′E（揭阳惠来石碑山角东南 4 海里）附近海域因船体进水沉没，船上 6 人弃船后登上救生筏，要求救助。省海上搜救中心和汕头海上搜救分中心协调“南海救 113”、“粤电拖 2” 和过往船舶参加救助。6 名遇险人员全部被“丰顺 18” 轮安全救起。

●4 月

23 日，“云浮 3118” 抽砂船在 20°30. 8′N、110°41. 25′E（琼州海峡北出口）处遭遇风浪后沉没，船上 6 人报警求救。省海上搜救中心和湛江海上搜救分中心协调派出南海第一救助飞行队“B—7120” 直升机和附近作业渔船前往救助。船上 6 名遇险人员全部被“粤徐闻 34094” 渔船和“粤徐闻 34039” 渔船安全救起。

29 日，“粤清远货 1919” 货船（收废铁小船）在珠海大万山岛岸边附近海域被风浪打沉，船上6名船员要求救助。省海上搜救中心和珠海市海上搜救中心协调边防、渔政和南海第一救助飞行队派出船舶和飞机前往救助。5人安全获救，1人因伤重而死亡。

●5月

2日，“桂合渔80968”渔船与一艘不明大船在20°51′N、112°31′E（江门下川岛以南约45海里处）附近海域发生碰撞，造成渔船沉没，船上5人落海，要求救助。经组织搜救，救起3人，2人失踪。

2日，“粤汕头51139”渔船与“华德18”船在23°11′N、117°01.5′E（汕头表角正东12海里）附近海域发生碰撞，“粤汕头51139”渔船沉没，船上6人全部落水，要求救助。经组织救援，“粤汕头51095”渔船救起6名遇险渔民，其中5人生还，1人死亡。

30日，“粤阳西24256”渔船在阳江市二镬岛附近海域沉没，船上3名船员全部落水，要求救助。经组织“南海救159”、“中国渔政44225”、“中国渔政44226”和附近作业渔船开展搜救，3名遇险人员全部被附近作业渔船救起。

●6月

5日，“粤惠来22191”渔船出海作业，船上8人，在8日晚上返航途中失去联系，家属要求搜救。其时，受热带风暴“莎莉嘉”登陆影响，汕头附近海域风力6～7级，浪高4米，并伴有雷阵雨。虽经组织专业救助力量和过往船舶开展长达10天的大规模搜救，仍未找到失踪船舶和人员。

12日，海南籍散货船“宇盛6号”在21°59′N、113°31′E（大西水道西南约5海里）处沉没，船上11人全部落水，要求救助。经组织“海特1509”和过往船舶开展救助，10人乘坐救生筏登上东澳岛获救，1人失踪。

●7月

28日，江西海运船务公司“海鹰6号”货船在21°49′N、113°06′E（珠海荷包岛西南3海里）处倾斜后沉没，船上8人弃船并登上救生筏等待救援。省海上搜救中心和珠海市海上搜救中心协调“海巡151”轮、“港信拖五”轮和香港政府飞行服务队飞机前往救助，“港信拖五”轮救起救生筏上8名遇险人员。

●9月

9日，“鸿兴盛166”货船在20°42′N、110°36′E（外罗水道1号灯浮北进口）处沉没，船上7人登上救生筏漂流，要求救助。省海上搜救中心和湛江海上搜救分中心协调“华英397”、“临海108”和“梅航6178”前往救助。7名遇险船员全部被“临海108”轮安全救起。

20日，“桂北渔80083”渔船在20°27′N、112°57′E（上川岛偏南方约68海里）处海域作业时，被一艘不明船舶碰撞后沉没，船上8名船员要求救助。经组织救援，8名遇险人全部被附近作业的“桂北渔10055”渔船安全救起。

22日，“顺运”集装箱在22°52′N、116°19′E（揭阳惠来对开海域6海里）处严重倾斜后沉没，船上12名船员登上救生艇等待救援。省海上搜救中心和汕头海上搜救分中心立即协调南海第一救助飞行队在汕头的救援飞机和过往船舶开展搜救。遇险船员全部被附近作业渔船救起。

29日，装载4821吨钢材的“方舟6”货船在21°53′N、113°06′E（珠海荷包岛附近海域）处抛锚防抗强台风“纳沙”时，因舱盖破损进水而沉没，船上12人要求救助。经组织救助，12名遇险船员全部被南海第一救助飞行队直升机安全救起。

●10 月

22 日，“粤潮阳渔 11076”渔船由于尾轴移位，机舱进水，在距离南澳主岛 70 多海里海域沉没，船上 8 名船员要求救援。经组织救援，8 名遇险船员全部被“粤南澳渔 21086”安全救起。

29 日，“珠香 1459”渔船在 21°37′N、112°05′E（阳江海陵岛附近海域）处触礁沉没，此时海面风浪较大，情况危急，船上 3 人登上救生浮垫漂浮在海面并要求救助。省海上搜救中心和湛江海上搜救分中心协调渔政、边防等力量前往救助。3 名遇险人员全部被“中国渔政 44226”快艇安全救起。

31 日，“粤阳江 98067”渔船在 21°25′N、112°01′E（阳江海陵岛以南附近海域）处发生火灾，船上 9 名渔民全部落水，要求救助。省海上搜救中心和湛江海上搜救分中心立即协调专业救助船舶、飞机、渔政船艇和过往船舶开展搜救。遇险人员全部被跟班作业渔船“粤阳江 41141”救起。

●11 月

3 日，“粤惠来 41252”渔船在 22°03′N、116°33′E（揭阳石碑山角以南 50 海里附近海域）处发生火灾后沉没，船上 6 名渔民要求救援。省海上搜救中心和汕头海上搜救分中心组织渔业、专业救助及海事等部门全力搜救，并请香港海上救援协调中心派出救助飞机参加搜救。经过 5 天大规模搜救，福建籍“闽龙渔 60304”渔船救起 1 人，其余 5 人失踪。

●12 月

1 日，“珠桂 6045”渔船在珠海青洲附近水域进水沉没，船上 5 人要求救援。经组织救援，5 名遇险人员全部被“73138”快艇安全救起。

20 日，“粤陆丰 29978”渔船在 20°45′N、116°54′E（东沙岛东北角海域）处搁浅，船舶进水，船上 8 名船员请求救助。省海上搜救中心立即协调附近作业渔船及香港政府飞行服务队飞机参加救助。8 名遇险渔民全部被香港政府飞行队救援飞机安全救起。

27 日，广西籍“桂钦渔 00045”渔船在 21°08′N、112°16′E（阳江闸坡东南 36 海里）处因船体进水后沉没，现场东北风 6 ~ 7 级，阵风 8 级，浪高 3 ~ 4 米，情况危急，船上 8 人要求救助。省海上搜救中心和湛江海上搜救分中心迅速协调南海救助局派出“南海救 101”和附近作业渔船参加救助。8 名遇险渔民被“桂北渔 80901”渔船和“桂合渔 80023”渔船联合救起，并由“南海救 101”护送安全返回港口。

27 日，“粤湛江 04101”渔船在 20°47′N、110°39′E（硇洲岛东南大约 9 海里）处遭遇大风浪后沉没，船上 6 名船员要求救助。省海上搜救中心和湛江海上搜救分中心立即组织专业救助船舶、飞机、渔政船艇、过往商船及附近作业渔船开展搜救。“粤湛江 04008”渔船救起 3 人，其余 3 人失踪。

【风暴潮】

1. “海马”台风风暴潮

热带风暴“海马”于 6 月 23 日 10 时 10 分在阳西与电白交界处登陆，16 时 50 分在吴川沿海地区再次登陆，两次登陆时中心气压均为 990 百帕，中心附近最大风速为 8 级。受其影响，22 日 8 时至 24 日 12 时，全省普降大雨，有 12 个站点降水量大于 200 毫米，144 个站点降水量大于 100 毫米，江门新会市崖门镇扫管塘站最大降水量 325 毫米；中西部海面和沿海地区出现 7 ~ 9

级大风，其中23日8时阳江海陵岛录得过程最大阵风29.6米/秒。23日10时，北津站最大增水达到81厘米；14时30分，该站最高潮位95厘米（珠江基面）。“海马”造成湛江、阳江和珠海3市、12个县（市、区）、46个乡（镇）不同程度受灾，农作物受灾面积1.512万公顷，受灾人口3.68万人，转移人口2.69万人，直接经济总损失0.52亿元，其中水利设施直接经济损失0.23亿元。

2. “洛坦”台风风暴潮

7月29日17时40分，强热带风暴“洛坦”在海南省文昌市龙楼镇沿海登陆，登陆时中心附近最大风力10级。受其影响，30日8时至31日8时，广东省境内北江流域出现中到大雨、局部暴雨，珠江口外海面和粤西沿海出现7~10级大风，徐闻录得最大阵风29米/秒（11级）。29日9时，南渡站最大增水246厘米；11时，该站最高潮位204厘米（珠江基面）。各江河水位均在警戒水位以下。受“洛坦”影响，湛江8市县出现洪涝灾害，农作物受灾面积12295公顷，受灾人口约9600人，直接经济总损失4900万元。

3. “纳沙”台风风暴潮

9月29日14时30分和21时15分，强台风“纳沙”先后在海南文昌和湛江徐闻登陆，登陆时正遇天文大潮，导致风雨潮叠加现象，加上与南下冷空气相结合，造成严重影响。受“纳沙”影响，全省普遍出现较大降水过程，9月28日20时至30日18时，有14个站点降水量超过300毫米，238个站点降水量超过100毫米，其中茂名信宜市大成镇大田顶站最大降水量达443.5毫米；中西部和雷州半岛出现10~11级大风，局地出现12~13级大风；沿海各验潮站出现40~399厘米增水，西部沿岸增水最为严重，南渡、湛江、北津等验潮站出现超警戒水位，其中南渡站29日18时出现最大增水399厘米，超过当地警戒潮位53厘米，29日17时湛江站和硇洲站最大增水分别为319厘米和270厘米，珠海三灶、阳江闸坡等站增水超过100厘米。

“纳沙”造成湛江、茂名、阳江3市共23县（市、区）受灾，受灾人口122.93万人，倒塌房屋2207间，农作物受灾面积10.627万公顷、成灾面积5.881万公顷，水产养殖受灾面积4520公顷，损坏网箱30811个，损毁船只303艘，损坏堤防359处计55.18千米，堤防决口27处计3.39千米，直接经济总损失17.05亿元。

4. “尼格”台风风暴潮

继10月1日上午在菲律宾东北部沿海地区登陆后，10月4日12时30分，强台风“尼格”在海南省万宁市东澳镇沿海地区再次登陆，登陆时中心附近最大风力10级。受“尼格”和冷空气共同影响，沿海各验潮站增水40~116厘米。西部沿岸增水较大。其中，4日8时，湛江站出现最大增水116厘米；4日5时和8时，闸坡站和硇洲站分别出现最大增水80厘米和109厘米。

【赤潮】

2011年广东海域共发生赤潮事件11起，累计最大成灾面积约231.1平方公里。由赤潮生物大面积爆发引起的近海鱼苗和半成品鱼死亡，直接经济损失316万元。主要赤潮生物种类有血红哈卡藻、红色裸甲藻、夜光藻、短角弯角藻、球形棕囊藻、椎状期氏藻等。

表 11 2011 年广东省海域赤潮发生情况统计表

起止时间	影响海域	最大成灾面积（平方公里）	赤潮生物种	直接经济损失（万元）
2 月 26 日至 3 月 5 日	深圳大亚湾	6	血红哈卡藻	
4 月 1～3 日	大亚湾东山附近	2	血红哈卡藻	
4 月 9～13 日	珠海市高栏岛东南附近	10	红色裸甲藻	
4 月 27 日至 5 日 5	深圳湾西部通道至赤湾	9	短角弯角藻	
6 日 25～27 日	惠州马鞭洲油库至芒洲	20	微小原甲藻及球形棕囊藻	
8 日 7～16 日	陆丰碣石湾	10	丹麦细柱藻	
8 日 13～30 日	内伶仃岛周边，深圳蛇口	40	甲藻多纹环沟藻、甲藻双胞环沟藻	
8 月 12～26 日	珠海渔女、海滨浴场、九洲列岛附近	89	双胞旋沟藻	316
8 日 26～29 日	南澳岛深澳湾	0.1	浒苔绿藻	
8 月 30 日至 9 月 4 日	惠州大亚湾东升村附近	15	锥状斯氏藻、海洋卡盾藻	
11 月 1～9 日	汕尾港及品清湖附近海域	30	球形棕囊藻	
合计		231.1		316

【咸潮】

2011 年因珠江流域中上游地区干旱严重，珠江口发生近 50 年最严重咸潮。其特点是：来得最早，强度特别大，持续时间长。据监测记录，8 月 4 日已开始发生咸潮，12 月 9～13 日氯度超过标准（250 毫克/升）40～50 倍，12 月 10 日磨刀门最高值为 14054 毫克/升。至 12 月 18 日，咸潮入侵造成珠海平岗站已连续 14 天不能取水；同时，江河水量减少也造成西江船只堵塞和影响航行。

【渔业灾害】

1. 灾害概况

2011 年对广东海洋渔业造成影响的灾害主要有热带气旋与洪涝、病害、干旱和污染。据省海洋与渔业部门统计，全年因灾造成渔业直接经济损失 21.9 亿元，与 2010 年基本持平；造成水产品损失 13.7 万吨，比 2010 年（18 万吨）下降 24%。

2. 热带气旋与洪涝

9 月 29 日至 10 月 5 日，受强台风“纳沙”和“尼格”影响，湛江、茂名和阳江等地出现强降水，引发洪涝灾害，造成大量房屋倒塌，渔港码头、护岸、渔船受损，鱼塘塘基被冲毁、漫顶，渔业损失严重。至 10 月 5 日 12 时，热带气旋灾害共损坏码头、防波堤、护岸 9000 多米，冲毁池塘 20 多万亩，打散、沉没网箱 9300 多个，苗种损失达 3 亿尾，损失水产品 15.6 万吨，直接经济损失超过 10.5 亿元。

3. 干旱

全省水产养殖受旱面积2456公顷，造成水产品损失2514吨，直接经济损失2349万元。

4. 病害

主要指流行性水产养殖病害。全省水产养殖受灾面积1.9万公顷，造成水产品损失4.2万吨，直接经济损失5.5亿元。

5. 污染

主要是中海油天然气横琴终端泄漏事件。该次天然气气体管线泄漏事件于12月19日8时15分被发现，事发地点位于横琴石栏洲附近海域（113°29.7′E，22°02.9′N），泄漏点位于浅滩，水深约为2米。经确认，此事件系挖沙船作业不慎挖穿海底天然气管线所致。12月20日8时左右，天然气泄漏点附近开始燃烧，燃烧面积不超过4平方米，在事发海域未发现油膜漂浮。事故发生后，中海油深圳分公司随即启动海管泄漏应急预案，开展应急处置工作。此次污染事件对渔业生产造成一定影响。

农田作物和生物灾害

【农田作物灾害】

2011 年对广东省农业生产造成影响的水文与气象灾害主要有冬季低温冰（霜）冻灾害、春季干旱、夏秋热带气旋及暴雨洪涝等，但总体受灾程度较往年轻。据全省农情信息调度统计，年内全省农作物受灾面积 1021.7 万亩，成灾面积 297.7 万亩，绝收面积 53 万亩，造成农业直接经济损失约 17.5 亿元。其中粮食作物受灾面积 336 万亩、成灾面积 83.3 万亩、绝收面积 7.7 万亩，因灾损失粮食 32.6 万吨；经济作物受灾面积 685 万亩、成灾面积 214.4 万亩、绝收面积 45.3 万亩，因灾损失蔬菜 63.1 万吨、油料 4.8 万吨、糖料 38.5 万吨。

第一季度广东省农业生产主要受强冷空气带来的低温灾害影响。据省农业部门统计，1～3 月，全省农作物低温冻害受灾面积 101 万亩，成灾面积 45.24 万亩，绝收面积 3.4 万亩。冬春低温灾害主要特点：一是寒潮持续时间短，强度大。1 月上旬寒潮持续时间较短，但降温幅度大、范围广，粤北、粤西均受到影响。二是农业生产受影响较大。由于第一季度是广东省冬种农作物生长关键时期，加上受影响面积较大，故低温灾害对冬季农业生产影响较大。三是受灾作物种类较多。受灾作物有玉米、甘薯、马铃薯、蔬菜等冬种作物及茶叶、香蕉等热带水果。四是农业经济损失较重。冬种农作物大部分为经济作物，是农民增收关键一造，低温造成蔬菜、马铃薯、热带水果等作物受灾，经济损失较为严重。

第二季度农业生产主要受春耕春播期间全省范围干旱及部分地区暴雨洪涝影响。2010 年 10 月至 2011 年 4 月下旬后期，广东省大部分地区降水持续偏少，此期间全省平均降水量较常年同期少六成，其中粤东和粤北降水特少，比常年同期少六至八成。由于降水少，全省各地陆续出现旱情，3 月下旬以后旱情加剧蔓延，4 月 12 日全省农作物受旱面积 141.6 万亩，其中因缺水办田影响早稻栽插面积 58 万亩。随着无雨干旱天气持续，至 4 月 28 日，旱情发展达到顶峰。据农情调度统计，至是日，全省农作物受旱面积达 380 万亩（其中早稻受旱面积 99 万亩），成灾面积 58 万亩。

五六月农业生产主要受暴雨洪涝和热带气旋影响，造成一定灾害损失。暴雨洪涝主要出现在 5 月中上旬和 6 月中下旬。5 月 3～8 日，广东省中北部出现大到暴雨、局部大暴雨，局地伴随强对流天气；12～17 日，全省大部分地区出现大到暴雨、局部大暴雨。6 月 16～18 日，粤东、珠江三角洲出现暴雨到大暴雨；28～30 日，粤东北和中南部大部分地区出现暴雨到大暴雨、局部特大暴雨。此外，6 月 23 日，热带风暴“海马”先后在阳西与电白交界处和吴川沿海地区登陆，给粤西沿海地区农业生产带来一定影响。受暴雨洪涝和热带气旋影响，全省农业受灾面积约 5.8 万公顷。

此外，4 月中旬和 5 月初，强对流天气给珠三角和韶关等地农业生产带来一定灾情，上述地区农作物受灾面积约 1 万公顷。

第三、第四季度主要受强热带风暴“洛坦”、强台风“纳沙”和秋旱影响。据省农业部门统计，7月底，受“洛坦”影响，湛江市农作物受灾面积25.25万亩，成灾面积2.72万亩。另一方面，7月下旬以后，各地降水持续偏少，1月1日至9月17日，全省平均降水量为1096毫米，比常年同期少482毫米，约少三成。其中，8月全省平均降水量97.4毫米，较常年同期平均少六成，为1951年以后历史同期最少，同时，气温偏高0.9℃，平均高温日数较常年同期偏多4.8天。持续高温少雨加快水分散失，江河、水库水位下降明显，全省大部地区出现轻度以上气象干旱。据全省气象干旱监测显示，至9月5日，广东省有19个县（市）出现轻旱，中西部有16个县（市）出现中旱，粤东地区出现重旱，给农业生产带来一定影响。9月29日，强台风“纳沙”先后在海南文昌和广东省徐闻县角尾乡沿海地区登陆，登陆徐闻时中心风力达12级（35米/秒），中心最低气压968百帕。受“纳沙”环流影响，广东省沿海地区普遍出现大风天气，粤西、珠三角和粤东沿海地区普降暴雨、局部大暴雨。其时正值晚稻抽穗灌浆和粤西地区冬种时期，广东省特别是粤西地区农业生产严重受损。据省农业部门统计，受“纳沙”影响，全省农作物受灾面积487.7万亩，成灾面积146.3万亩，农业直接经济损失10.94亿元。其中受灾最严重的湛江市农作物和水果受灾面积330.9万亩，成灾面积90.2万亩，农业直接经济损失约8.5亿元；茂名市农作物和水果受灾面积144.9万亩，成灾面积56.1万亩，农业直接经济损失约2.44亿元。

【农田生物灾害】

1. 灾害概况

2011年受天气因子、作物布局和防治措施等影响，广东省农作物生物灾害总体偏重发生，其中虫害重于病害。全省农作物病虫草鼠螺害发生面积2183.34万公顷次，绝收面积3600公顷。

2. 灾情

●水稻病虫害

以迁飞性害虫、钻蛀性螟虫、纹枯病和稻瘟病为主，总体偏重发生。水稻发生面积达742.08万公顷次，防治面积1049.33万公顷次，挽回稻谷损失295.84万吨，实际损失稻谷50.79万吨。

稻飞虱：偏重发生，晚造重于早造，晚造后期在局部稻区重发生，发生面积达218.50万公顷次，防治面积356.79万公顷次，挽回稻谷损失107.67万吨，实际损失稻谷16.03万吨。5月大田百丛虫量一般为10~300头，高的700头；6月大田百从虫量一般为200~500头，高的900头；7月上旬，全省迟熟田百丛虫量一般为200~600头，高的1500~3000头，个别漏治田达8000头；8月底，田间百丛虫量一般为340~450头。9月上中旬，田间虫量明显增加，观察圃百丛虫量一般为1000~2000头，褐飞虱比例一般为20%~50%，大田百丛虫量一般为500~1500头，9月1日翁源站单灯日诱虫11712头。9月下旬，田间虫量迅速上升，褐飞虱比例同时上升，观察圃百丛虫量一般为1000~7000头，高的2.1万头，大田普查百丛虫量一般在200~1000头。据开平站9月25日调查，观察圃百丛总虫量6604头，褐飞虱比例20%，大田百丛虫量2800头；据仁化站9月22~27日调查，百丛虫量一般为1800~7500头，高的达5.5~6.8万头，以褐飞虱为主。10月以后，观察圃稻飞虱百丛虫量一般为1500~5000头，褐飞虱比例一般为30%~87%，大田普查百丛虫量一般在300~2500头。据兴宁站10月20日调查，观察圃百丛总虫量100759头，褐飞虱比例85.2%，大田百丛虫量2000头。

稻纵卷叶螟：偏重发生，发生不平衡，前期田间为害轻，后期在局部地区偏重发生，粤东北重于粤西南。发生面积179.66万公顷次，防治面积356.79公顷次，挽回稻谷损失63.19万吨，实际损失稻谷10.58万吨。4月19～24日，广州、廉江、遂溪、高州等地田间亩蛾量100～1500头，高的8200头。5月，廉江、开平、阳春等地出现稻纵卷叶螟成虫迁入峰。6月，粤西南和粤北出现迁入峰，亩蛾量1200～5000头。7月上旬，中南部稻区迟熟田块亩幼虫量一般为1500头，高的2000头，亩卵量一般为1500粒，高的1.5万粒，其余地区亩幼虫量在1000头以下。8月，梅县、清新、南雄、开平等地出现稻纵卷叶螟成虫迁入峰，一般亩蛾量在900头以下，高的3300头。9月上旬，粤东北出现明显稻纵卷叶螟蛾峰，峰期集中，螟蛾量大，一般亩残虫量为1200～3500头，高的3.6万头，一般亩蛾量800～1500头，高的10672头。9月下旬，全省亩蛾量一般为100～1000头，个别2000～10000头，亩卵量一般3000～20000粒，高的20000～50000粒，亩幼虫量一般1000～3500头，高的50000头。

三化螟：中等发生，发生分布不平衡，粤东地区发生较重。发生面积57.69万公顷次，防治面积72.26公顷次，挽回稻谷损失22.20万吨，实际损失稻谷3.93万吨。据河源、梅州5月25日调查，一般枯心团5～10团，高的30团；汕头5月26日调查，加权平均亩虫量734头，比2010年增加337头；电白站5月26日调查，一般亩残虫量29头，高的631头。据9月13日调查结果，阳江亩残虫量70头，高的130头；河源亩残虫量100头，高的500头；南雄三化螟田间亩残虫量175～210头，高的400头。

稻瘟病：中等发生，局部重发生，发生面积31.75万公顷次，防治面积55.88万公顷次，挽回稻谷损失15.42万吨，实际损失稻谷2.92万吨。叶瘟一般病叶率2%～6%，高的达30%以上，主要发病品种有早两优336、华优665、深优9734、美优998、秋优1025、汕优系列、天优系列、秋优系列、马坝油粘系列、粤香占、七山占、黄华占、中二软占、金占、糯稻等组合(品种)。穗瘟中等发生，发病田病穗率一般为1%～3%，高的达10%，以枝梗瘟和谷粒瘟为主，主要发病品种为特优524、合丰占、天优998、特优9846、马坝银占、国稻1号、丰八占、早两优336与野丝占等为主。

水稻纹枯病：偏重发生，一般病株率3%～20%，高的达50%以上，发生区为全省稻区，浓绿偏氮田块发生较重。发生面积153.98万公顷次，防治面积206.40万公顷次，挽回稻谷损失62.46万吨，实际损失稻谷11.97万吨。

水稻稻曲病：偏轻发生，发生面积5.46万公顷次，防治面积14.80万公顷次，挽回稻谷损失1万吨，实际损失稻谷0.36万吨。

水稻白叶枯病：偏轻发生，发生面积3.57万公顷次，防治面积4.76万公顷次，挽回稻谷损失1.28万吨，实际损失稻谷0.31万吨。主要发生区域为台山、阳西、雷州等西南沿海水稻种植区。

●蔬菜病虫害

2011年全省春夏季降水量较常年同期偏少，入秋以后以晴天为主，天气干燥，昼夜温差大，致使蔬菜虫害偏重发生，病害中等发生。小菜蛾、黄曲条跳甲、烟粉虱、瓜蓟马、蚜虫发生较重。病虫发生面积达347.75万公顷次，防治面积449.60万公顷次，挽回蔬菜损失312.57万吨，实际损失蔬菜43.85万吨。

小菜蛾：10～11月，各监测点平均百株虫量146头，平均受害率47%。

黄曲条跳甲：3～5月，各监测点平均百株虫量380头。10～11月，各监测点平均百株虫量185头，平均受害率62%。

蔬菜蚜虫：4 月，各监测点平均百株虫量 2039 头。10 ~ 11 月，各监测点平均百株虫量 1969 头，平均受害率 41%。

瓜蓟马：4 ~ 6 月，各监测点平均百株虫量 4143 头。廉江站 6 月 1 日调查，成熟期黄瓜百株虫量达 2. 58 万头。

斜纹夜蛾：在辣椒、莲藕、芋头、豆角等作物上重发生。

甜菜夜蛾：在十字花科蔬菜上重发生。

表 12　　2011 年广东省主要蔬菜病虫害发生状况表

发生种类	发生程度	发生面积（万公顷次）	防治面积（万公顷次）	挽回蔬菜损失（万吨）	实际损失蔬菜（万吨）
小菜蛾	偏重	33. 72	47. 10	52. 19	4. 43
黄曲条跳甲	偏重	38. 45	51. 61	49. 72	4. 68
蔬菜蚜虫	偏重	37. 83	48. 73	40. 88	3. 34
菜青虫	偏轻	25. 81	33. 07	12. 77	2. 19
豆荚螟	中等	7. 18	8. 76	5. 96	0. 97
烟粉虱	偏重	12. 30	14. 52	16. 82	3. 10
美洲斑潜蝇	中等	17. 39	20. 86	10. 85	1. 98
瓜蓟马	偏重	13. 16	20. 05	8. 76	1. 49
斜纹夜蛾	中等	24. 69	30. 93	16. 34	3. 01
甜菜夜蛾	中等	8. 48	9. 94	6. 54	1. 35
白菜霜霉病	中等	10. 94	15. 36	8. 31	1. 34
白菜软腐病	中等	6. 65	9. 22	3. 31	0. 65
瓜类白粉病	中等	7. 37	11. 26	7. 17	1. 22
瓜类霜霉病	中等	11. 79	16. 42	8. 87	1. 71
辣椒疫病	中等	3. 85	4. 88	3. 65	0. 59
辣椒炭疽病	中等	3. 72	4. 44	3. 38	0. 45

●果树病虫害

以柑橘红蜘蛛、锈蜘蛛、炭疽病、荔枝蒂蛀虫、荔枝瘿螨、霜疫霉病发生较为严重。柑橘红蜘蛛发生高峰为 4 ~ 6 月和 8 ~ 10 月，高峰期虫口密度一般为每百叶 50 ~ 150 头，高的达每百叶 250 头。炭疽病主要发病品种为贡柑、年橘、沙糖橘等。贡柑一般病叶率 5% ~ 10%、病梢率 2% ~ 5%、病果率 1% ~ 3%，发病较重果园病叶率 30%、病梢率 20%、病果率 10%，部分果园出现枯梢、落叶。年橘一般病叶率 3% ~ 5%，重的达 20%，平均病指 1. 3。荔枝、龙眼病虫种类多，病虫并重，蒂蛀虫世代重叠，在果实膨大、成熟期发生较重，4 月中旬至 5 月中旬，早熟品种落地果蛀果率一般 3% ~ 8%，高的达 25%，百果幼虫量平均 11 头，高的 25 头；中、迟熟品种落地果蛀果率一般 2% ~ 5%，高的达 15%，百果幼虫量一般 3 ~ 8 头，高的 20 头。

表 13　　2011 年广东省主要果树病虫害发生状况表

发生种类	发生面积（万公顷次）	防治面积（万公顷次）	挽回损失（万吨）	实际损失（万吨）	发生程度
荔枝蒂蛀虫	45.98	53.88	14.93	2.20	偏重
荔枝蝽象	14.77	17.61	2.91	0.62	中等
荔枝瘿螨	9.74	10.96	1.56	0.37	中等
荔枝霜疫霉病	14.89	20.61	5.54	1.54	偏重
柑橘红蜘蛛	49.06	70.86	26.32	2.78	偏重
柑橘锈蜘蛛	21.28	34.71	24.11	2.75	中等
柑橘潜叶蛾	19.78	25.77	5.72	0.79	中等
柑橘蚧壳虫	12.23	19.89	5.51	0.63	中等
柑橘粉虱	14.49	19.07	5.44	0.71	中等
柑橘木虱	14.68	22.11	7.76	0.55	中等
柑橘炭疽病	15.48	27.20	17.58	1.35	偏重

●玉米病虫害

全省玉米病虫发生中等，局部发生偏重，主要病虫害有玉米螟、纹枯病、大小斑病等，主要发生区域为广州、惠州、茂名等。玉米螟为害株率一般为 5% ~10%，高的达 20% 以上。玉米大小斑病一般病叶率为 5% ~15%，高的达 30% 以上。

表 14　　2011 年广东省主要玉米病虫害发生状况表

发生种类	发生面积（万公顷次）	防治面积（万公顷次）	挽回损失（万吨）	实际损失（万吨）	发生程度
玉米螟	14.77	18.34	8.04	1.50	偏重
玉米蚜虫	4.56	5.05	1.52	0.24	中等
玉米大斑病	6.94	8.95	2.49	0.50	中等
玉米小斑病	6.02	7.62	1.67	0.35	中等
玉米纹枯病	4.29	5.24	1.35	0.17	中等
合计	49.63	60.63	18.66	3.48	中等

●其他作物病虫害

全省其他经济作物（马铃薯、花生、香蕉、甘蔗等）病虫一般发生中等，发生面积共计 39.71 万公顷次，实际损失 8.94 万吨。

表 15　2011 年广东省其他病虫害发生状况表

发生种类	发生面积（万公顷次）	防治面积（万公顷次）	挽回损失（万吨）	实际损失（万吨）	发生程度
马铃薯晚疫病	0.41	0.97	0.48	0.22	中等
马铃薯早疫病	0.27	0.52	0.13	0.08	偏轻
花生叶斑病	15.30	17.23	2.86	0.58	中等
香蕉叶斑病	6.76	9.95	12.39	2.97	中等
香蕉炭疽病	2.57	2.93	3.85	0.39	中等
甘蔗螟虫	10.91	12.41	25.74	3.78	中等
甘蔗蓟马	3.49	4.10	10.94	0.92	中等

●农田草害

全省农田草害发生面积 326.39 万公顷次，防治面积 436.68 万公顷次，挽回粮食损失 45.54 万吨，挽回水果损失 20.16 万吨，挽回蔬菜损失 42.42 万吨，实际损失粮食 5.65 万吨，损失水果 2.59 万吨，损失蔬菜 4.78 万吨。

●农田鼠害

全省农田鼠害发生面积 150.38 万公顷次，防治面积 180.07 万公顷次，挽回粮食损失 47.65 万吨，实际损失粮食 17.76 万吨。2011 年春季一般每百米基围有新鲜鼠洞个数：田基 1 ~ 4 个，塘基、圳基 10 ~ 15 个，果园围基 5 ~ 10 个，主要鼠类有小家鼠、板齿鼠、褐家鼠和黄毛鼠。

●农田螺害

全省螺害中等发生，局部偏重发生，以福寿螺和蜗牛为主。福寿螺稻田发生面积 54.91 万公顷次，防治面积 67.33 万公顷次，挽回粮食损失 11.79 万吨，实际损失粮食 1.66 万吨。蜗牛发生面积 4.72 万公顷次，防治面积 5.55 万公顷次，实际损失粮食 0.21 万吨。

●飞蝗

全省飞蝗轻发生，发生面积 1.54 万公顷次，其中东亚飞蝗发生面积 1.06 万公顷次，防治面积 0.74 万公顷次，亚洲飞蝗发生面积 0.47 万公顷次，防治面积 0.14 万公顷次，飞蝗实际损失粮食 300 吨。

3. **部分市病虫害简况**

●广州市

2011 年广州市农作物病虫中等发生，部分偏重发生，发生面积总计约 146.66 万公顷次。其特点是：病虫发生并重，迁飞性害虫重发生，局部性突发病虫时有发生。

表 16　　2011 年广州市主要病虫害发生状况表

作物种类	病虫名称	发生程度	发生面积（万公顷次）	防治面积（万公顷次）
水稻	稻纵卷叶螟	中等、局部偏重	9. 34	11. 16
	稻飞虱	中等	8. 72	10. 51
	纹枯病	中等、局部偏重	5. 79	7. 87
蔬菜	小菜蛾	偏重	4. 30	4. 82
	黄曲条跳甲	偏重	5. 86	6. 60
	蚜虫	偏重	4. 15	4. 52
	霜霉病	偏重	3. 52	5. 41
	白粉病	局部偏重	1. 44	2. 43
	斜纹夜蛾、甜菜夜蛾	中等、局部偏重	5. 84	6. 59
	瓜蓟马	中等	2. 86	8. 25
	疫病	中等	1. 61	2. 57
	软腐病	中等	0. 54	0. 63
荔枝	蒂蛀虫	中等	4. 79	6. 68
	瘿螨	中等、局部偏重	0. 95	1. 15
	荔枝蝽象	中等、局部偏重	2. 32	3. 51
	霜疫霉病	中等	2. 02	2. 99
玉米	玉米螟	中等、局部偏重	1. 37	1. 92
	玉米大、小斑病	中等、局部偏重	1. 32	1. 48
	玉米纹枯病	中等、局部偏重	0. 1	0. 1
花卉	白粉病	偏重	0. 2	0. 3
	蓟马	偏重	0. 2	0. 2
农田	草害	中等	19. 26	21. 72
农田	鼠害	偏重	16. 89	22. 00
农田	螺害	轻	5. 24	5. 7

●揭阳市

2011 年揭阳市农作物病虫害总体偏轻，农作物病虫草鼠发生总面积 108. 33 万公顷次，防治面积 151. 13 万公顷次，挽回农作物产量 40 万吨，其中水稻病虫害发生面积 42. 53 万公顷次，防治面积 67. 26 万公顷次，挽回损失 31 万吨。

水稻病虫：中等发生，局部偏重发生。主要病虫害有稻纵卷叶螟、稻飞虱、三化螟、黏虫、纹枯病、稻瘟病等，除晚稻稻纵卷叶螟重发生外，其他病虫害中等或中等偏轻发生。第六代稻纵卷叶螟发生较重，一般亩有蛾2000～7500头，一般亩卵量1.3万～10万粒，高的达80万粒。晚稻后期稻飞虱发生较重，一般田间百丛虫量530～1600头，高的田块达2000多头，以褐飞虱为主。早稻第二代三化螟发生较重，全市严重为害面积5000多亩，田块白穗率达5%～7%。

蔬菜病虫：中等发生，发生面积15.04万公顷次。主要发生虫害有蚜虫、跳甲、小菜蛾、菜青虫、烟粉虱、斜纹夜蛾、瓜蓟马等病虫害，发生比2010年略轻。主要发生病害有霜霉病、炭疽病、灰霉病、白粉病、软腐病等，由于年内雨水总体偏少，各种病害发生比2010年轻。

果树病虫：偏轻发生，局部中等发生。柑橘病虫发生3.93万公顷次，主要有柑橘叶螨、锈螨、蚧类、潜叶蛾、蚜虫、木虱、炭疽病、煤烟病等；其他果树发生面积12.31万公顷次，主要有蒂蛀虫、蜻象、霜疫霉病、毛毡病、炭疽病、叶斑病、黑星病、弄蝶、象鼻虫等。

草鼠害：中等发生。农田草害发生面积14.36万公顷次，农田鼠害发生面积7.72万公顷次。

●江门市

2011年江门市农作物病虫草鼠中等发生、局部偏重发生。与2010年相比，病虫害发生面积、防治面积有较大增长，水稻病虫害发生较轻，但草鼠螺发生较重。全年农作物病虫草鼠螺害发生面积105.59万公顷次，防治面积161.64万公顷次，挽回损失60.34万吨，实际损失9.97万吨。

水稻病虫害：发生面积49.78万公顷次，防治面积69.36万公顷次，挽回损失31.10万吨，实际损失5.24万吨。病害主要有纹枯病、稻瘟病等，其中纹枯病发生中等，局部偏重，发生面积11.90万公顷次，防治面积16.41万公顷次；稻瘟病在历史病区偏重发生，发生面积14.2万亩次，防治面积21.8万亩次。虫害主要有稻纵卷叶螟、稻飞虱、三化螟、稻跗线螨等，其中稻纵卷叶螟中等发生，局部偏重，发生面积17万公顷次，防治面积20.94万公顷次；稻飞虱发生中等，局部偏重，发生面积15.67万公顷次，防治面积18.81万公顷次。

经济作物病虫害：发生面积9.92万公顷次，防治面积14.86万公顷次，挽回损失8.39万吨，实际损失1.62万吨。蔬菜病虫害发生面积分布广，田间虫态复杂，世代重叠，小菜蛾、菜青虫、黄曲条跳甲等已产生抗药性。果树病虫害发生面积6.24万公顷次，防治面积9.55万公顷次，挽回损失1.74万吨，实际损失5800吨，其中，以“蛀果虫”为害较突出，局部地区果树受害较重。花生病虫害发生面积1.92万公顷次，防治面积3.43万公顷次，挽回损失5800吨，实际损失690吨，主要以叶斑病、斜纹夜蛾、蚜虫发生较重。

●湛江市

2011年湛江市农作物病虫草鼠螺属中等发生，个别病虫及草害、鼠害局部偏重发生。发生特点：早造与晚造病虫并重，前期轻后期重；两迁害虫发生轻于常年，害虫发生期偏迟，突发性病虫时有发生。病虫草鼠害发生面积共217.15万公顷次，防治面积达254.15万公顷次，挽回损失99.03万吨，实际损失23.78万吨。水稻病虫害发生面积77.83万公顷次，防治面积86.14万公顷次，挽回产量损失41.07万吨，实际损失6.49万吨；花生病虫害发生面积11.88万公顷次，防治面积12.05万公顷次，挽回产量损失2.71万吨，实际损失5200吨；水果病虫发生面积8.58万公顷次，防治面积11.84万公顷次，挽回产量损失7.96万吨，实际损失1.94万吨；蔬菜病虫发生28.62万公顷次，防治面积31.55万公顷次，挽回产量损失17.35万吨，实际损失2.30万吨。

畜禽疫病灾害

【灾害概况】

1. 猪

引起猪只死亡的主要疫病有猪口蹄疫、猪瘟、猪伪狂犬病，其次是猪肺疫、猪链球菌、猪支原体肺炎、猪副嗜血杆菌病。猪流行性腹泻、传染性胃肠炎和细小病毒病等对养猪业也造成一定危害，仔猪流行性腹泻和传染性胃肠炎在一定程度上引起仔猪死亡。

2. 禽

引起鸡死亡的主要疫病是鸡新城疫、传染性法氏囊、禽霍乱、鸡白莉、鸡马立克氏病、传染性支气管炎、传染性喉气管炎等。导致鸭死亡的主要疫病是鸭瘟、鸭传染性浆膜炎、鸭病毒性肝炎。导致鹅死亡的主要疫病是小鹅瘟和鹅患鸭瘟。禽大肠杆菌病对禽类也造成一定危害。

3. 牛

耕牛死亡原因以巴氏杆菌病、产气荚膜杆菌病为主，农药和毒鼠药中毒导致耕牛死亡也时有发生。腐蹄病、乳房炎、结核病和布鲁氏菌病是造成奶牛被淘汰和经济损失的主要原因。

【畜禽疫病新动态】

1. 高致病性禽流感

鸡、鸭、鹅 H5 亚型抗体合格率分别为 85.59%、72.85%、67.42%；对 1839 份非免疫猪和家禽血清进行 H5 抗体监测，均为阴性；对采自交易市场的 41672 份家禽（猪）棉拭子样品进行病毒核酸检测。监测结果表明，广东省家禽免疫抗体群体合格率较高，大部分家禽得到有效保护，禽流感疫情发生和传播被有效阻断，但仍需进一步强化免疫和监测力度，根据监测结果指导免疫。

2. 口蹄疫

猪、牛、羊 O 型抗体合格率分别为 78.55%、78.27%、71.12%，牛 A 型抗体合格率 47.04%，牛、羊亚洲 I 型抗体合格率 52.5%；对 5038 份猪、牛、羊血清进行非结构蛋白（野毒）抗体检测；对 3892 份淋巴结、OP 液等样品进行病毒核酸检测。检测结果表明，广东省加强了猪群 O 型口蹄疫免疫工作，免疫抗体保持在较高水平。而牛、羊亚洲 I 型、A 型抗体合格率较低，可能与免疫次数少有关，也可能与双价疫苗免疫效果反应不平衡和检测方法有关。因此，仍需进一步强化该型疫苗免疫和监测，提高牛、羊免疫抗体水平。

3. 高致病性猪蓝耳病

猪抗体合格率 85.06%；对 8731 份猪样品进行病毒核酸检测，检出阳性样品 12 份，阳性率 0.14%。监测结果表明，广东省猪群普遍存在猪繁殖与呼吸综合征抗体，且阳性率较高。但限于检测手段，无法区分抗体是由疫苗接种还是由病毒感染产生。

4. **猪瘟**

抗体合格率 85. 22%；对 3851 份组织样品进行核酸检测，检出阳性 2 份。监测结果表明，全省大规模发生疫情可能性较小，但仍存在零星发生的可能。做好免疫是防控该病的根本。

5. **新城疫**

家禽抗体合格率 84. 51%；对 11712 份家禽棉拭子样品进行病毒核酸检测，均为阴性。尽管监测的免疫抗体合格率较高，但禽群中仍有带毒状况，一旦免疫抗体下降或病毒毒力发生变异，难免发生疫情。

6. **其他动物疫病**

狂犬病：犬血清抗体合格率 33. 33%；对 367 份犬脑、602 份犬唾液样品进行病毒核酸监测，均为阴性。

结核病：检疫 13617 头奶牛，检出 14 头阳性，均进行扑杀处理。

布鲁氏菌病：检测 84359 份非免疫动物血清，检出 19 份阳性，阳性率 0. 034%。

血吸虫病：对 7 市 746 头耕牛血纸片进行抗体监测，均为阴性。

炭疽：对 1110 份牛鼻拭子和牛皮样品进行病原学检测，均为阴性。

牛海绵状脑病/羊痒病：采集 323 份牛/羊脑组织样品，按规定送中国动物卫生与流行病学中心检测，均为阴性。

林业灾害

【森林火灾】

2011年，全省共发生山火239宗，过火面积3367公顷，受害森林面积1476公顷，森林火灾受害率为0.15‰，1人受伤，无人员死亡，无重特大森林火灾。深圳大运会期间，全省未发生山火，深圳市实现零山火和零热点。

【林业生物灾害】

1. 灾害概况

2011年全省林业有害生物分布面积122.20万公顷，发生危害面积37.10万公顷，发生率为3.83%；成灾面积2173公顷，成灾率为0.22‰。发生的有害生物主要种类有松材线虫病、薇甘菊、松突圆蚧、椰心叶甲、刺桐姬小蜂、桉树枝瘿姬小蜂、湿地松粉蚧、马尾松毛虫、竹林害虫、萧氏松茎象、桉树食叶害虫、桉树蛀干害虫和桉树病害等40多种（类）。

年内林业有害生物分布状况总体表现为：有害生物发生面积依然居高不下，危害依然严重；松材线虫病、薇甘菊、松突圆蚧、湿地松粉蚧、椰心叶甲、刺桐姬小蜂、桉树枝瘿姬小蜂等外来有害生物危害形势严峻，发生面积占全省的87%以上；马尾松毛虫、黄脊竹蝗、萧氏松茎象、松褐天牛等常发性有害生物发生形势总体平稳；桉树等阔叶树有害生物发生面积继续上升，种类有所增加，局部地区危害严重，对桉树等阔叶树种植和生产发展造成较大影响。

2. 主要有害生物

●松材线虫病

松材线虫病在广东省8个市、23个县（市、区）、66个镇发生。发生面积共计10886公顷，病死树近12万株，发生面积比2010年有所下降，病死树数量增加，危害加重。疫区县增加2个，疫点镇减少17个。

●薇甘菊

薇甘菊在19个市、74个县（市、区、林场）发生，发生面积30953公顷，其中林业面积18980公顷、农业面积6973公顷、水利面积1946公顷、交通面积1453公顷、铁路面积106公顷、其他面积1186公顷。2011年新增2个市、5个县级疫点。发生面积达万亩以上的县（市、区）有：广州萝岗区和增城市，深圳龙岗区、宝安区和坪山新区，惠州惠城区、惠阳区和博罗县，以及湛江廉江市。

●松突圆蚧

松突圆蚧在18个市、74个县（市、区）有分布，发生面积19.18万公顷，比2010年减少2.41万公顷。年内无新增新疫区市、县。其中灾情最重的信宜市发生危害面积达6.02万公顷，新丰、五华、阳春、高州、罗定等县（市）发生面积也超过1万公顷。

●椰心叶甲

椰心叶甲在12个市、31个县（市、区）有分布，受害植株39.49万株，危害较2010年有所减轻。湛江徐闻县和珠海香洲区灾害较重，受害植株分别为11.92万株和6.6万株。

●刺桐姬小蜂

刺桐姬小蜂在8个市、22个县（市、区）有分布，危害植株3.22万株，危害较2010年有所减轻。其中湛江吴川县灾情较重，其受害植株为1.35万株。

●桉树枝瘿姬小蜂

桉树枝瘿姬小蜂在8个市、15个县（市、区）有分布，发生面积2073公顷。与2010年相比，分布范围扩大，发生面积有所增加，危害加重，其中阳江、湛江灾情仍然较重。

●湿地松粉蚧

湿地松粉蚧在18个市、85个县（市、区）有分布，发生面积5.64万公顷，危害程度与2010年持平。年内无新增疫区市、县，重度危害面积为零。

●马尾松毛虫

马尾松毛虫在全省各地松林区均有分布，发生面积总计20245公顷，在韶关、河源、梅州、江门、肇庆、清远、云浮等市局部区域危害较严重。发生面积达万亩以上的县（市、区）有：韶关始兴县、南雄市、乳源县，河源连平县，肇庆怀集县、封开县及云浮罗定市。

●竹林害虫

主要竹林害虫有黄脊竹蝗、华竹毒蛾和竹笋禾夜蛾，在竹子产区造成不同程度危害。黄脊竹蝗在11个市的32个县（市、区）发生，发生面积共计6177公顷，其中梅州丰顺县发生面积达万亩以上。竹笋禾夜蛾在肇庆鼎湖区、怀集县和广宁县发生面积共计4806公顷。华竹毒蛾在清远始兴县和乐昌市、韶关南雄市和仁化县发生面积共计860公顷。

●萧氏松茎象

萧氏松茎象在6个市、17个县（市、区）有分布，发生面积5099公顷，危害较2010年轻。清远市危害依然最重，其所属连州市、阳山县、连山县发生面积达万亩以上。

●松褐天牛

松褐天牛是松材线虫病的自然传播媒介，在阳江、清远两市的10个县（市、区）发生面积共计2995公顷，其中阳江阳春市发生面积达1733公顷。

●阔叶树害虫

桉树尺蠖在15个市、45个县（市、区）有分布，发生面积2.32万公顷。发生面积在万亩以上县（市、区）有：河源东源县，江门鹤山市，湛江廉江市、雷州市、遂溪县，茂名茂南区，肇庆封开县，清远英德市。茂名信宜市和肇庆高要市桉树种植区迹斑绿刺蛾爆发为害，两县危害面积均达万亩以上，发生面积总计2280公顷。韶关新丰县桉重尾夜蛾发生面积1633公顷。韶关乐昌市和清远阳山县的乐昌含笑、荷木、椎树等发生食叶性虫害面积1420公顷。广州市和韶关新丰县红椎赭红葡萄天蛾发生面积658公顷。阳江阳春市马占相思斑点黑蝉发生面积413公顷。东莞市、珠海香洲区、茂名电白县油桐尺蛾发生面积共计453公顷。阳江市和中山市油茶尺蛾发生面积380公顷。

●桉树病害

桉树病害主要是由细菌和真菌引起的叶、茎、根部病害，其发生危害总体比2010年轻。桉树蕉枯病在韶关、阳江、茂名、肇庆4市的7个县（市）有分布，发生面积1610公顷，其中茂名高州市发生面积达万亩以上。桉树青枯病在阳江、湛江两市的5个县（市、区）有分布，发生面积492公顷。其他桉树病害在7个市的15个县（市、区）有分布，发生面积3808公顷，其中江门鹤山市发生面积达万亩以上。

表17 2011年广东省主要林业有害生物危害程度评估表

有害生物名称	危害程度评估	发生及危害情况
松材线虫病	+ + + + +[①]	局部发生，疫点分散，治理难度大，珠三角地区发生严重
薇甘菊	+ + + + +	北回归线以南地区发生严重，治理难度大
松突圆蚧	+ + + + +	普遍发生，粤西灾情严重
桉树枝瘿姬小蜂	+ + + + +	局部发生，灾情较重
椰心叶甲	+ + + +	局部发生，灾情较重
刺桐姬小蜂	+ + + +	局部发生，灾情较重
萧氏松茎象	+ + + +	局部发生，灾情较重
湿地松粉蚧	+ + + +	普遍发生，局部灾情较重，缺乏有效防治措施
马尾松毛虫	+ + + +	普遍发生，局部灾情较重
桉树尺蠖	+ + + +	普遍发生，局部灾情较重
竹蝗	+ + + +	竹产区普遍发生，局部灾情较重
桉树蕉枯、青枯等病害	+ + + +	桉树种植区普遍发生，局部严重影响产值
松褐天牛	+ + + +	普遍发生，局部灾情较重
扶桑绵粉蚧	+ + + +	在珠三角一带花卉种苗木集散地零星分布
竹笋禾夜蛾	+ + +	主要在肇庆怀集、广宁发生
迹斑绿刺蛾	+ + +	主要在茂名信宜市和肇庆高要市发生，危害桉树
桉重尾夜蛾	+ + +	主要在韶关新丰县发生
其他食叶性虫害	+ + +	主要在韶关乐昌市和清远阳山县危害乐昌含笑、荷木、椎树等
红椎赭红葡萄天蛾	+ + +	主要在广州、韶关两市局部发生
华竹毒蛾	+ + +	主要在韶关市局部发生
油茶尺蛾	+ + +	主要在阳江、中山两市发生
油桐尺蛾	+ + +	主要在珠海香洲区、茂名电白县和东莞市发生
相思斑点黑蝉	+ + +	主要在阳江阳春市发生
松针褐斑病	+ + +	主要在清远清城区和清新县发生

（续上表）

有害生物名称	危害程度评估	发生及危害情况
金钟藤	+ + +	主要在广州市局部发生，灾害较重
木麻黄棉蝗	+ + +	主要在湛江、茂名两市局部发生
木麻黄青枯病	+ + +	主要在阳江阳东、阳西两县和湛江吴川市局部发生
小蠹	+ + +	主要在韶关新丰县发生，危害桉树
松毒蛾	+ + +	主要在河源和平县发生
国外松流脂病	+ +	主要在阳江阳东县和清远清新县局部发生
栗黄枯叶蛾	+ +	主要在茂名电白县发生，危害红树林
桉大蝙蝠蛾	+	主要在佛山高明区零星发生，危害桉树
桉袋蛾（桉蓑蛾）	+	主要在梅州兴宁市零星发生，危害桉树
锈色棕榈象	+	主要在深圳宝安区零星发生
松叶蜂	+	主要在梅州兴宁市和清远清新县零星发生
蚜虫	+	主要在梅州兴宁市零星发生，危害桉树
灯蛾	+	主要在梅州兴宁市零星发生，危害桉树

注：①表中符号表示。+：有发生；+ +：为害轻微，不必防治；+ + +：为害中等，需防治；+ + + +：为害严重，需紧急防治；+ + + + +：为害极为严重，需紧急防治。

城乡火灾

【火灾概况】

2011年广东省共发生火灾8148起（不含森林、草原、军队、矿井地下部分，下同），死亡110人，受伤64人，直接财产损失1.97亿元。与2010年相比，上述4项指数分别上升34.3%、2.8%、14.3%和12.4%。其中发生较大火灾11起，死亡45人，受伤10人，直接财产损失236万元；发生重大火灾1起，死亡15人，受伤1人，直接财产损失51万元。

【火灾特点】

1. 火灾经济损失数为近十年最大，但死亡人数保持较低水平

随着经济社会高速发展，广东省城乡火灾总量和火灾损失持续攀升。2011年全省国民生产总值5.3万亿元，比2010年增长15.2%，是2002年的4倍。2002—2011年火灾统计结果表明，2011年全省火灾总数（8148起）比十年平均值减少20%；火灾死亡人数110人，比平均值低43%；火灾损失1.97亿元，比平均值高77%；火灾亡人数为近十年较低水平，经济损失为近十年最大。就火灾相对指标而言，2011年全省火灾损失率为0.372元/万元GDP，低于十年均值0.395元/万元GDP。

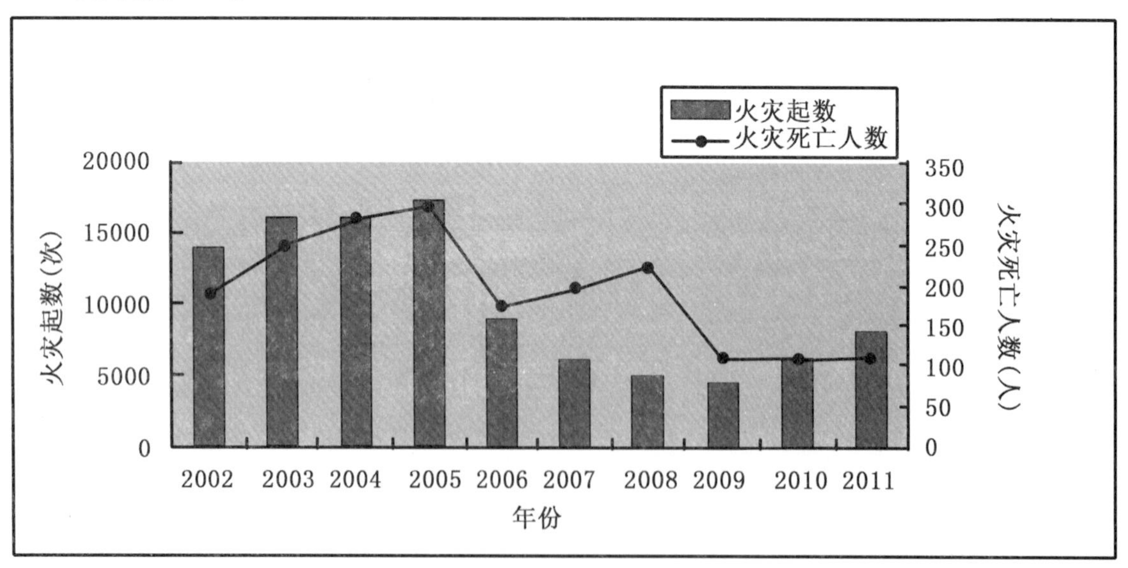

图9 2002—2011年广东省火灾起数、火灾死亡人数分布图

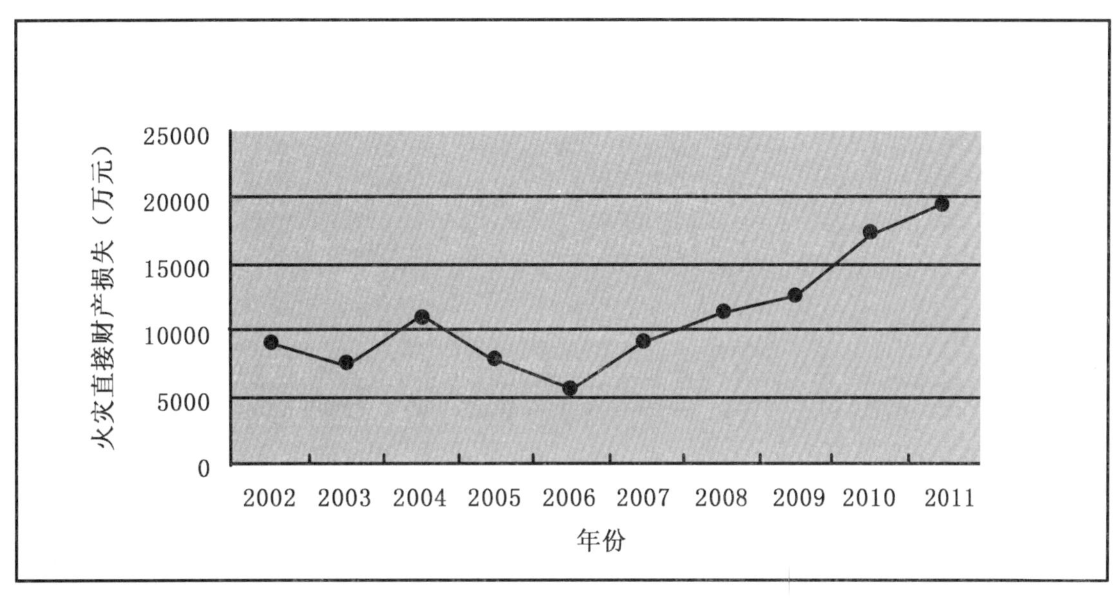

图10 2002—2011 年广东省火灾损失分布图

2. **开展“清剿火患”战役后火灾形势平稳**

根据近十年广东省城乡火灾季节分布趋势，11 月、12 月、1 月火灾发生概率是全年各月平均数的 1.26 倍，火灾死亡人数所占比例也高于其他月份。自 9 月 26 日全省开展“清剿火患”战役后，各地通过采取部门联动、多警联勤、有奖举报、网格化排查等有力措施，有效消除一大批火灾隐患，震慑消防违法行为，最大限度遏制火灾发生，全省火灾形势趋于平稳。9 月 26 日至 12 月 31 日，共发生火灾 2008 起，死亡 17 人，受伤 5 人，直接财产损失 3439 万元。与 2010 年同期相比，火灾 4 项指数全面下降，其中火灾起数下降 10.1%，死亡、受伤人数分别下降 46.8% 和 82.1%，直接财产损失下降 19.5%。

3. **较大以上火灾仍时有发生，“三小”和“三合一”场所火灾回潮**

2011 年全省共发生较大以上火灾 12 起，死亡 60 人。与 2010 年相比，较大以上火灾起数上升 20%，死亡人数上升 46.3%。佛山“8·23”重大火灾是近三年全省伤亡人数最多火灾。全年共发生“三小（即小档口、小作坊、小娱乐场所）”和“三合一（即企业员工集体宿舍与生产作业、物资存放的场所相通连）”场所亡人火灾 22 起，死亡 40 人。与 2010 年相比，“三小”和“三合一”场所亡人火灾起数上升 10%，死亡人数上升 14.3%。“三小”场所火灾多发生在县城、集镇等城乡结合部，其中“三小”场所亡人火灾发生在县城的占总数的 37%，发生在集镇的占总数的 41%，发生在城市、农村等区域的占总数的 22%。

4. **珠三角 9 市火灾形势严峻，粤北、粤东地区火灾死亡人数下降**

珠三角 9 市共发生火灾 6956 起，死亡 75 人，分别占总数的 85.4% 和 68.2%；粤北地区发生火灾 197 起，死亡 7 人，分别占总数的 2.4% 和 6.4%；粤东地区发生火灾 549 起，死亡 10 人，分别占总数的 7.4% 和 16.4%；粤西地区发生火灾 384 起，死亡 9 人，分别占总数的 4.8% 和 9.1%。与 2010 年相比，珠三角地区火灾起数和死亡人数分别上升 33.5% 和 36.4%，粤北和粤东地区火灾死亡人数分别下降 46.2% 和 37.9%，粤西地区火灾死亡人数持平。

5. 县城、集镇火灾形势严峻，城市和农村火灾死亡人数下降

2011 年广东省城镇化率达到64%，高出全国17个百分点。城市化进程快速推进使处于城市和农村之间的县城、集镇火灾高发。全省县城、集镇共发生火灾3571起，死亡74人，受伤30人，直接财产损失8517万元，火灾4项指数分别占总数的43.8%、67.3%、46.9%和43.2%，与2010年相比，火灾4项指数分别上升46.9%、42.3%、3.4%和7.8%。城市发生火灾2133起，死亡11人，受伤20人，直接财产损失4699万元，与2010年相比，火灾起数上升19.2%，死亡人数下降62.1%。农村发生火灾1768起，死亡23人，与2010年相比，火灾起数上升39.0%，死亡人数下降11.5%。

6. 火灾死亡人数主要集中在住宅宿舍，办公和商业场所火灾突出

全省共发生住宅、宿舍火灾2855起，死亡56人，火灾起数和死亡人数分别占总数的35%和50.9%。发生在办公和商业场所的火灾495起，死亡32人，与2010年相比，火灾起数上升48.6%，死亡人数上升4.3倍。公共娱乐场所火灾平稳，连续两年未发生亡人火灾。

7. 电气和用火不慎引起的火灾最多

全省共发生电气火灾2755起，死亡66人，分别占总数的33.8%和60%；用火不慎引起火灾835起，死亡8人，分别占总数的10.2%和7.3%。其他原因引起的火灾所占比例分别为：违章操作占6.3%，自燃占3.8%，玩火占2.6%，雷击和静电占0.3%，其他和不明原因占43%。

8. 消防部队接警出动5.8万起，日均一百多起

2011 年全省公安消防部队共接警出动5.8万起，出动车辆12万辆次、官兵66.7万人次，营救遇险被困人员6.7万人，抢救和保护财产价值43.8亿元，日均作战161起。与2010年相比，全省接警出动总量上升38.1%，其中火灾扑救上升36.6%，抢险救援上升30.7%，社会救助上升47.7%，其他出动上升54.9%。

【重大火灾】

8月23日6时18分，佛山市盛丰陶瓷有限公司三水分公司（位于佛山市三水区西南街河口左田民营开发区）办公综合楼因电线短路发生火灾，造成15人死亡、1人受伤，过火面积3250平方米，直接财产损失51万元。

【较大火灾】

1月8日21时30分，汕头市潮南区胪岗镇上厝居委和惠公路上厝桥头附近吴某住宅楼发生火灾，造成3人死亡，直接财产损失1.3万元。火灾系因吴某住宅楼首层东部铝合金货架上方神台电源线路短路起火所致。

1月13日23时20分，东莞市樟木头镇樟洋樟深大道122号祥发五金店发生火灾，造成8人死亡、4人受伤，直接财产损失97万元。起火原因为电线短路。

1月19日3时35分，韶关乐昌市梅花镇大塘边村34号居民房发生火灾，造成3人死亡，过火面积约80平方米，直接财产损失5000元。火灾系因死者廖某夜间在房内用烤炉烘烤湿衣服，不慎引燃周围可燃物所致。

3月22日12时12分，揭阳市惠来县周田镇周山居委后街东三横巷12号胡某住宅发生火灾，造成3人死亡，烧损房屋一间及家具、衣物、杂物等物品一批，直接财产损失1710元。火灾系因胡某住宅卧室天花下电线短路所致。

3 月 29 日 2 时 55 分，广州市海珠区兴隆新街 5 号之一的居民住宅发生火灾，造成 4 人死亡，过火面积 150 平方米，烧损 5 号之一和 5 号部分住户生活用品一批，部分建筑坍塌，直接财产损失 70 万元。火灾系因吴某遗留火种引燃床上可燃物所致。

8 月 25 日 7 时 4 分，江门市台山台城石化路 14 号临街住宅发生火灾，造成 6 人死亡，过火面积 36 平方米，直接财产损失 3.5 万元。火灾系因住宅首层室内所放助力车电池引出线短路引燃车体可燃物所致。

9 月 1 日零时 40 分，东莞市昌立包装材料有限公司（位于东莞市长安镇锦厦环村东路 5 号）发生火灾，造成 3 人死亡、6 人受伤，过火面积约 750 平方米，直接财产损失 61.72 万元。火灾系因该公司厂房中部所停小汽车发动机舱内电气线路故障起火所致。

11 月 16 日 3 时 53 分，佛山市南海区里水镇岗联康和市场拱南商店发生火灾，造成 4 人死亡，过火面积 288 平方米，直接财产损失约 78 万元。火灾系因商店内北门东侧入口附近电气线路短路所致。

12 月 13 日 2 时 40 分，汕头市潮阳区文光街道桃园菜市场附近林某住宅楼发生火灾，造成 4 人死亡，直接财产损失 1.4 万元。火灾系因林某住宅楼起居室内插头插片与排插簧片之间接触不良发热引燃插座及周围可燃物蔓延所致。

12 月 13 日 3 时 8 分，江门市新会区大泽镇五和农贸市场 17 号住宅发生火灾，造成 3 人死亡，过火面积 100 平方米，直接财产损失 2000 元。起火原因为遗留火种。

12 月 29 日 5 时 1 分，揭阳市揭西县河婆街道建新居委新河海纪路 1 号住宅发生火灾，造成 4 人死亡，过火面积 90 平方米，直接财产损失 11 万元。起火原因为电气线路故障。

省直部分单位
防灾减灾工作

广东省防汛防旱防风总指挥部办公室

【防汛防旱防风措施】

2011年广东省水、旱、风灾害主要有秋冬春连旱、汛期12场强降水和登陆或影响广东的6个热带气旋等。在省委、省政府、省防总和各级党委、政府正确领导下，在各级、各部门共同努力下，全省三防工作取得良好成效，三防减灾效益明显，人员伤亡和财产损失均降至最低。作为省防总日常办事机构，省三防办认真履行职责，出色完成各项工作任务。

1. 认真履行三防工作职责

一是抓好防汛备汛。汛前，省三防办认真组织做好全省三防工作会议、三防形势分析会商会和北江大堤、飞来峡水利枢纽防汛工作会议等会务工作，组织召开防汛防风形势分析会商会、抗旱形势会商会、防台风异地视频会、防汛抗洪救灾异地视频会等8次异地视频会议，并抓好会议精神贯彻落实。二是抓好汛前防汛安全大检查。1月，省三防办积极按照省防总《关于开展2011年汛前防汛安全大检查的通知》要求，组织各市三防指挥部和有关单位开展汛前安全检查。3月中下旬，协助省政府组织的10个工作组对各市汛前防汛安全准备工作进行检查。三是积极组织会商分析。2011年省三防办根据省防总领导指示，建立会商制度，定期、不定期组织省水文局、省气象局、省国土资源厅、省海洋与渔业局、国家海洋局南海分局等省防总成员单位进行三防态势会商分析，全年共会商20次，为省防总领导决策部署提供科学依据。此外省三防办还先后9次参与省防总应急响应组织协调。四是积极组织和参与三防督导。入汛以后，为做好热带气旋和暴雨洪水防御工作，国家防总、省防总先后派出督导组共30组次到重点地区指导救灾防御。针对湛江地区水库、闸坝出现的险情，省防总派省三防机动抢险一大队、潜水队和省三防物资储备中心执行抢险任务并取得显著成效。五是做好三防资金保障。2011年省三防办争取到中央安排给广东省防汛抗旱应急补助资金3500万元、省级特大抗旱资金800万元、水毁水利工程省级补助资金1000万元。年内省财政厅批复省三防办防汛物资购置经费1500万元，该办根据物资储备情况和实际需求，按季度提出购置计划并定期购置物资，全年累计完成约1013万元的三防物资采购计划招标工作。

2. 积极推动全省三防应急能力建设

2011年是广东三防能力建设年。省三防办积极开展相关工作：一是于6月修编完成《广东省防汛防旱防风防冻应急预案》，并经省政府批准实施，使防汛应急预案体系进一步完善。二是在省水利厅人事处配合下，拟定并下发《关于加强全省三防体系建设的指导意见》和《广东省“三防能力建设年”活动实施方案》，从加强三防组织机构建设、制度建设、山洪灾害防治非工程措施建设、三防信息化建设、应急保障能力建设、办公设施设备建设和宣传信息能力建设等方面对全省各市县、乡镇三防能力建设提出具体要求，并多次派员到地方调研市、县级三防能力建设工作，了解基层实际，为带动全省搞好三防能力建设打下基础。三是积极推进惠州、韶关、梅州、茂名等4座区域性仓库建设。至12月底，上述4座仓库均已动工建设。四是与省水利厅保障中心一道，积极推进全省视频会商延伸到乡镇的前期工作，并拟定项目建设指导意见。五是以提高基层三防能力为目的，在省水利厅规计处和工作小组共同努力下，积极推进山洪灾害非工程措施建设工作。在完成第一批18个县区项目审批后，计划完成第二批40个县区项目审批，并指导地方开展项目建设。六是在省水利厅财审处等部门大力支持下，完成广东省三防指挥系统项目审计。广东省三防指挥系统二期工程决策支持业务应用系统荣获2011年中国地理信息优秀工程奖金奖，省三防办被评为“中国地理信息产业防汛防旱防风示范单位”。

3. 做好热带气旋防抗工作

6月23日，热带风暴“海马”先后在阳西与电白交界处及吴川沿海地区登陆。“海马”虽风力不大，但影响时间长，路径复杂，一直维持热带风暴量级，给防风工作带来诸多困难。“海马”登陆前，中共中央政治局委员、省委书记汪洋，省长黄华华，副省长刘昆等均作出批（指）示。副省长刘昆率工作组赴茂名、阳江进行防御检查指导，并致电湛江市领导，要求切实落实各项防御措施。省防总副总指挥、水利厅厅长黄柏青赴湛江检查督导防御工作。国家防总、珠江防总、省防总及受“海马”严重影响市县均及时派工作组深入防风一线检查督导防御工作。湛江、阳江、茂名等市主要领导及各县（区）党政领导靠前指挥，层层落实防御工作责任。省防总加强组织会商，准确判断形势变化，科学指挥调度。6月21日9时，当“海马”还处于低压状态时，省防总组织专家会商，对“海马”可能受双台风影响发展较缓慢、雨量充沛等特点进行初步判断，对“海马”发展动态、移动方向、登陆点及风暴潮做出及时准确预报。省防总于21日12时启动防风Ⅳ级应急响应，22日8时将防风应急响应提升为Ⅲ级。省三防办严格执行24小时值班制度，有效发挥参谋和指挥作用。22日晚，省防总对粤西各市县进行全面抽查。各地加强应急值守，对辖区内水管单位值守进行抽查。省防总充分考虑到“海马”的不确定性，扩大防御覆盖面。珠海、江门、阳江、茂名、湛江5市的33004艘渔船全部按要求在港避风。各地、各部门立足于防强风、防暴雨、防山洪、防内涝，加强城乡基础设施、低洼地区、地下空间和排水管网等设施安全检查及水利工程巡查防护，将灾害损失降至最低。

9月29日，强台风“纳沙”先后在海南文昌和湛江徐闻登陆，登陆时风力都在台风量级以上，给广东省造成严重影响。在省委、省政府正确领导下，全省上下齐心协力，采取措施共同做好灾害防御工作。一是高度重视，全面部署。中共中央政治局委员、省委书记汪洋，省长黄华华，副省长刘昆等均就“纳沙”防御工作作出批（指）示。刘昆主持召开全省防御“纳沙”视频会商会议，分别致电湛江、茂名市及电白县领导，要求以人为本做好灾害防御。省防总副总指挥、水利厅厅长黄柏青坐镇省三防办指挥防御工作。省防总下发一系列（紧急）通知，部署防御工作，并于28日下午派督导工作组赴粤西开展工作。湛江、阳江、茂名等市各级领导切实抓好各项防御工作，做到领导到位、指挥到位、责任到位、抢险保障措施到位。二是加密会商，科学响应。26日以后，省防总每天至少进行一次专家会商，及时掌握“纳沙”移动路径、强度变化、暴潮增水和降水等信息，并广泛利用新闻媒体播报台风信息。省防总于27日16时启动防风Ⅲ级应急响应，28日16时提升至Ⅱ级。粤西沿海各地相继启动防风应急响应。三是以人为本，强化避险转移。至28日18时，全省应回港渔船数47275艘全部在港避风，渔排作业人员20765人全部上岸。加强对学校、车站、码头、工地、旅游景点等人员密集场所的安全检查，及时采取停课、停航、停工、停商等措施，减少人员户外活动，组织粤西滨海旅游点人员全部转移，并及时转移危险区域人员及海滩海边低洼地人员，特别对海滨石化、核电等企业防护设施加强巡查维护和加固，以确保安全。四是突出重点，防御次生灾害。按照“预案到位、预报到位、预警到位、转移到位”要求，提前部署山洪灾害防御，抓好山洪地质灾害易发区监测巡查，及时发布预警信息，组织危险区域群众转移，最大限度避免人员伤亡。

4. 做好防旱、防冰冻工作

2010年秋季至2011年春季，广东省大部分地区降水量明显偏少，发生较严重旱情。湛江、茂名、梅州等市局部地区冬种作物和经济作物一度显露旱象，春耕用水也在一定程度上受到影响。各级党委、政府始终把确保城乡居民饮水安全摆在抗旱工作首位，受旱地区在打井汲水、挖坑戽水、开沟引水等措施挖掘水源基础上，按照“电调服从水调、生产服从生活”原则，根据来水、蓄水、用水量认真算好水账，实行水资源统一调度，细化定量或间歇供水计划，缺水较严重地区还采取水源管制措施，做到细水长流，想方设法确保城乡居民正常用水。对于个别因旱饮水困难且附近无水源可取乡村，则由当地政府组织车辆送水到村。省三防办根据省防总工作部署，积极组织各级三防部门开展抗旱工作，确保春耕顺利进行，使春耕农田播种率达97%，实现大旱不减产目标。下半年，针对受旱情影响的潮汕地区供水安全问题，省防总多次派工作组进行防旱调研，研究部署抗旱工作，同时对当地防旱抗旱能力建设问题进行研讨，提出铺设临时管道打通引韩工程引水入南澳、勘测挖掘地下水、淡化海水等较有针对性的措施和方案，确保城乡居民饮水安全。针对咸潮上溯早、强度大，对珠澳供水构成威胁问题，省三防办积极协调有关部门，促使珠海竹银水库从原计划蓄水至32米高程提高到40米高程，确保了2010年冬季至2011年秋季珠澳供水安全。此外，省三防办先后启动广东省旱情遥感图片购置与建库项目和广东省低温冰冻灾情监测及统计报送系统项目建设，以进一步提高全省干旱和低温冰冻灾害防御水平。

年初，受寒潮袭击，京港澳高速公路粤北段护栏、路肩多次出现轻微结冰，交通曾一度受阻，粤北个别省道因结冰交通一度中断。多段输电线路出现覆冰现象，粤北高寒山区一些学校一度停课，部分供水设施受损，农业受到一定损失。省防总多次主持召开专题会议，专门研究防寒抗冻工作。组织专家实行每旬会商制度，及时分析防冻形势，调整防冻策略，迅速下发防御通知。省三防办进一步完善应急机制和值班制度，及时与气象、海洋、交通、供电等部门协调，及时收集、汇总相关资料。气象、海洋和水文等部门加强低温冰冻监测预报；供电部门集中人力物力对供电线路进行加固改造，建设融冰装置，确保全省供电正常；省交通运输厅每天安排一名副厅长带班，落实24小时值班制度，随时保持与京珠北等路段联系；交通公路部门采取有效措施，加大融雪剂播撒密度；交警部门加大巡查和疏导力度，有效保障交通运输尤其是京港澳高速公路粤北段交通顺畅；省农业厅先后派工作组分赴粤东、粤西、粤北了解灾情，指导救灾工作；民政部门及时开放避寒场所，下拨救助资金和救灾物资，保障受影响群众的基本生活需求。河源、韶关等市分别派出多个工作组深入灾区，指导群众做好果树、田间作物、水产养殖、畜禽等防寒防冻工作，促进御寒措施落实。乐昌市教育部门派出专人对停课学校进行跟踪，确保师生安全。梅州市共出动技术人员3500多人次投入抗寒生产第一线，帮助群众做好防寒防冻技术指导和服务。梅县专门为5000多名生活困难群众送上“冬日暖阳”，帮助他们温暖过冬。惠州市共组织出动农技人员200多人次，指导农民开展灾前预防及灾后救灾复产工作。为强化防御低温冰冻灾害强化分析、预测、预报能力，省防总启动广东省低温冰冻灾情监测及统计报送系统建设，在部分水文站加设低温冰冻监测设备，建设灾情监测、报送系统，其软件系统已基本建设完成。

5．参与深圳大运会三防安全保障工作

深圳大运会于8月举行。其时正值广东省主汛期，三防安全保障工作责任大、任务重。省三防办组织召开深圳大运会三防形势分析视频会商会议，拟定《深圳大运会期间东江供水水资源保障方案》和《深圳大运会期间省三防应急预案》，并组织三防应急演练，充分做好物资准备，确保了深圳大运会三防安全。

6．加强与相邻省份防汛合作

继2009年、2010年先后与湖南和福建两省三防总指挥部签订合作协议之后，2011年省防总又与广西防总签订西江合作框架协议。通过合作，建立和完善防洪、应急调水、水污染事故应急处置、洪水资源化利用与调度等领域合作机制，充分发挥各方优势，形成优势互补、资源共享、协调共进工作格局，确保西江流域防洪安全和水资源保障安全，为西江流域经济社会发展提供可靠保障。

7．做好信息报送和防灾减灾宣传工作

省三防办高度重视三防信息收集报送，全年共编发103期《防汛抗旱简报》，并先后制定《广东省三防信息网站管理规定》、《广东省三防信息新闻发布制度》等，统一全省各级三防信息报送和发布途径，同时抓紧三防信息网站升级改造，进一步提高信息处理效率和质量。

省三防办与多家新闻媒体单位密切合作，共同做好三防信息报道和宣传。汛期受热带气旋影响期间，省防总第一时间通知新闻媒体进行现场直播和报道，全年在多家电视台播出三防信息约30次，在多家报纸刊登三防信息30多篇，省三防办新闻发言人多次接受新闻媒体采访。在“5·12”防灾减灾宣传日活动期间，省三防办印制《防汛防旱防风防冻知识宣传册》3000多份及其他宣传资料一批，并发放给市民。

广东省气象局

2011 年在中国气象局和广东省委、省政府正确领导下，全省气象部门坚决贯彻落实上级各项决策部署，紧紧围绕“加快转型升级、建设幸福广东”核心任务，把握气象事业科学发展重大机遇，转方式，重创新，抓大事，强管理，求实效，顺利完成全年气象服务和社会管理任务。省情调查研究中心民意调查结果显示，2011 年公众气象服务满意度在广东省 40 个政府公共服务部门中继续名列前茅。

【灾害性、关键性天气预报服务】

1. 做好低温雨雪预报，保春运，保平安

1 月 13 日，省气象台制定《广东省气象台、广州市气象台 2011 年春运气象保障服务方案》，从组织、技术、装备、通信等方面做好充分准备，将任务细分并落实到科室，以确保春运气象服务工作顺利开展。协调安排广州市公安局两名有气象专业背景的民警自 1 月 17 日起驻扎在省气象台值班室，并搭建春运公安专用气象信息网页，每天进行分析研判，加强春运天气预警，使公安部门实时掌握铁路和高速公路沿线及北方重点航站地区气象状况，做好春运安全保障。与高速公路京珠北分公司密切联系，及时获取乳源大桥、乐昌云岩、乐昌梅花段实况资料，做好春运期间粤北山区低温冰冻预报。

2. 做好热带气旋预报服务

2011 年有“莎莉嘉”、“海马”、“洛坦”和“纳沙”等 4 个热带气旋登陆或严重影响广东省，较常年偏少（常年 5.3 个，其中登陆 3.8 个）。其中初旋即热带风暴“莎莉嘉”于 6 月 11 日登陆广东省，登陆时间较常年早 17 天（常年平均为 6 月 28 日）。在防御强台风“纳沙”期间，中共中央政治局委员、省委书记汪洋，省长黄华华等先后 3 次在省气象局决策服务材料中批示。副省长刘昆高度肯定气象部门“纳沙”预报服务工作：“风雨预报相当准确，为防御工作提供了科学依据，掌握了工作主动性。”2011 年登陆或严重影响广东省的热带气旋预报路径误差 24 小时为 113 千米，48 小时为 184 千米。

3. 完成重大活动保障等专项服务

省气象台为省委、省政府、广州市政府及省应急办、省公安厅、省农业厅、省体育局等 20 多个单位或部门、74 项重大活动提供周到服务，圆满完成广交会、龙舟竞渡、横渡珠江、高考、中考等重大活动和清明、五一、端午等重大节假日专项（专题）天气预报服务。在全国特别是全省气象部门大力支持下，深圳市气象局以八个“不一样”的精彩，即不一样的“天气预报、天气监测、个性服务、专项服务、公众服务、气象合作、服务团队和气象宣传”，保障深圳大运会取得圆满成功。从 2010 年亚运会到亚残运会，再到 2011 年大运会，气象服务充分展示了广东气象保障能力和水平。

4. **做好气象信息报送和预警信号发布工作**

年内省气象台共为省委、省政府等和相关部门制作《重大天气气象信息快报》133份、《重大天气气象信息专报》35份、《天气报告》378份。

全省各级台站共发布灾害性天气预警信号7166次，包括台风426次（白色191次、蓝色143次、黄色63次、橙色19次、红色10次），暴雨1737次（黄色1344次、橙色332次、红色61次），雷雨大风1769次（蓝色1758次、黄色10次、橙色1次），高温935次（黄色854次、橙色81次），寒冷1141次（黄色766次、橙色354次、红色21次），大雾288次（黄色242次、橙色44次、红色2次），灰霾1次（黄色），道路结冰7次（黄色6次、红色1次），冰雹1次（橙色），森林火险861次（黄色586次、橙色237次、红色38次）。其中广州市各级气象台站发布预警信号共计575次，包括台风13次、暴雨139次、雷雨大风102次、高温91次、寒冷138次、大雾17次、森林火险75次。

10月中旬，广东省出现历史罕见的由高空槽和冷空气共同影响造成的暴雨到大暴雨、局部特大暴雨的降水过程。广州市区强降水从13日傍晚到14日凌晨共持续8小时。广州、佛山两市共有9个气象站录得超过250毫米特大暴雨，其中广州第五中学录得全省最大雨量320.1毫米。广州市区于13日16时起先后发布暴雨黄色、橙色和红色预警信号，这是自2000年有暴雨预警信号以后首次在国庆后发布暴雨红色预警信号。省委常委、广州市委书记张广宁批示："此次特大暴雨过程预报及时、准确，很好，值得肯定。希今后继续努力做好预警发布工作。"

【公共气象服务】

1. **创新服务手段**

建成全国首个应急气象频道，"率先联合省政府应急办创办广东应急气象频道"被中国气象局评为2011年创新工作奖。气象信息、预警信息和应急科普知识通过应急气象频道进入千家万户，受到广大群众和各级领导高度赞扬。全省21个市气象部门开通气象微博服务公众，"广东天气"稳居中国官方微博影响力风云榜（新浪网）前30名。

2. **扩大服务面**

2011年全省气象部门为各级党政部门提供《重大气象信息快（专）报》等决策参考材料4023份；启动气象灾害应急响应509次，其中Ⅱ级以上响应51次；为公众发布气象服务短信约60亿人次，其中应急、预警短信超过10亿人次；广东天气网站访问量约1.1亿次，广东气象网站访问量约300万次，广东气象无线网访问量约800万次，各市气象服务网页访问量约3761万次；全省12121声讯电话拨打量近700万人次；每天有3000万人次收看电视天气预报预警节目。

3. **拓宽服务领域**

为满足群众需求，成功开展全球首次"回南天"预报服务。日本核辐射气象服务为消除市民恐慌、稳定社会发挥良好作用。主动为湛江中科炼化等3个国家重大和特大型工程项目和12个省级重点项目开展气候可行性论证服务。佛山市气象局开展建设工程竣工联合验收工作。

4. **提高服务满意度**

公众气象服务满意度继续走高。中国气象局和省委、省政府领导批示肯定广东省气象工作达30多次。其中，中共中央政治局委员、省委书记汪洋批示5次，为历年最多。副省长刘昆指出："我省各级气象部门认真履行气象防灾减灾和应对气候变化职责，以优质服务为政府和有关部门防灾减灾部署争取时间，为群众避灾自救提供有力保障。"

【农业气象服务】

1. “三农”气象服务取得新进展

省气象局认真贯彻落实2011年中共中央、国务院一号文件及省农村工作会议精神，落实广东省《现代农业气象业务发展专项规划（2009—2015）》要求，切实做好气象为农服务，使“三农”气象服务取得新进展。

建设专业化农业气象业务服务系统。一是完善广东省现代农业气象业务支撑平台建设，实现全省农业气象业务网络化、集约化、流程与自动化，提升省、市、县一体化现代农业气象业务水平和支撑能力。二是建立农用天气预报业务系统。结合农业生产对象和农业生产活动需求，以数值天气预报为依据，适时开展农用天气预报业务。三是建立水稻气象灾害监测预警系统。该系统实现水稻气象灾害实时监测、灾害预评估及水稻气象灾害预报产品制作与发布等功能，可动态监测预报水稻气象灾害，为水稻生产提供防灾减灾服务决策。四是不断改进气象干旱监测预警系统，建立基于标准化前期降水指数SAPI的逐日气象干旱动态监测指标。

加强重大农业气象灾害监测预警评估和关键农事季节气象服务。一是加强气象灾害监测预报预警，为农业生产提供优质高效气象保障服务。在农业气象灾害监测、预测、预报基础上，及时进行冬季寒害、低温阴雨、倒春寒、干旱、龙舟水和洪涝等农业气象灾害调查，评估其对水稻、经济作物、特色农业、设施农业和渔业的影响。二是在关键农事季节开展农业气象服务。年内发布农业气象专题产品5期、气象干旱监测产品27期、土壤湿度监测公报72期、寒冷灾害监测预警专题材料4期和农用天气预报多期，在夏收夏种、秋收秋种等关键农事季节提供农用天气预报专题产品21期。

抓点带面，推进富有地方特色的现代农业气象服务。根据广东省《现代农业气象业务发展专项规划（2009—2015）》实施方案，抓点带面，整体推进，以阳山、台山、徐闻、南澳为县（市）级农业气象工作试点，继续开展水稻、菊花、香蕉、菠萝、蔬菜、马铃薯、花生等特色农业和生态农业气象服务，并形成具有当地特色的县级农业气象服务周年方案。各县（市）气象局结合本地特色，发展当地特色农业、设施农业等专项气象服务业务。台山、阳山、南澳、徐闻共发布100多期农业气象服务材料。此外，围绕保障特色林果生态安全和海水养殖气象保障的迫切需求，开展行业专项“特色林果气象灾害监测预警关键技术研究”和“水产养殖保障关键技术研究”，为今后开展橡胶和香蕉农业生产气象灾害监测预警、水产养殖气象灾害预警预报和农用天气预报提供气象保障技术支撑。

加强农业防灾减灾体系建设，完善气象预警信息发布渠道。一是建设完成省、市、县（市、区）三级显示屏管理系统。至2011年，全省有2630个行政村安装气象信息显示屏，滚动发布气象信息、农用天气预报、农业气象灾害预警等信息。二是完成广东气象兴农网全面改造，实现全省农业气象服务产品、农业技术、农业市场信息网络化共享。加强网站栏目建设，进一步突出广东气象为农服务特色，强化广东气象在农业生产服务中的职能和作用，提高农业气象服务针对性、时效性。三是在广东卫视天气预报栏目中播出农用天气预报，在应急气象频道开播《气象·农业》影视节目，扩大服务范围。四是实现村村有信息员目标。组织专家到市、县（市、区）开展气象信息员培训，为气象信息员开展工作奠定基础。韶关“农村气象信息服务体系”项目被该市列为为民办十件实事之首。肇庆市实现地质灾害监测预警预报服务全覆盖。揭阳市依托农村有线广播实现气象信息村村通。

完善预防为主的农村气象灾害防御机制。完成《广东省气象灾害防御规划》编制。推动气象灾害风险评估和气候可行性论证纳入城乡规划和工程建设项目行政审批工作。积极推进《县级气象灾害防御规划》编制工作，组织专家对市、县（市、区）级业务人员开展相关培训。《清远市佛冈县气象灾害防御规划》已由佛冈县政府印发，为广东省山区县新农村气候资源利用和气象灾害防御起到示范带动作用。

加强农业适应气候变化决策服务。开展气候变化对农业生产力布局、种植结构、农业生态环境和农业气候资源的利弊影响分析，为科学规划农业生产布局，合理调整农业种植结构提供决策支撑。一是开展气候变化对广东水稻生产影响研究，提出广东早晚稻播期调整方案。主要包括：气候变暖背景下水稻气候资源、气象灾害的变化特征研究；未来高分辨率的广东气候变化情景预测，未来气候变化对广东水稻生产的可能影响研究；适应气候变化的水稻生产布局调整；建立水稻气象灾害监测预警系统，实时监测水稻气象灾害，发布水稻气象灾害预评估和预警信息。二是合理开发利用农业气候资源。依托 GIS 技术进行广东省龙眼和香蕉气候适宜性区划，根据空间分析模型分析气候资源时空分布规律，完成阳山市、乳源县精细化立体气候资源区划。

2. 市、县气象部门为农服务有新举措

韶关市气象局积极开展农业气象服务。3 月 2 日，韶关市气象局组织开展全市春播春种天气趋势会商，正式启动春耕春种气象服务工作。3 月是韶关市春播春种大忙季节，天气变化对春播春种影响较大，预报人员重点针对冷空气活动、降水、倒春寒天气及回暖天气趋势进行讨论分析，并针对早稻育苗、黄烟移栽、花生和玉米播种以及各县（市、区）规模较大特色作物提出农业生产建议。在春播春种期间，韶关市局以专题服务形式为各级政府，农业、林业等主管部门，以及种植户提供农业生产气象服务信息，并通过手机短信、电子显示屏、电视天气预报等渠道滚动发布春播天气预报。其中，《田园气象站》短信栏目固定每周两次对外发布未来 5 天天气预报和农事活动建议。

清远市气象局重视加强重大农业气象灾害监测预警和主要农事活动气象预报服务，在春耕春播、夏收夏种、秋收秋种等关键农事季节提供专题气象服务。在春旱和寒露风天气气象服务中，及时准确的气象信息为政府和农业部门提前部署农业防御救灾措施赢得先机。

湛江市气象局“三农”服务有新举措。湛江市热带气旋、暴雨、干旱、冷害、雷电等自然灾害发生比较频繁，是全国三大雷区之一，而在偏远农村通讯不够发达，群众防范意识不强。应急气象灾害预警电子显示屏采用移动运营商的 GSM 网络传递气象信息，具有即时发送、实时显示、内容丰富、群众使用方便等特点，可于第一时间通过电子屏将灾害性天气信息直接送到群众面前，解决气象信息传输最后一千米问题。根据湛江市气象局建议，湛江市三防办于 8 月 29 日发文，要求各县（市、区）三防指挥部和市直各成员单位推广安装应急气象灾害预警电子显示屏。这一举措在气象服务和防灾减灾中发挥了重要作用。

江门市气象局为科技园特色农业提供优质服务。该局在开平市国家现代农业科技园（江门市现代农业综合示范基地）建设自动气象观测站和气象信息服务站，安装气象电子显示屏，开展农情观测、雷电监测，并为园区罗非鱼养殖、蔬菜种植等进行特色农业气象服务。

阳江市气象部门把为农服务作为气象工作重中之重。一是开展专项农业气象服务。加强农业气象灾害监测，适时开展农业干旱、低温冷害、洪涝、初（终）霜冻等重大农业气象灾害监测预警和预报服务，与国土部门联合开展地质灾害预报预警。二是推进气象信息进村入户。充分利用影视、广播、网络、电话、手机等多种形式，把气象灾害预警、预报信息及时发至自然村；通过各乡镇或行政村兼职气象信息员进行气象灾害上报、下传；开展LED气象电子显示屏在农村试点工作。三是做好农村雷电灾害防御。四是开展人工增雨作业，保障农业生产、农村生活用水和改善农村生态环境。五是加强农村气象科普宣传，提高农民防灾减灾意识和趋利避害能力。

肇庆市封开县气象局为农服务工作获好评。10月14~20日，封开县受弱冷空气持续补充影响，出现7天日平均气温≤23.0℃的中度“寒露风”天气。该县气象局未雨绸缪，于13日上午9时发布寒露风灾害天气预警，并通过手机短信平台向县级、乡镇和村级领导和责任人，种植养殖大户及气象信息员发送预警短信。由于气象部门预报准确、预警及时，政府相关部门管理有序，农业生产采取积极应对措施，封开县晚稻未受到明显影响，气象部门预报服务得到群众好评。

10~12月，河源、番禺、英德、新会、台山等市、区建成首个农村气象信息服务站，每个站点均安装气象灾害电子信息显示屏，配有气象信息员和反馈信息设备。服务站建成后，农民可于第一时间了解气象信息，根据科学指引掌握和实施气象灾害应对措施。

3. 农业气象科研结硕果

全省气象科技工作者按照大农业、大气象思路，继续推进农业气象科技研究与创新，为建设社会主义新农村提供科技支撑。2011年省气象部门共有两项科研成果获2010年度广东省农业技术推广奖，其中由省气候中心完成的“广东省名优水果气候生态问题研究”获二等奖，由中山市气象局完成的“基于预报流程的天气诊断预报综合平台”获三等奖。

【应对气候变化】

积极服务广东低碳试点省建设。主持编制的广东省农田温室气体排放清单已提交省发改委。参与《广东省低碳发展规划》编制，5位专家入选省低碳发展专家委员会。《广东省温室气体监测平台建设前期工作》获省低碳发展专项资金资助。

多层次开展应对气候变化决策支持工作。在省发改委指导下，参与编制《广东省应对气候变化方案》，并由省政府于1月印发。根据中国气象局要求，制定《2011年广东省气候变化重点工作计划》。主持编制《广东省应对气候变化“十二五”专项规划》，参加中国《适应气候变化国家战略研究——华南区域》项目。出版《华南区域气候变化评估报告决策者摘要》，牵头组建国家发改委适应气候变化广东省专家库。

加强气候变化综合观测能力及数据平台建设。温室气体监测平台纳入《广东省气象事业发展“十二五”规划》五大项目之一。建立珠江流域近50年温度、降水、风、相对湿度、蒸发等基本气候要素和高影响天气气候事件变化数据库。

稳步推进气候变化影响评估工作。以《华南区域气候变化评估报告》研究成果为核心，参与《第二次国家气候变化评估报告》和《适应气候变化国家战略研究报告——华南区域》编写。开展气候变化背景下广东早稻播期适应性调整研究，主持的“中—英适应气候变化项目——广东省气候灾害风险评估及适应对策研究”进展顺利。建立“气候变化珠江流域水资源的影响评估系统”、“海平面上升对广州经济社会影响的模拟系统”。

不断提高应对气候变化科技创新能力。成立气候变化影响评估与应对科技创新团队。新增气候变化项目4项，参加《气候变化与健康》、《适应气候变化国家战略研究》专著编写。

【人工影响天气】

1. **人影服务取得显著成效**

1～3月，各地降水量分布不均，全省平均降水量84.1毫米，与常年同期相比少近六成。4月中下旬，全省大部仍处于气象中旱到重旱量级，清远大部，韶关、河源局部，梅州、潮州大部地区出现特重旱情，各地春耕生产和群众生活受到干旱影响。省委、省政府要求气象部门抓住有利天气条件，组织各市实施地面火箭增雨作业和开展大范围、跨地区飞机增雨作业。按照省政府工作会议纪要要求，省气象局周密计划，精心组织，全面部署人工增雨抗旱减灾工作。自2月12日起，韶关、清远、云浮、肇庆、茂名、湛江、惠州、阳江、梅州、汕头、潮州等市共实施火箭增雨作业102次，发射增雨火箭456枚。3月30日和4月25日，两架人工增雨作业飞机分别进驻深圳宝安机场和空军佛山机场，在全省范围内开展大规模人工增雨作业，共实施飞机增雨作业25架次，飞行作业65小时，影响区域覆盖全省大部分地区。人工增雨作业效果显著，共增加降水量约14亿立方米，使全省大部分地区旱情解除，各地春耕生产得以顺利开展。5月10日，副省长刘昆在《人工影响天气工作简报》上批示："今年冬春连旱，出现特旱重旱，能够抢季节完成春耕生产任务，气象服务及人工增雨功不可没，谨此表示感谢。"

2. **跨区域联合作业取得突破性进展**

积极参与赣、粤、闽三省跨省区域飞机联合增雨作业。3月25日，在江西赣州召开赣、粤、闽跨省（区）飞机人工增雨作业研讨会，制定《赣粤闽跨省（区）飞机人工增雨协作章程》和《2011年赣粤闽跨省（区）人工影响天气专项补助项目实施方案》；8月和9月，先后与南京空军和广州空军就赣、粤、闽跨省（空域）联合飞机人工增雨作业空域保障进行协调；10月14日，中国气象局批复同意开展赣、粤、闽跨省（空域）联合飞机人工增雨作业；11月1日，三省制定通过《赣粤闽跨省（空域）飞机人工增雨作业分工及业务流程》；11～12月，抓住有利作业时机开展跨省（空域）联合飞机人工增雨作业5架次，为缓解粤东北旱情发挥重要作用。这是中国首次尝试跨大军区空域开展人工增雨作业。

依托流域性联防联动机制，省人影办协调深圳市气象局联合河源、惠州、东莞3市气象和三防部门，在东江流域开展跨市区飞机增雨作业，有效增加东江流域地区降水量，缓解区域旱情，受到流域内各市政府和有关部门肯定。

3. **强化人影管理，确保作业安全**

针对全省旱情发展趋势，省人影办按照《人工影响天气管理条例》要求，商水利、农业等部门制定《广东省2011年飞机人工增雨作业实施方案》并报经省政府审批。积极与空军联系，落实开展人工增雨作业使用飞机计划。

为落实空域申报制度，2010年年底召开2011年广东省人工影响天气航空管制保障协调会议，就实施人工增雨防雹作业保障及飞机安全问题进行研究协商，形成《广东省2011年人工影响天气航空管制保障协调会议纪要》。

为确保作业安全，年内对全省作业人员进行全面培训：一是举办3期作业人员资格培训班，对全省126名年内新上岗作业人员进行安全技术培训和考核，核发上岗作业资格证；二是对全省人影作业指挥员和作业人员进行安全年度培训考核，对全省持证上岗作业人员进行年审，杜绝无证作业，确保作业安全。

加强全省作业装备管理，做到统一计划、统一购买、统一管理、统一调配，保证装备及时供应。对安全生产进行检查，全省人影作业装备合格率达100%。按照《人工影响天气管理条例》和中国气象局、省气象局有关规定，对全省2004年前出厂的58套超过有效使用期的WR—9821型发射架予以报废，同时更换新的同类型发射系统，以杜绝超期使用人影装备现象，有效消除安全隐患。

按照中国气象局和省气象局统一部署，把人影安全检查列入2011年广东省汛期业务大检查内容，先后派出6个检查组分赴各地对人影安全生产进行检查，并结合设备巡检和人员培训进行安全督查，重点监督检查全省人影安全生产情况及持证上岗、作业公告、火箭弹药存放、运输、空域报批等主要环节。各作业单位均按照规定存放、运输弹药，实行作业装备由专人管理，定期检查和维护，绘制作业点安全射界图，并在作业前通过新闻媒体向社会发布公告。通过强化管理和安全监督，避免了人影安全责任性事故发生。

4. 加强人影业务建设与科研开发

省人影办积极主持开展人影项目研究，包括中国气象局2011年气象关键技术集成与应用项目“飞机跨省作业联合指挥集成技术应用”、中国气象科学研究院项目“飞机探测空地实时通信系统”、省社会发展气象领域科技计划课题“人工影响天气外场作业通信综合系统的开发”、2011年省气象局科研项目“广东省人工影响天气业务决策分析平台”等。此外，还参加国家自然科学基金项目“降水云体风廓线雷达返回信号谱特征的分析研究”、973项目“气溶胶—云—辐射反馈过程及其与亚洲季风相互作用的研究”、广州市科技局科技攻关计划课题“亚运会气象预报服务系统研究”子专题之五“亚运会人工消雨试验及技术研究”等工作。其中“人工影响天气外场作业通信综合系统的开发”、“亚运会人工消雨试验及技术研究”工作圆满完成，省气象局科研项目“广东省人工影响天气业务决策分析平台”获准立项。

优化完善广东省人工影响天气指挥和管理系统，根据省内开展人影作业状况，适时发布旱情分布、天气预警、云况探测、云微物理数值模拟、雷达回波等多种人影作业指导产品。通过完善该系统，可提供赣、粤、闽跨省（空域）飞机人工增雨作业航迹实时监控指挥，进一步提升了广东省组织人影外场作业的综合决策和实时监控指挥能力。

5. 全面完成中国气象局部署的重点工作

按照中国气象局《关于做好2011年人工影响天气重点工作的通知》要求，结合本地人影工作特点，开展跨部门、跨行业专项调研，并通过召开专题研讨会等多种形式，总结成绩和经验，分析人影面临形势，查找深层次问题，梳理人影发展思路，形成《广东省人工影响天气调研报告》并上报中国气象局。

开展广东省空中云水资源时空分布特征及其开发利用潜力调查评估，提出广东省空中云水资源开发利用意见和建议，向中国气象局提交《广东云水资源评估报告》。

在中国气象局业务部门指导下，学习借鉴国内外人影作业效果评估经验和做法，开展人影作业效果评估试验，初步建立作业效果评估软硬件系统，按要求上报《广东人影作业效果评估报告》。

根据广东省人影工作面临的新形势和新要求，最大限度地满足重大社会活动对人工消雨的需求，总结北京亚运会、广州亚运会人工消（减）雨保障经验，完成《人工消雨业务指引》编制，为气象部门人工消雨保障提供技术指导。

此外，还完成全省《人工影响天气管理条例》立法后的评估工作。

【现代气象业务体系建设】

1. “十二五”规划重点明确

主动作为，积极融入，形成政府领导、部门共同发展气象事业的良好态势。根据省委领导指示，由省委政策研究室牵头开展广东省气象事业发展政策研究。在省政府办公厅、省发改委和省财政厅支持下，顺利落实“珠江三角洲中小尺度气象灾害监测预警中心”项目建设资金。省发改委和省气象局首次联合印发《广东省气象事业发展“十二五”规划》，明确“一个中心”（省部合作气象预警中心）和“四大工程”（低碳发展气象保障工程、海洋经济气象服务工程、为农服务气象减灾工程、面向基层气象台站工程）重点任务；首次联合召开全省气象“十二五”规划座谈会，共商气象事业发展大计。全省有12个地级以上市以政府专项规划或与发展改革部门联合方式印发当地气象事业发展“十二五”规划。积极争取有关部门支持，正式启动广东省温室气体监测项目，风云—2号、风云—3号气象卫星接收工程建设取得突破性进展。

2. 部门共建共享有新成果

继续加强与省经信、建设、农业、水利、卫生、交通、环保、安监、电力、林业等部门合作。与省政府应急办、省广播电视网络公司签订《信息化战略合作框架协议》，三方共建广东省突发事件预警信息发布平台，共同完成应急气象频道全省开路播出免费收看工作。与省民政厅签署《关于加强防灾减灾工作合作协议》，共同做好灾前防御、灾中救援、灾后重建等工作。与省人力资源和社会保障厅、省工业工会联合开展全省气象行业公共气象服务、天气预报、防雷检测、气象观测等4项技能竞赛，全省气象部门共有15人被评为“省技术能手”。

3. 国家试点任务得到肯定

顺利完成8大项国家级业务试点工作年度任务。现代天气业务、现代气候业务、华南区域精细化数值预报、省际数据共享、雷达信息共享平台、城市气象防灾减灾、暴雨洪涝灾害气象风险评估及服务业务系统建设和气象频道本地化节目插播等8项试点任务取得重要进展，得到中国气象局领导多次表扬。部分试点工作产生较大国际影响，开始向东南亚国家和地区提供数值预报产品在线服务，泰国计划引进广东省定量估测降水预报技术。

4. 主要业务质量有所提升

各项业务考核全部达标，主要业务质量得到提高。24小时晴雨预报准确率为86.2%，比2010年提高近6%；台风24小时预报误差为113千米，预报时效由3天延长至5天；天气雷达业务可用性提高0.28%。

5. 综合观测能力明显提高

完成“十二五”广东省闪电定位、风廓线雷达、能见度、梯度塔等观测系统优化布局规划。建成6个海岛自动气象站、5个海洋石油平台自动气象站、2个远洋船舶气象自动站，海洋有效观测范围拓展到岸外200千米以上。新建成5部风廓线雷达、1部新一代天气雷达、1部移动天气雷达、5个土壤水分观测站，全省气象探测能力得到进一步加强。广州气象卫星地面站在全国率先开展省级空间天气业务，顺利完成2号站区年度建设任务，受到中国气象局表扬。省气象信息中心在全国率先实现本省及周边各省（区）实时气象信息共享。

6. 科技创新不断推进

省科技厅批准在省气象局成立广东省灾害性天气应急技术研究中心。新组建台风预报、气候变化和大气成分等3个创新团队。与7个外部门科研团队共享茂名博贺海洋野外科学试验基地，与清华大学、华为公司等多个团队共享从化雷电野外试验基地。获得3个国家自然科学基金项目、1个科技部行业专项。在国内外发表SCI论文22篇，国内核心期刊发表论文72篇。获中国气象局气象关键技术集成与应用项目数量和经费支持总量名列全国第一。分别获得国家实用新型专利、省科学技术奖二等奖各1项。《广东气象》被评为中国核心学术期刊（RCCSE）。省大气探测中心在全国率先研制成功舒适度测量仪，探空业务技术有重大发明，雨天及高湿条件下探空高度显著上升。

7. 气象现代化建设加快步伐

10月12日，中共中央政治局委员、省委书记汪洋对广东省气象工作作出指示，要求“继续提高预报水平，努力造福社会”。副省长刘昆要求把汪洋指示落实到气象现代化建设过程中，落实到为“加快转型升级，建设幸福广东”提供优质气象服务实践中。11月初，中国气象局致函省政府，商请将广东作为率先基本实现气象现代化试点省。12月6日，代省长朱小丹批示同意广东省作为全国率先实现气象现代化试点省，并将其作为《广东省人民政府、中国气象局共同推进珠江三角洲地区气象防灾减灾工作合作协议》（2009年7月签订）重要补充内容，明确按照合作共建、先行先试原则，进一步加大气象工作支持力度，确保率先基本实现气象现代化。

8. 区域合作更加紧密

省气象局牵头召开华南区域气象中心工作会议，明确“十二五”期间加强南海综合气象观测、联合开展海洋预报与科研工作、加强海洋气象预报服务和增进区域合作等重点任务。粤港澳气象合作纳入政府合作框架，召开粤港澳业务和科技交流会议，三方合作更加紧密。完成对口支援新疆、西藏、藏区四省（青海、四川、云南、甘肃）和艰苦台站任务。

【履行社会管理职能】

1. 法规建设进一步加强

省政府和省人大启动《广东省气象灾害防御条例》和《广东省气候可行性论证管理规定》立法程序。肇庆、潮州等市政府相继出台进一步落实《气象灾害防御条例》政府规章及规范性文件。省气象局颁布3个关于防雷社会管理的规范性文件，进一步规范全省防雷工程专业资质、资格管理和防雷产品备案登记等履行社会管理职能的依法行政行为。

2. 信息发布管理更加规范

根据国务院办公厅《关于加强气象灾害监测预警及信息发布工作的意见》，10月28日，省政府下发《关于进一步加强突发事件预警信息发布工作的意见》，落实各部门责任，整合各方面资源，拓宽传播渠道，明确发布机构，使预警信息发布更加权威有序，公众能够更加快速、有效获得应急预警信息。

3. 防雷工作更加有效

召开全省依法行政和防雷减灾工作会议，推动广东省防雷减灾事业依法、有序、规范、快速发展。年内全省共为楼房、厂房等建筑物和加油站等易燃易爆场所开展防雷装置跟踪检查10975宗、年度检测30607宗和雷击风险评估1532宗，为减少雷击事件发生、雷灾经济损失和人员伤亡作出了贡献。

广东省民政厅

【灾害救助】

2011年广东省受暴雨洪涝、热带气旋、强对流、干旱等自然灾害影响，部分地区灾情严重。全省各级党委、政府和民政部门高度重视做好灾害救助工作，领导干部坚持深入灾区组织救灾。省级启动救灾预警和应急响应6次，转移安置18.38万人。年内各级政府共下拨灾害救助资金2.5亿元（其中冬春救助资金1.55亿元），救助受灾群众160多万人次，下拨帐篷680顶、折叠床3230床、棉被5510床、毛毯（毛巾被）4985床、衣服4.8万套，受灾群众基本生活得到保障。在2012年春节前，3454户“全倒户”全部搬进新居。此外，还顺利完成“凡亚比”重灾区无法复耕复产的2万多名受灾群众专项生活救助工作。

【备灾减灾】

2011年省民政厅出台《广东省救灾物资管理暂行办法》等5个部门规章，进一步规范救灾减灾工作。广州、珠海、佛山、惠州、东莞、阳江等市新设一批市级应急庇护场所，全省新增基层应急庇护场所384个。各地投入救灾物资储备仓库建设用地2.7万平方米，配套资金1730万元，26个县级救灾物资储备仓库全面竣工。全省新增县级救灾物资储备仓库面积2万多平方米。

为适应救灾减灾工作新形势，各地充分利用全国防灾减灾日、全国综合减灾示范社区创建等平台，统筹兼顾，突出重点，广泛开展群众性防灾减灾活动。一是政府推动和社会参与。各级减灾委认真组织部署防灾减灾宣传周活动，各级政府分管领导参加宣传发动，带动和引导社会组织积极参与。二是教育和演练相结合。采取专题讲座、知识竞赛、科普宣传等形式，开展全民减灾教育。广州、深圳、惠州3市分别组织开展大亚湾海啸、岭澳核电站场外应急、增城立体式森林防火等大型演练活动；全省中小学校、工厂等基层单位普遍开展地震、火灾避险转移演练。三是开展全国综合减灾示范社区创建活动。2011年广东省采取城乡并进、质量优先原则，共投入资金3900多万元，组织382个城乡社区开展综合减灾创建活动，取得较好成效。年内全省有178个社区被民政部授予“全国综合减灾示范社区”称号，数量全国第一；全省排查灾害隐患点1.41万个，举办减灾宣教演练3100多场次，受教育群众达5600多万人次。广州、佛山、珠海、江门、东莞、肇庆等市创建工作积极主动，资金物资保障有力，创建工作走在全省前列。

广东省地震局

【地震监测预报】

2011 年省地震局以落实《关于加强监测预报工作的意见》为主线，以地震危险区为重点，切实做好震情跟踪工作。针对连续三年被定为全国地震重点危险区的粤东地区，专门制定《2011 年度广东省地震重点危险区震情跟踪工作方案》，以强化各项监测措施。进一步加强粤闽两省监测预报合作联动，完善协同工作机制和联席会议机制，实现观测资料共享及重大前兆异常核实情况互通互报。强化台网运行管理、维护及产出。省测震台网观测资料连续率平均达 97.07%，共记录处理地震事件 3343 个。国家地震速报备份系统共记录 7161 次全球地震。完成 4 个前兆台站“九五”并网改造项目。在 2010 年度全国地震观测资料评比中，广东台网地震编目获第一名，速报获第二名，系统运行获第三名，强震动观测运行维护获第三名。率先在系统内采取地震信息网加速服务等多项强化措施，确保深圳大运会地震安全保障工作顺利完成。坚持综合分析预报，召开周会商会 39 次、月会商会 8 次，提交震情分析报告 50 多期。对省内出现的重大前兆异常及时进行现场落实。

【震害防御】

1. 抗震设防管理

结合中国地震局巡视工作反馈意见，进一步健全地震安全性评价质量管理制度，实行安评工程师质量负责制和安评报告主审制，从安评组织、报告形成到评审工作各环节层层把关，确保质量。完成深圳市轨道交通 6 号线、中山市中山港大桥改建项目等 356 项重大项目抗震设防要求行政许可，审核地震安全性评价咨询项目 113 项。

2. 震灾预防

参与 9 个城市总体规划和多项重大工程专项审查。继续推进完成地震安全农居示范工程建设和建筑物抗震性能普查。完成 220 个农居示范村建设任务，占总任务的 96%；完成 11.93 亿平方米建筑物抗震性能普查任务，占总任务的 85%。开展农村民居抗震实用技术研究，结合地方建筑特色和农民需求，设计适合粤东、粤西、粤北农村地区的抗震房屋，完成抗震农居图纸设计并制作其实体模型和技术图集。配合中小学校舍安居工程，完成省校舍安居工程督办工作。东莞市活断层探测项目已完成并通过整体验收。

3. 防震减灾宣传教育

围绕提高全民防震减灾科学素质目标，紧密结合防震减灾中心工作和社会稳定发展需要，积极稳妥开展防震减灾宣传教育。2011 年防震减灾知识培训首次纳入省委党校常规班次应急管理模块和全省党校（行政学院）对各级领导干部的教育培训计划，并逐步常态化。防震减灾理念首次走进岭南大讲堂、珠海大讲堂，走进广州、河源、揭阳、惠州等市中层干部培训讲坛等。

与团省委、省教育厅、省公安厅、省少工委联合开展“小红帽”广东红领巾应急避险教育计划，地震应急演练覆盖全省中小学。紧紧抓住日本大地震后的宣传时机，较好地完成一次接待媒体最多、持续时间最长、宣传面最广的新闻宣传应对行动，共接受媒体采访100多批次，宣传上做到电视有画面、广播有声音、报纸有版面、网络有窗口。期间，还妥善处置云浮里氏1.9级地震和顺德西淋岗断层事件。“5·12”减灾日期间，首次策划并成功举行以“减灾、安全，建幸福家园”为主题的媒体开放日活动、公众宣传活动周活动和地震应急紧急救援和监测设备展。

【应急救援】

1. 应急预案

根据《广东省地震应急预案》有关规定，督促省直各部门（单位）完成地震应急分案修订并报省地震局备案，指导各地级以上市开展本级地震应急预案修订工作。制定深圳大运会地震应急专项预案。按照省政府应急办要求，每月月底前将《广东省地震应急预案操作手册》更新一次。根据新修订的《广东省突发事件总体应急预案》要求，修订《广东省地震应急预案》。

2. 地震应急救援演练

4月26日，开展粤东地区地震灾害事故跨区域拉动演练。5月26日，组织开展东莞市洪梅镇地震应急综合演练。6月16日，联合潮州市政府举行约80万人参加的大规模避震疏散演练活动。9月15日，省地震局地震应急指挥中心参加全国地震应急联动演练。

3. 地震应急救援队伍和避难场所建设

与省武警总队配合，完成省武警总队应急救援队组建工作。中国地震局副局长修济刚出席于12月9日在广州举行的应急救援队授旗暨揭牌仪式并讲话，省地震局专家组共20人成为应急救援队的重要组成部分。

选派省地震灾害紧急救援队多名骨干队员到国家地震紧急救援训练基地参加中日加强地震救援能力建设培训，安排救援队骨干赴日研修学习日本救援救助技术；组织JICA项目组中日救援专家到省地震灾害紧急救援队开展培训交流活动，完成JICA项目中期评估。4月26日，省地震灾害紧急救援队在汕头市组织开展粤东地区地震灾害事故跨区域拉动演练，共调集汕头、潮州、揭阳、汕尾等市消防支队及省公安消防总队直属特勤大队的35辆消防车、161名官兵参演。12月8~9日，省地震灾害紧急救援队在云浮市郁南县举行跨区域地震救援实战拉动演练，演练科目包括负重行军、野外生存、废墟搜索与营救等。

积极协助省民政厅开展全省应急避难场所规划和建设工作。广州、深圳、东莞、中山等市已完成地震应急避难场所建设规划编制。全省已建成70多个地震应急避难场所。

4. 地震重点危险区应急准备

根据中国地震局《关于做好2011年度地震重点危险区地震应急准备工作的通知》要求，结合广东省实际，制定《2011年度广东省地震重点危险区应急准备工作方案》，以高效有序应对重点危险区地震突发事件。制定并颁布实施《广东省地震灾情速报工作实施细则》和《广东省地震现场工作实施细则》，并会同省发展和改革委、省民政厅、省安全生产监督管理局修订《广东省地震应急工作检查管理办法》，以适应地震应急管理需要。

5. 深圳大运会地震安全保障

在巩固广州亚运会地震安全保障工作成果的基础上，会同深圳市地震局研究部署深圳大运会地震安保工作，制定《深圳大运会地震安全保障实施方案》，采取多项强化措施，确保赛事顺利进行。

6. **地震突发事件处置**

3 月 10 日云南盈江 5.8 级地震和 3 月 11 日日本里氏 9.0 级特大地震后，省地震局借助新闻媒体及时向社会公众发布地震灾情，普及地震和防震减灾科普知识，消除公众恐震心理，为维护社会稳定发挥积极作用。

3 月 18 日 9 时 38 分，云浮市（东经 112.0°，北纬 22.9°）发生里氏 1.9 级地震，其震中位于云浮市区东南方向 1 ~2 千米的山区，市区部分有感。地震引起云浮市委、市政府和公众广泛关注，市民纷纷打电话到省地震局和云浮市地震局询问情况。地震发生后，省地震局立即启动应急预案：一是及时将地震信息报中国地震局、省委、省政府和云浮市政府；二是及时在省地震信息网上公告震情；三是及时研判震情，作出震后趋势判断意见；四是第一时间向各大新闻媒体发布新闻通稿；五是接受电话咨询 100 多人次。通过采取快速、有序、准确地向公众公告震情等应急措施，有效维护了社会稳定。

此外，省地震局和相关市地震部门还妥善应对 5 月 13 日揭阳、汕头交界地区里氏 2.4 级地震，6 月 2 日阳江里氏 2.9 级地震，6 月 8 日阳江里氏 2.8 级地震和 11 月 5 日阳江里氏 2.5 级地震，确保当地社会稳定。

7. **防震减灾科普示范学校和科普基地建设**

在中国地震局组织的全国防震减灾科普基地评审中，广州动物园、佛山市地震台和从化市喜乐登青少年素质拓展训练中心被认定为国家防震减灾科普教育基地。

根据《广东省防震减灾科普教育基地管理办法（试行)》，组织认定中山市小榄镇北区小学、茂名化州市第二中学和揭阳市华侨高级中学为省防震减灾科普教育基地。

8. **中南区地震应急区域协作联动**

10 月 11 日，在广西南宁市召开 2011 年度中南五省（区）（湖北、湖南、广东、广西、海南）地震应急区域协作联动联席会议，总结交流 2011 年各省（区）地震应急管理和应急救援等工作成果与经验，讨论通过《中南五省（区）协作联动地震应急预案》，并举行签字仪式。

【科技进展与成果推广应用】

积极响应省委、省政府“科学发展、创新广东”号召，探索广东特色防震减灾新路子。3 月 18 日，印发《广东省防震减灾“十二五”规划》。根据该规划，“十二五”期间，广东将基本形成综合地震观测系统，建成珠江三角洲地震预警系统。7 月，省地震局成立科学技术处，使地震研究和科技创新工作及项目管理进一步加强。自 2010 年 8 月正式运行以后，国家地震速报备份系统共速报国内外地震 2000 多次，准确率达 99% 以上，为全国地震监测工作作出重要贡献。省地震局申报的地震监测与减灾技术实验室获批为中国地震局重点实验室，这是目前全国地震系统唯一设置在省级地震局的重点实验室；所申报“广东省地震预警与重大工程安全诊断重点实验室”获批为 2011 年省重点实验室建设项目。启动省地震安全农居、建（构）筑物抗震性能普查数据库和成果信息服务平台及地震应急基础数据库项目建设，为“广东省地震安全基础能力建设及创新服务工程项目”实施打下基础。完成 JOPENS 系统升级和技术服务，以及巴基斯坦地震台网系统维护等工作。参与港珠澳大桥桥梁工程抗震设计和抗震性能优化专题论证会。组织专家为澳门地球物理暨气象局授课。香港元朗—屯门地震小区划进展顺利。

广东省国土资源厅

【防灾减灾措施】

1. 精心谋划，全面部署

2011年省国土资源厅十分重视地质灾害防治工作，做到早谋划、早部署、早落实。1月6日，发出《关于认真做好2011年全省地质灾害防治工作的通知》；汛前，经省政府同意，印发《广东省2011年度地质灾害防治方案》；4月26日，召开全省地质灾害防治工作视频会议，部署汛期地质灾害防治工作。汛前，全省21个地级以上市和各县（市、区）均制定年度地质灾害防治方案，并由本级政府印发或批准实施；学习贯彻《国务院关于加强地质灾害防治工作的决定》，8月10日，在连平县召开全省地质灾害群测群防现场会；12月14日，在广州市召开全省地质环境管理工作督导会议，及时总结2011年工作，研讨2012年工作计划。组织编制《广东省地质灾害防治“十二五”规划》，加强“十二五”时期地质灾害防治工作。年内发文发电文20多次，有针对性地督促各地加强地质灾害防范。为贯彻落实国务院和省政府部署，专门下发《关于贯彻落实国土资源部和省政府要求进一步加强地质灾害防治工作的通知》，各地高度重视，认真贯彻落实。

2. 落实责任，完善制度

根据人员变动情况，及时调整充实由厅领导带队的省汛期地质灾害防治工作组成员。3月中旬以后，省汛期地质灾害防治工作组全面检查全省21个地级以上市，抽查57个县（市、区）的汛期地质灾害防治工作，实地检查280多处重大地质灾害隐患点的防范准备，编制重大地质灾害隐患点突发性应急预案130多份。根据汛期地质灾害状况，先后10多次派出工作组或专家组赶赴地质灾害易发地区或地质灾害现场进行指导，协助当地政府开展应急调查和处置。各级国土资源主管部门进一步完善防治工作责任制，落实汛期值班、险情巡查和灾情速报、专报制度。

3. 加强预警，落实措施

省国土资源厅领导多次带领有关处室人员到省地质灾害预报预警中心（省地质环境监测总站），检查指导地质灾害预报预警系统建设和信息发布，并主动与省三防办、气象局和水文局沟通协调，完善预警预报系统，加强联合会商分析，扩大信息发布面，提高预报准确率，完善地质灾害应急响应机制。全省乡镇、村建立地质灾害隐患点台帐，部分乡镇、村建立担负平时监测、临灾预报、灾情速报责任的义务巡逻队和抢险队，并在汛前将地质灾害“防灾明白卡”和“避险明白卡”发放到受地质灾害隐患点威胁人员手中，同时落实重大地质灾害隐患点监测预警责任人。

4. 夯实基础，保证效能

以地质灾害防治“十有县”（有警示、有组织、有经费、有规划、有预案、有制度、有宣传、有预报、有监测、有手段）、“五到位”（评估到位、预案到位、巡查到位、宣传到位、人员到位)、"五条线"（行政管理、事业支撑、应急处置、专家咨询、中介服务）为标准，加强基层地质灾害防治能力建设。2011 年完成 36 个地质灾害群测群防"十有县"建设，4 名基层干部被国土资源部评为全国先进群测群防员，省政府批准全省购置地质灾害应急指挥车辆 169 辆，基层地质灾害防御能力明显提高。为进一步提高应急处置能力和水平，全省组织开展地质灾害应急演练 14 次，参加演练人数 4400 多人。强化地质灾害防治工程"三同时"（即工程设计同时提出地质灾害防治设计要求，工程建设同时建设地质灾害防治设施，工程验收同时验收是否符合地质灾害防治要求）制度，办理地质灾害危险性评估报告（一级）备案登记 298 份，从源头有效预防地质灾害损失。

5. 加强治理，消除隐患

"84 处重大地质灾害隐患点搬迁与治理"被列入 2011 年省政府"十件民生实事"内容。省国土资源厅认真落实，全省共安排资金约 2.9 亿元（其中省级财政资金 3970 万元）。至年底，基本完成全省 84 处重大地质灾害隐患点搬迁治理工作，其中实施搬迁工程 23 处、治理工程 61 处，减少重大地质灾害隐患点受威胁人员 56871 人。

6. 重点支持，具体指导

积极指导粤西重灾区加快实施地质灾害搬迁与治理工程。组织省地质环境监测总站和有关专家，协助阳春、高州、信宜等市灾区对地质灾害隐患进行拉网式再排查，进一步摸清灾情险情，编制灾区"一图一表两方案"（《灾区地质灾害隐患点分布图》、《灾区地质灾害隐患点明细表》、《灾区地质灾害防治应急方案》、《灾区地质灾害隐患点搬迁与治理工程实施方案》）。2011 年上述灾区未发生造成人员伤亡的地质灾害突发事件。

7. 加强宣传，普及知识

根据广东省实际，通过电视、广播、网站和报纸等新闻媒体加大宣传力度，充分利用世界地球日、全国防灾减灾日和圩镇集日，广泛开展地质灾害防治知识宣传，普及地质灾害防治知识，进一步增强公众面对地质灾害进行自我识别、自我监测、自我预报、自我防范、自我应急和自我救治的能力与水平。全省参与宣传培训指导的专家 380 多人，培训各类人员约 10 万人次，发放地质灾害防灾及避险明白卡 13 万份，印制、发放地质灾害宣传画近 95 万张、宣传册 40 万册。

8. 密切配合，齐抓共管

积极参与省水利部门"山洪灾害防治县级非工程措施建设"实施方案编制和审查工作，配合教育部门开展中小学校舍安全工程指导和检查，认真贯彻落实国土资源部、中国气象局《关于进一步推进地质灾害气象预警预报工作的通知》精神，各部门协调联动能力进一步加强。

【成功预报地质灾害典型实例】

1. 成功预报地质灾害简况

2011 年广东省成功预报地质灾害 13 起，避免人员伤亡 381 人，避免直接经济损失 2372.3 万元。

表 18　　2011 年广东省突发性地质灾害成功预报汇总表

序号	地理位置	时间	避免伤亡（人）	避免损失（万元）
1	怀集县连麦镇步岗村廖屋寨	3 月 29 日	13	25
2	乐昌市乐城街道办	5 月 10 日凌晨	8	50
3	乳源县桂头镇草田坪村委	5 月 7 日	55	200
4	怀集县怀城镇上郭居委会小区	4 月 28 日	229	2000
5	丰顺县砂田镇荐坪村江南	7 月 16 日 10 时 50 分	5	12
6	丰顺县砂田镇占下村庵岗	7 月 16 日 7 时 46 分	5	10
7	五华县转水镇黄龙村 12 村民小组	6 月 29 日 10 时 59 分	7	1
8	大埔县银江镇昆仑村南卜坑	7 月 16 日 11 时 25 分	14	
9	大埔县大麻镇小留村长牛坪	7 月 17 日 9 时 47 分	2	1.3
10	大埔县大麻镇岐丰村凹头	7 月 16 日 9 时 39 分	4	
11	兴宁市石马镇礤下村坑尾	7 月 26 日 10 时 16 分	12	30
12	紫金县瓦溪镇瓦溪村上围村小组陶窝塘	10 月 13 日 9 时	14	43
13	信宜市合水镇石硖村奄顶	9 月 3 日	13	
合计			381	2372.3

2. 成功预报地质灾害典型案例

5 月 7 日，韶关市乳源瑶族自治县桂头镇草田坪村委黄泥墩村山坡发生一起中型滑坡。由于地质灾害监测员发现及时，村委会果断组织全部人员撤离避让，避免了 55 人伤亡和 200 万元经济损失。

广东省农业厅

【作物救灾复产措施】

1. 抗干旱，保春耕

面对春耕春播期间严重干旱，省农业厅种植业管理处高度重视，全处干部职工迅速行动，采取有力措施，全力以赴做好农业抗旱保春耕工作。

一是结合生产实际，提出抗旱对策。根据旱情特点，结合春耕生产实际，完善实施抗旱预案，提出切实可行的抗旱措施。

二是落实部署，及时组织抗旱。4 月 14 日、21 日、29 日，种植业管理处先后发出《关于切实做好农业抗旱保春耕工作的紧急通知》、《关于印发抗旱保春耕专家会商会会议纪要的通知》、《关于切实抓好早稻中后期田间管理工作的通知》，要求各地切实落实各项抗旱措施，确保早造生产安全。4 月 20 日，组织召开抗旱保春耕专家会商会，贯彻落实省委、省政府抗旱部署，研究旱情特点，分析全省农业旱情发展趋势及其影响，研究提出抗旱保春耕对策措施。4 月 28 日，再次组织召开早稻生产管理专家会议，分析旱情对早稻生产的影响，研究提出早稻中后期田间管理措施和晚稻生产安排意见。

三是深入一线，强化督导检查。为加强抗旱保春耕工作，派出 4 位处领导分赴干旱严重的韶关、清远等地，了解灾情并开展农业抗旱督导工作。

四是筹措抗旱资金，保障春耕生产。针对部分地区旱情持续发展、农作物损失严重问题，处领导及时向省财政厅汇报全省旱情发生发展状况和农业抗旱救灾工作，争取财政支持。紧急商请省财政厅下拨两批农业抗旱种子救灾资金共700 万元，用作受旱地区农民购买种子、种苗补助，为全省农业抗旱工作提供支持，保证抗旱保春耕工作顺利开展。

五是加强应急值守，实行 24 小时值班制度。灾情发生后，种植业管理处加强与气象、三防、水利等部门联系，密切关注天气变化，强化旱情跟踪监测，及时会商旱情，指导农民科学抗旱。4 月 12 日至5 月 4 日，该处连续安排值班，周末和“五一”假期均不休假。期间严格执行灾情一日一报制度，认真收集、汇总各地旱情动态并及时上报，为抗旱决策提供科学依据，共向农业部、省政府和省农业厅领导报送旱情信息和救灾工作措施汇报 12 份。

2. 防抗强台风“纳沙”

全省各地农业部门高度重视强台风“纳沙”防抗工作，及早落实防灾减灾措施，尽可能减少灾害损失。

一是高度重视，组织做好防御工作。为做好强台风“纳沙”的防御工作，省农业厅召开紧急办公会议，传达国务院副总理回良玉，中共中央政治局委员、省委书记汪洋，省长黄华华批示精神和副省长刘昆在省三防会商会上讲话精神，研究部署农业防灾减灾工作，并及时发出《关于切实做好强台风“纳沙”防御工作的紧急通知》，要求各地农业部门切实采取措施，做好

“纳沙”防御工作，减轻灾害损失。

二是加强应急值班和农业灾情报送。各级农业部门安排带班领导和具体值班人员，坚持应急值班，并及时上报农业受灾状况，确保信息渠道畅通。湛江、茂名、阳江等市农业部门自9月28日起启动24小时值班机制，通过电话等通讯工具与当地气象、三防等部门及相关基层单位保持密切联系，及时收集汇总各地灾情，为指导灾后复产工作提供可靠依据。

三是派出工作组赴灾区指导抗灾。湛江、茂名等市农业部门派出工作组，深入农业受灾较严重地区调查了解灾情，同时迅速组织技术人员深入生产第一线，动员和指导农民开展抗灾减灾和灾后复产工作。9月30日上午，根据湛江市委、市政府统一部署，市委书记刘小华、市长王中丙分别率市农业局局长陈康华、副局长龙锦贤赴徐闻、雷州、湛江经济技术开发区、麻章等重灾区察看灾情，现场解决救灾复产中的问题。湛江市农业局组织救灾复产工作组深入灾区，针对受灾农作物种类、面积、受灾程度等，与当地政府和农业部门一起研究救灾复产措施，指导和帮助灾民救灾复产。

四是积极沟通协调，争取救灾资金。为帮助受灾严重地区尽快开展农业救灾复产，确保广东省晚稻生产安全和冬种北运蔬菜生产顺利，省农业厅、省财政厅向国家财政部和农业部成功申请中央财政农业救灾复产资金1000万元，用作灾区农民购买种子、种苗、化肥、农药、农膜、柴油等生产资料的补助。

【生物灾害防治措施】

2011年广东省农作物生物灾害种类多，发生面积大，为害严重。各级政府高度重视农田有害生物监测预警和防控工作，以确保农业丰收。全省农业部门以提升农业综合生产能力和保障粮食生产安全为中心，践行“公共植保”和“绿色植保”理念，扎实推进农业植物疫情防控、农业有害生物预警防控和农药管理等工作，全省农作物主要有害生物发生面积2183.41万公顷次，防治面积2914.72万公顷次，挽回粮食损失442.15万吨，挽回水果损失227.05万吨，挽回蔬菜损失354.99万吨，挽回油料损失18.54万吨，挽回其他经济作物损失82.13万吨。全省农作物生物灾害化学防治面积1237.57万公顷次，生物防治面积212.37万公顷次，物理防治面积8.56万公顷次，综合防治示范面积59.55万公顷次。

1. 加强有害生物监测预报

完善监测预警网络，有效控制重大病虫危害。积极推进植保工程项目建设，构建由50个重点监测站组成的农业有害生物监测预警网络，利用广东省农作物生物灾害监测预警系统实现信息报送网络化、分析自动化。2011年全省各地共发布病虫预报预警960期，省植保总站发布病虫情报23期，上报农业部病虫周报22次，为及时有效防控农作物病虫害提供了科学依据。有效控制水稻“两迁”害虫（即稻纵卷叶螟、稻飞虱）、稻瘟病等重大病虫危害，全省水稻南方黑条矮缩病发生面积106万亩，其中晚稻病丛率小于1%的有87万亩，占82%，其危害损失轻。

2. 抓好专业化统防统治，提高病虫防控能力

探索专业化统防统治机制和模式，广泛发动农民积极参与，着力抓好全省37个专业化统防统治示范县（区）建设，引导和扶持发展一批较大规模专业化统防统治组织，通过规范化运行管理、集成病虫防控技术、落实扶持政策措施，不断提高专业化统防统治组织服务能力和水平，提高专业化统防统治效益。全省共举办培训和现场观摩39期（次），培训人员5700多人次，发展专业化统防统治组织216个，拥有背负式机动喷雾器和担架式喷雾器1852台，从业人员2079

人，日作业能力为5.56万亩，实施病虫专业化统防统治面积80多万亩。

3. 推广应用绿色防治技术

认真贯彻农业部《关于推进农作物病虫害绿色防控的意见》，有效推进病虫害绿色防控技术在全省的普及应用，如在水稻示范区应用稻纵卷叶螟和三化螟性诱剂，在荔枝示范区应用平腹小蜂和太阳能杀虫灯，在柑橘示范区应用“以螨治螨”等。全省推广应用性诱剂防治面积78万亩次，人工释放捕食螨、平腹小蜂、赤眼蜂等天敌防治面积75万亩次。

4. 强化植物检疫执法和疫情监测

加强管理，严格植物检疫执法，积极推动植物产地检疫发展。全年按时上报疫情信息37期，办理境外引种检疫1200批次，审批引进种子6156吨、苗木55万株。处置销毁染疫种子8吨、苗木33万株，做到有效阻截疫情传播蔓延，确保全省农业生产安全。加强植物疫情监测，强化境外引种监管有新突破。全省疫情监测网络进一步完善，250个监测点重大疫情阻截监测能力显著提升。建立监管与服务统一的境外引种监管工作机制，进一步规范境外引种隔离试种、企业试种和分散种植监测管理机制。全年完成引进高风险作物品种隔离试种59批次，引进种苗疫情监测198批次，出具样本鉴定报告108份。

5. 加强农药违法行为查处，规范农药市场秩序

加大农药产品质量抽查力度，统一开展春季、夏季全省农药监督抽查，及时发出监督抽查结果通报，组织农业行政主管部门对不合格农药产品进行全面核查和依法查处。组织涉及深圳大运会城市周边农药市场为主的专项检查，重点检查高毒、高风险农药贮存、销售和使用状况，查处和纠正违规销售和使用农药行为，确保深圳大运会期间不发生农药使用安全事故，保障供应大运会农产品质量安全。开展植物生长调节剂专项检查行动，严厉打击生产、销售未取得农药登记证的植物生长调节剂产品和夸大水溶性肥料功效等违法行为。全省累计出动执法人员13239人次，检查农药生产企业49家次，检查农药经营单位8933家次，立案查处各类违法案件325起，涉案金额（货值）52.74万元。

6. 部分地级以上市防治生物灾害措施

●广州市

一是加强领导，认真部署重大病虫害防治工作。针对桔小实蝇为害广州市多种水果和瓜类蔬菜，影响产量和品质，且近年有发生趋重态势，广州市植保站于7月18日发出《关于认真抓好桔小实蝇防治工作的通知》，要求通过农业防治、物理防治、性诱剂以及药剂防治等方法做好全市桔小实蝇防治工作。

二是加强监测，准确发布病虫情报及预警信息。全市共设农作物重大病虫监测点20个、突发危险性病虫监测点11个、鼠情监测点14个，全年共收到各类病虫监测点汇报400多期次。3月8日和7月12日，先后发布《上半年农作物病虫鼠害发生趋势及防治意见》和《下半年农作物病虫发生趋势及防治意见》，分析有害生物中长期发生趋势，制定防治策略。及时推荐替代品种和新药剂，推荐使用氯虫苯甲酰胺等适用高效低毒低残留制剂，提高病虫防治效果。

三是大力推进农作物病虫害专业化统防统治。2011年早晚稻各用药2次，亩施药成本62.2元，实施水稻统防统治面积1928亩次，防治效果达98%，病虫损失率控制在1%以下。

四是切实抓好农区灭鼠工作。发出《关于切实抓好冬、春季农区统一灭鼠工作的通知》，要求各市、县（市、区）积极开展农区灭鼠行动。广州市植保站大力推动农区灭鼠工作，在全市设立鼠情监测点14个，共购置8%敌鼠钠盐母液（杀鼠剂）1.27吨，组织灭鼠330万亩次，其

中建立以瓦筒灭鼠为基点的农田鼠害综合防治示范区100万亩次，使鼠害损失率控制在3%以下。

●揭阳市

一是加强监测，及时预警。全市各级测报部门根据农作物病虫发生规律及各造病虫发生特点，认真抓好各个时期主要病虫监测预警工作。全年市站及各县（市、区）共印发病虫情报35期，通过新闻媒体宣传防治信息3次，做到预测准确、预报及时、措施得力。同时，要求各县（市、区）实行重大病虫情一周一报、突发病虫情一日一报，为及时掌握病虫发生趋势并采取应对措施提供可靠依据。

二是抓好重大病虫防控。受超强台风“南玛都”外围环流影响，晚稻第六代稻纵卷叶螟及晚稻后期稻飞虱偏重发生。揭阳市植保站及早发出《关于切实抓好第六代稻纵卷叶螟防治工作的紧急通知》，要求各地认真做好螟卵调查，抓住最佳防治适期，做到分类指导，确保防治效果；已成立专业防治组织地区根据当地实际，采取多种形式全面开展专业化统防统治，提高防治效果，为农业夺丰收提供有力保障。

三是开展送科技下乡活动。给农民派发《水稻病虫害综合防治》、《农药科学使用》等有关资料1500份，接受农民科技咨询300人次，提高农业科学技术普及率，推动病虫防治工作。

●江门市

一是加强测报，坚持测虫灯和系统调查。全市各市区长期设立测虫灯，专人负责测虫灯记录，灯下记载资料完整。坚持重点系统调查与大田普查相结合，做到田间调查，灯下验证。各级测报人员根据发育进度分析推算，在盛发期进行田间赶蛾，确定各地盛发高峰。

二是及时发出病虫防治信息，做好重大病虫应急防治。全年江门市植保站发出病虫情报14期，辖区植保部门发出病虫情报43期，病虫短期预报准确率达95%以上。各市（区）、镇、村植保部门，农办，村委会等通过电视新闻和广播播放病虫防控通知，及时在村委会黑板报或农药经销点张贴防治信息，发动广大农户及时防病灭虫。晚造稻瘟病在局部地区爆发和后期稻飞虱田间偏重发生，江门市植保站及时发布测报防治信息，根据实际提出全面防治和局部挑治相结合，指导农民防治。

三是及时汇报病虫信息。按照省农业厅《关于规范农作物重大病虫害发生防治信息报送工作的通知》要求，执行周报制度，按时上报虫情，遇有特殊情况立即向省、市汇报，全市上下信息畅通无阻。

●湛江市

一是抓好病虫害预测预报和防治。积极开展包括水稻、蔬菜、果树、甘蔗、花生主要害虫及东亚飞蝗等在内的农作物主要病虫监测工作。针对主要病虫害防治关键时期，及时发报病虫预报信息，共上报《重大农作物病虫周报》27期、《蝗虫周报》27期，水稻防治关键时期发报《农作物病虫情报》6期，其准确率达95%以上。

二是加大宣传力度，增强全民防控意识。加大植保新技术宣传力度，推广使用植保新技术、新方法，提高病虫害防控水平，促进群防群治工作的开展。各级植保部门共计组织举办各类培训班37期，培训5673人次，发放各类植保宣传资料5万多份。

三是开展农作物病虫害电视预报。廉江市共制作《农科园地》48期、播放192次，内容涉及水稻、荔枝、龙眼、香蕉、红橙、辣椒、青刀豆、瓜菜、花生、甘蔗等多种作物的各种病虫害。雷州市共播放《农作物病虫电视预报》11期、154次。吴川、廉江、雷州等地分别开通农信通短信平台，利用手机短信平台及时发送病虫预警信息，深受农民欢迎。

【畜禽防疫免疫措施】

1. 全面推进动物防疫责任制落实

省委、省政府高度重视重大动物疫病防控工作，将动物防疫责任制考核列为对各地政府的29项考核内容之一，并每年对各地进行量化考核。省政府专门召开全省会议部署防控工作。会上，副省长刘昆代表省政府与各地级以上市政府签订防控工作责任书，进一步明确各级政府在重大动物疫病防控和畜产品质量安全工作中的职责。省农业厅多次召开专项会议，下发多个通知、工作方案、免疫方案、监测方案等，全面推动防疫工作。全省基本形成“党委政府统筹决策、农牧部门牵头组织、有关部门分工协作、社会各界群防群控”的工作格局。

2. 不断完善动物防疫体系建设

省财政大力支持重大动物疫病防控工作，2011年新增防控资金2000多万元，直接拨至市、县（市、区）畜牧兽医局及动物卫生监督和疫病预防控制机构，专项用于禽流感、口蹄疫、高致病性猪蓝耳病、猪瘟等强制免疫疫病监测，动物狂犬病防控及公路动物防疫监督检查站建设，有效增强广东省重大动物疫病防控能力。省畜牧兽医局认真贯彻落实中央和省关于促进生猪生产和价格稳定工作指示精神，将因防疫需要而扑杀的生猪补助标准由每头600元提高到800元，对标准化规模养殖场（小区）养殖环节病死猪无害化处理给予每头80元经费补助，将基层动物防疫员工作经费补助标准提高为每人每年1200元。加快推进省动物疫病预防控制中心项目建设，完善乡镇兽医站运行机制，巩固兽医管理体制改革成果。省动物疫病预防控制中心建设各项前期工作稳步推进，项目立项申报书已报送省发改委。继续做好2000万元动物防疫体系建设资金竞争性分配工作，督促相关项目管理部门切实加强项目建设工作领导管理，确保项目取得实效。切实用好每年2000万元动物标识管理资金，专项用于购买动物标识、二维码识读器和打印机等。至2011年年底，全省共采购识读器13979台、便携式票据打印机4654台。省动物防疫项目资金投入和建设效果显著，全省动物防疫基础设施不断完善，基层动物防疫体系逐步健全，动物标识及疫病可追溯体系建设扎实推进，突发重大动物疫病综合防控能力极大提高。

3. 全面强化防控措施

一是强化免疫工作。及早部署春秋季集中强制免疫，编发《主要动物疫病免疫程序指引》，指导各地做好动物免疫工作。推行补免周、“三定四包”（即定地点、定时间、定人员，班子成员包片、股室包站、干部职工包村、股级干部包场）等行之有效的工作制度，适时在全省范围通报各地畜禽强制免疫情况，扎实推进重大动物疫病强制免疫工作。二是强化疫情监测预警。2011年省动物防疫监督总所累计进行动物疫病血清学与病原学检测5.1万次，全省累计检测59.6万次。监测结果显示，重大动物疫病防控状况总体良好。三是强化检疫监管。建立健全产地检疫申报制度，完善和扩充报检点，确保产地检疫和屠宰检疫率达到100%。开展动物防疫条件暨巡查制度落实状况专项检查行动，全面加强有关场所动物防疫条件监管。推进实施马传染性贫血病清除计划，对已达到马传染性贫血消灭标准的市、县（市、区）进行达标验收，其中东莞市已验收。

4. 全力保障深圳大运会期间动物卫生安全

一是强化动物卫生监督执法。省农业厅印发《2011年深圳大运会动物卫生及动物产品安全监管工作方案》，组织开展深圳市动物及动物产品来源调查，完善专人定点监管制度，建立企业动物卫生安全责任制度，实行检疫日报告制度，与供应深圳动物及动物产品的省、自治区和直辖市农牧部门建立联防联控机制。二是强化兽药安全监管。建立兽药管理工作责任制，省、市、县（市、区）三级畜牧兽医行政主管部门逐级签订《广东省兽药质量安全监督管理工作责任书》。及时制订并下达深圳大运会期间动物产品兽药残留监控计划，组织开展规模养殖场使用兽药专项整治，打击超范围、超剂量、不执行停药期等滥用抗生素及其他违规行为。与省卫生厅、食品药品监督管理局、经济和信息化委员会联合成立省抗菌药物联合整治工作协调小组，制订实施方案，开展督导检查，确保抗菌药物整治工作取得实效。先后12次组织开展假劣兽药查处行动，组织实施飞行检查，以确保兽药生产规范、质量可靠。三是强化应急准备。省和深圳市分别制定《深圳大运会期间农牧部门应对突发重大动物疫情预案》和《深圳大运会期间重大动物卫生和动物产品安全事件应急预案》，并组织开展应急演练，落实应急保障，做好突发事件应对准备。在省农业厅指导下，深圳市组织开展大运会期间突发重大动物疫病风险评估，并根据风险评估结果提出防控对策和建议，以防患于未然。

5. 不断提升兽医队伍能力素质

一是在全省开展动物卫生监督执法队伍专项整顿行动。各地动物卫生监督机构均与检疫人员签订动物检疫工作责任书，强化检疫人员依法履行动物检疫职责，规范出具动物检疫证明。二是推进基层动物防疫员队伍建设。编印动物狂犬病防控知识挂图1万多套、宣传手册1.5万本并下发各地，以加强动物狂犬病防控知识宣传。积极推进乡村兽医管理工作，全面推行乡村兽医登记工作。三是大力开展培训。印发《广东省基层动物防疫人员培训工作方案》，组织各地对基层防疫人员进行培训。2011年全省共举办培训班200多期，培训基层动物防疫专业人员5000多人次。省级组织重点人员进行动物疫病免疫，监测采样技术理论，鸡、猪采血和疫苗注射操作等培训，提高防疫队伍理论和实操水平。四是积极推进执业兽医资格考试。经过两年全国统考，至2011年，全省有执业兽医师1356人（其中水产类兽医师46人）和助理执业兽医师1277人（其中水产助理执业兽医师34人）。

6. 落实兽医实验室建设、考核与监管

全面开展市、县（市、区）级兽医系统实验室考核认证工作。举办全省兽医系统实验室考核专家培训班，组织对广州、佛山、东莞、肇庆、江门、汕头等6市和深圳市3个区的兽医试验室的考核认证。开展全省兽医实验室检测能力比对试验，不断提高兽医系统实验室建设水平和监测诊断能力。全面落实兽医实验室生物安全监管责任制，规范实验室内部管理，加强兽医实验室生物安全培训，强化高致病性动物病原微生物实验活动监管。

7. 确保无疫区长期无疫

为做好深圳亚运会后从化无疫区各项动物疫病控制，确保从化无疫区长期维持无疫和有效利用，根据《广东省从化马属动物疫病区域化管理办法》及相关法律法规，结合从化无疫区建设和管理实践经验，制定《广东省从化无规定马属动物疫病区动物疫病控制计划》，并经省政府同意发布，由相关单位予以执行。

国家海洋局南海分局

【海洋灾害防御工作】

1. 建立健全应急系统

国家海洋局南海分局重视建立健全海洋灾害应急系统。至2011年，已形成由《南海分局赤潮应急预案》、《南海分局溢油应急预案》、《南海分局核事故应急预案》和《南海分局风暴潮应急预案》组成的应急预案体系并定期修订，确保应急预案切实可行，且与地方应急预案保持有效对接，构建全覆盖、无遗漏，横向到边、纵向到底的应急网络。

2. 妥善处理海区突发事件

3月11日13时46分，日本本州岛仙台港东130千米处发生里氏9.0级地震，导致福岛核电站发生放射性物质泄漏事故。地震发生后，国家海洋局南海分局火速启动应急响应程序：迅速组建海上核应急监测小组，编制《日本福岛核电站海上应急监测实施方案》和《南海海域放射性应急监测计划》；开展覆盖粤东、台湾海峡、巴士海峡和南沙群岛等海域核应急监测，建立监测预测预报会商制度和应急工作日报制度；成立核应急放射性专家和预报预测专家组，每日召开应急会议，编制《日本核辐射专题海洋环境分析预测》，向国家海洋局上报《关于开展核辐射监视监测工作报告》并抄送华南三省（区）政府。4月19日和27日，分别针对南海区和全国海洋环境监测系统连续举办两期放射性监测技术培训班。5月18日，制定《日本福岛核泄漏对我国南海管辖海域环境影响监测工作方案》，将核应急工作转变为南海海域日常核辐射跟踪监测预报工作。至11月底，在南澳监测站点获取环境辐射剂量数据共8082个，平均值为0.303微希沃特/小时；获取大气气溶胶样品数145份，采集气体15万立方米，完成海水放射性样品分析共32批（次），获取监测数据190个。据实验数据分析表明，日本福岛放射性物质扩散对中国南海管辖海域未造成显著影响。南海分局及时向新华社、南方日报等主流媒体通报信息，科学引导舆论，消除公众恐慌情绪，维护社会稳定。

7月11日凌晨4时10分，广东惠州大亚湾石化区油库发生爆炸。南海分局立即启动应急响应程序，于当日凌晨6时派监测人员赴现场了解情况，并开展应急监测。10时，“中国海监82”船赶赴现场进行海上应急执法监察。南海分局加强与省海洋与渔业局沟通协调，加密事故现场实地勘察监督与监测，加快含油污水转移和清理。经多方努力，至7月18日，事故现场附近已无油污，海洋环境逐渐恢复正常。

8月5日，北部湾涠洲岛海域发生漂油事故。南海分局立即启动应急处置工作：派出海监飞机和技术人员前往事故海域巡视监测，登检石油平台，开展卫星遥感监测和油污带漂移路径预测，及时进行样品分析和油指纹鉴定，核查海上漂油来源。至8月中旬，涠洲岛海域无主漂油全部消失。

12月19日，中海石油深圳分公司珠海终端海底管线疑被挖沙船挖漏。接报后，南海分局高度重视：一是立即召开紧急会议部署应急处置工作；二是通知中海油深圳分公司迅速采取应对措施，做好安全防护和环境保护；三是派人赶赴现场开展监视监测工作，及时向地方政府和有关部门通报信息。经过及时、科学、高效应急处置，至12月底，泄漏点已停止气体泄漏，海管由有关部门实施修复。

3．开展灵活多样的海洋防灾减灾宣传

3月12日，即日本福岛核电站爆炸次日，南海分局派专家参加由南方都市报和省科协共同举办的“小谷围科学论坛”，向公众普及海啸发生和防御等知识。爆炸事故发生后，南海分局积极响应中国海洋学会号召，制作、张贴海洋灾害宣传画报，编制海洋灾害宣传册，广泛宣传海洋灾害和防灾减灾知识。

4月19日，南海预报中心正式在新浪网开通微博，每天发布南海海况预报信息及海洋相关重大活动信息，以方便群众实时了解南海海洋动态。

5月12日是中国第3个“防灾减灾日”，5月9～15日为防灾减灾宣传周。为贯彻落实国家减灾委员会和国家海洋局有关防灾减灾宣传活动精神，省海洋与渔业局和南海分局共同举办以“防灾减灾从我做起”为主题的防灾减灾宣传活动，活动主会场设在江门台山市文化广场。

5月12日，南海预报中心与广州市海洋与渔业局联合主办、中国首个以海洋科普为主题的“海洋数字虚拟科普馆”正式开通上线。科普馆以新颖简明的形式向社会观众展示海洋观测、预报和防灾减灾科普知识，引导社会各界进一步关注海洋防灾减灾，增强公众海洋防灾减灾意识。

4．加强防灾减灾基础设施保障

4月29日，原布放于南海中部海域的HX2海啸浮标发生移位漂移。南海分局立即组织召开专题应急会议，启动浮标移位应急预案，搜寻打捞HX2海啸浮标，并于5月2日15时40分顺利完成HX2海啸浮标回收。9月，HX2浮标被重新投放至原位置继续运作，保证南海海啸预警体系健全稳定发挥作用。

9月30日，受强台风“纳沙”影响，锚泊在湛江港的万吨级蒙古籍外轮脱锚失控，撞向坐落在码头上的湛江海洋站验潮室，致使其整体坍塌。事故发生后，南海分局紧急部署灾后应对，积极开展恢复重建工作，用11天时间建成临时海洋观测站，在第1120号热带风暴“榕树”影响之前，全面恢复湛江海洋站正常业务，确保海洋观测和预报工作连续开展。

5．做好专题预报预警服务

6月13～17日和8月5～20日，2011年全国帆板精英赛和深圳大运会海上运动项目先后在深圳市东部七星湾海域举行。期间正逢南海汛期，南海分局高度重视，全面部署，顺利完成赛区海洋灾害风险评估、海洋灾害预警及海洋预报保障服务，为赛事成功举办作出了贡献。

5月20～24日，南海分局为由汕头市政府和中国帆船帆板运动协会共同举办的首届“潮人杯”帆船巡游活动提供预报支持，使比赛顺利进行。

5月26～27日，由中国海上搜救中心主办、国家海洋局和工信部等协办的2011年南海部际联合海上搜救演习在海南岛南部海域举行，来自国务院应急办、外交部、发改委、财政部、民政部、交通运输部等单位的70多位领导和代表观摩演习。南海分局参与制定国家级和海区级搜救演习工作方案，并多次进行海上漂移实验和预测模拟演习。在演习中汲取大量宝贵经验，为今后搜救工作打下坚实基础。

11月10日，南海分局参与国家海洋局组织的2011年泛太平洋海啸演习之广东省海啸演习。该局积极调动各方力量，认真落实各项细节，为演习顺利进行提供有力保障。南海预报中心配合国家海洋环境预报中心做好演习预警预报信息转发、制作和发送工作，分析广东省沿岸所受影响，并结合惠州大亚湾区演习疏散地点实际地形制作海啸疏散建议图，为应急决策提供必要信息支撑。省政府应急办据此迅速下达人员疏散指令，惠州市政府应急办立即组织惠阳区澳头镇前进村和大亚湾第一中学500多名村民与师生进行疏散演练。通过此次演习，南海分局对现有海啸应急响应流程进行检验并针对演习中的问题及时修正，确保海啸应急工作顺畅运行。

6. **开展警戒潮位核定**

受江门市海洋与渔业局委托，南海预报中心承担江门市警戒潮位核定工作。中心组织业务人员先后4次进行警戒潮位核定现场调查，实地走访市水务局、监测站等单位，对各预防潮灾的重点地段，主要堤防高程、结构和防御能力及主要潮灾灾情进行调查，获取大量最新资料，在资料缺乏岸段则建立临时验潮站进行现场观测。在上述工作基础上，严格按照相关法律法规要求完成警戒潮位核定技术报告和工作报告，并通过专家评审。

7. **做好海洋预报预警服务**

年内共发布潮汐、海浪、海温等各类常规海洋预报1000多次，参加应急会商24次，发布各类海洋灾害预警预报440份次，发布海上溢油监测报告189期，为省海上搜救中心提供准确、高效的漂移路径预测14份次。

广东省海洋与渔业局

【海洋预报减灾】

1. 举办海洋测绘技术培训班

3月10~11日，省海洋与渔业局在广州举办海洋测绘技术基础培训班，来自省海洋与渔业服务中心（省水产技术推广总站）、省海洋资源研究中心、省海洋与渔业勘测设计院等单位的22名专业技术人员参加培训，该局减灾处和海军某部专家应邀为参训人员讲授海洋测绘技术知识。此次专题培训班在广东乃至全国海洋与渔业系统尚属首次，填补了省海洋与渔业局系统有关技术人员海洋测绘专业技术的空白。

2. 举办海洋防灾减灾宣传周暨“5·12”防灾减灾日活动

5月中旬，省海洋与渔业局、国家海洋局南海分局和江门市政府在江门台山市联合举办海洋防灾减灾宣传周暨“5·12”防灾减灾日活动，主会场活动启动仪式于5月12日在台山市文化广场举行，设在广东省14个地级以上市的分会场活动同期举行。

3. 北部湾雷州海洋观测站、惠东海龟湾海洋站投入使用

6月12日，全省第一个海洋观测站——北部湾雷州海洋观测站落成并投入使用，填补了雷州半岛北部湾长期无海洋观测站的空白，对完善中国海洋观测体系建设和加强当地海洋防灾减灾工作具有重要意义。8月12日，惠州市惠东海龟湾海洋站正式揭牌成立，该观测站是省海洋与渔业局自筹资金建设的第一个海洋观测站。经过近一年考察和研究，省海洋与渔业局完成广东省自建海洋观测站网建设规划编制，计划用5年时间，在沿海重要经济地带、自然保护区、灾害脆弱区建成由5个中心站、12个基本观测站（点）组成的基本岸基观测体系，并将省级海洋观测站网纳入全国海洋观测业务化运行。

4. 部署全省海平面变化影响与评估工作

9月7~8日，省海洋与渔业局在惠州召开全省海平面变化影响与评估工作会议，部署全省海平面变化影响与评估工作。期间，会议专门邀请国家海洋局南海分局专家对与会人员进行专业知识和技能培训。在省海洋与渔业局海洋预报减灾处统一领导和协调下，2011年全省海平面变化影响与评估工作得以顺利开展。其中，省级以及江门、湛江等市由于该项工作推进有序、认真扎实、成效显著，得到国家海洋局的表扬。

5. 参与2011年“泛太平洋海啸演习”

11月10日，联合国教科文组织政府间海洋学委员会在泛太平洋区域发起第三次泛太平洋海啸演习。作为太平洋地震海啸主要影响地之一，中国第三次参与泛太平洋海啸模拟演习，并首次选址在惠州市大亚湾经济技术开发区进行，省海洋与渔业局会同省政府应急办、国家海洋局南海分局参加此次演习。演习模拟11月10日上午8时30分，菲律宾以西马尼拉海沟附近海域发生强烈地震，广东接到国家海洋预报台海啸警报后迅速启动应急响应，派出相关人员开展加

密观测，针对沿海核电、港口、交通、石化、仓储等重点保障目标进行风险评估，提醒沿海地区政府及相关部门立即采取措施，科学处置海啸突发事件，并组织危险地带人员尽快转移。演习使沿海地区及相关部门对海啸及其他海洋灾害预警预报和应急处置能力得到提升。

6. 全省海洋渔业生产安全环境保障服务系统建设正式启动

2011 年广东省海洋渔业生产安全环境保障服务系统建设项目于 12 月 23 日在广州举行签约启动仪式，标志着广东省海洋灾害预警报信息化专项建设正式拉开序幕。按照国家海洋局统一部署，该系统将通过完善现有系统并建立专网专线，将广东省独立的系统集成为统一的渔业生产安全保障专题服务体系，有效减轻了海洋渔业生产中人员伤亡和经济损失。

【暴雨洪涝和热带气旋减灾措施】

1. 组织做好暴雨洪涝和热带气旋防抗工作

9 月 29 日，强台风“纳沙”先后在海南文昌和湛江徐闻登陆；10 月初，强台风“尼格”先后在菲律宾东北部和海南万宁登陆，并对广东造成影响。9 月 28 日，省渔政总队派出两个工作组前往阳江、茂名、湛江，指导当地防台风工作。同时，启动防台应急值班响应，实行双值班领导带班和双值班人员值班制度。29 日上午，省海洋与渔业局召开防御强台风“纳沙”和热带风暴“尼格”工作会议，部署防御措施。副局长、省渔政总队总队长刘物开多次前往总值班室，具体指导全省海洋与渔业防台风工作。省纪委派驻该局纪检组长黄棕棕对防台风工作给予指导并提出要求。省渔政总队政委白桦出差在外，也多次打电话指导防台风工作。省渔政总队总值班室全体人员连续作战，坚守在防台风值班第一线。防台风期间，总值班室共发送文件 5 份，接收传真 723 份，发送防台风预警预报信息 1323 条，圆满完成台风防御任务。

2. 组织做好灾后复产工作

1 月 14 日，省海洋与渔业局副局长陈良尧率督导组到茂名市检查督导灾后渔业复产情况，先后考察信宜市朱砂镇、前排镇两个重灾区，详细了解 2010 年 9 月超强台风“凡亚比”特大洪灾后两镇在渔业生产恢复过程中的困难和问题，因地制宜指导渔民群众做好灾后复产工作。

9 月底至 10 月初，先后受强台风“纳沙”和“尼格”影响，湛江地区渔业生产损失巨大。为做好渔业灾后复产工作，11 月 1 日，省海洋与渔业局联合湛江市海洋与渔业局和徐闻县政府，在和安、新寮两镇同时举办广东省渔业灾后复产技术培训班，聘请广东海洋大学教授为渔农民传授有关水生动物病害防控、规范用药和健康养殖等技术，两镇渔农民 200 多人参加了培训。培训结束后，省疫控中心还向参加培训养殖户发放一批水质调控和消毒药物，帮助他们解决部分消毒药物缺少的困难。

【水生动物疫病及养殖病害防治】

1. 加强水生动物防疫能力建设

省水生动物疫病预防控制中心承担的国债项目“广东渔业检测中心建设”已基本完成工程建设任务，进入项目总结验收阶段；承担的省扶持农业机械化发展议案专项资金项目“广东省水生动物疫病预防控制中心实验室建设”已全面完成，使省中心水生动物病害检测能力得到加强。进一步完善全省水生动物病害远程诊断与监测网络建设，2011 年该网络系统新增设水产养殖用药监控和养殖病害测报预报功能。

市、县（市、区）水生动物防疫检疫机构建设稳步推进。肇庆市水生动物防疫检疫实验室通过资质认证，使全省获资质认证的市级水生动物防疫检疫实验室达到两个（湛江、肇庆）。2011年再为10个县站装配水生动物防疫检疫专用车和6个市站装备巡回诊疗车。至此，全省已有68个市、县站装备水生动物防疫检疫专用车，6个市站装备巡回诊疗车。新建10个县级水生动物防疫检疫实验室、6家水生动物病害诊所，使全省建立并投入使用的县级防疫检疫实验室和水生动物病害诊所分别达48个、12家。

2. 开展水产苗种产地检疫和乡村渔医登记

做好水产苗种产地检疫。水产苗种产地检疫是法律赋予渔业部门一项新的重要职能。2011年按照《动物检疫管理法》相关规定，省水生动物疫病预防控制中心与省动物防疫卫生监督总所协调理顺水产苗种产地检疫及监督职能委托有关事宜，并组织湛江、肇庆、阳春、梅县等市、县开展水产苗种产地检疫试点工作。全省共检疫水产苗种70多批次，检测检疫苗种近3亿尾，开具水产苗种产地检疫合格证明60份。

开展乡村渔医登记管理。渔业乡村兽医建设和管理是《动物防疫法》和《乡村兽医管理法》赋予渔业主管部门的一项重要职能。为推动该项工作，省水生动物疫病预防控制中心组织市、县水生动物防疫机构协助主管部门做好区域内所有渔业乡村兽医登记，已登记在册从事水生动物疫病诊疗服务专业技术人员共2000多人。此外，举办一期渔业乡村兽医技术培训班，并完成渔业乡村兽医审核、发证工作。

3. 提高水生动物疫病防控水平

加强水产养殖病害测报。至2011年，全省设立常规监测点410个，监测池塘面积超过20万亩，监测养殖种类38种，其中鱼类31种、甲壳类4种、其他养殖品种3种。已纳入监测预警范围的广东省常发、多发水生动物疫病有52种，其中细菌病23种、寄生虫病15种、病毒病7种、真菌病2种、其他病5种。2011年发布监测、预警信息达28次以上。

做好重大水生动物疫病监测。2010年省级财政鱼病防治专项下达500万元用于重大水生动物疫病监测，2011年省水生动物疫病预防控制中心组织市、县（市、区）水生动物防疫机构共采样检测虾样1000多份、鱼样2万多份。继续承担农业部渔业局下达的对虾白斑病监测任务，使监测成为常规性工作。全年采样检测虾样300多份，培训指导市、县（市、区）站技术人员19人次，使市、县对虾白斑病初检、检测能力得到提高。湛江、深圳、广州、肇庆、中山等市可自行开展实验室检测，为在全省开展水产苗种检疫工作打下基础。

加强人员专业培训。为提高市、县（市、区）水生动物防疫检疫实验室效能和服务渔农民质量，并为全面实行水产苗种产地检疫打好基础，继续对各地水生动物疫病监测人员进行一对一实验室检测技术培训，共培训24名技术员。为提升基层水产养殖从业人员生产管理与技术水平，保障水产品质量安全，分别在湛江、茂名、阳江和佛山等市共举办5期水产养殖规范用药培训班，培训基层水产技术员和养殖户600多人次。

4. 做好水生动物应急处理

应对珍珠贝异常死亡事件。8月中旬开始，湛江徐闻流沙港养殖珍珠贝出现异常死亡，至9月初，情况越来越严重。根据省海洋与渔业局领导要求，省水生动物疫病预防控制中心迅速组织南海水产研究所和广东海洋大学专家及该中心和市、县站技术人员赶赴徐闻县流沙港珍珠养殖区现场调查养殖珍珠贝死亡状况，采集样本检测，分析死亡原因，商讨对策，制定措施，做好应急工作。

应对热带气旋灾害。9月29日至10月4日，受强台风“纳沙”和“尼格”影响，湛江、茂名两市发生严重洪涝灾害，水产养殖池塘决堤、漫塘，海水盐度急剧下降，造成养殖鱼（虾、贝）类大量死亡和逃逸。灾情发生后，省海洋与渔业局迅速组织救灾组赴受灾严重的徐闻县和雷州市，现场指导死鱼（虾、贝）无害化处理和救灾复产。同时，紧急下拨30万元给湛江市、徐闻县和雷州市，用于开展救灾复产期间水生动物疫病防治和水质监测等应急处置，印发技术资料，举办复产病害防控技术培训等工作。

【水产品质量安全管理】

1. 开展水产品专项整治与管理培训

开展全省鳜鱼养殖专项整治行动，制定《鳜鱼健康养殖推广方案》。与佛山市农业局联合举办“负责任渔业行为暨健康养殖培训班”，与广州市华轩水产有限公司合作开展鳜鱼饵料鱼净化处理试验，对阳江、清远两市进行专项督导。加强企业管理培训，分别在茂名、汕头举办两期水产品质量安全管理内检员培训班，共有120家水产品生产企业派员参加培训，132人获得农业部颁发的资质证书。肇庆、湛江推广站（中心）充分发挥实验室平台优势，派专业人员开展水产品质量检测技术培训，并在当地水产品质量抽检中发挥重要作用。

2. 搭建水产品质量安全信息平台

承担广东省水产品质量安全应急信息收集工作，报送水产品质量舆情专报、特报信息50多期，不断更新水产品质量安全信息网；继续承担广东省产地水产品质量安全监督抽查生产单位数据库、水产苗种质量安全监督抽查生产单位数据库录入工作，已录入9738个养殖场、1227个苗种场数据，可以快捷地在网上查询生产单位相关信息。

3. 初步建成全省水产养殖企业动态管理数据库

省水产技术推广总站牵头建设全省水产养殖企业动态管理数据库，主要由省—市—县三级渔业行政主管部门监管系统和养殖企业管理系统组成。在全省各市、县（市、区）水产技术推广站的配合下，完成项目招标、软件开发、全省养殖企业基本数据录入等第一期工作。共培训数据管理人员170人，录入养殖企业42871家、面积721.69万亩，现场核查50亩以上企业4093家、面积264.14万亩。湛江遂溪、清远清新等推广站数据采集和录入任务完成较好。

【环境监管与污染防治】

1. 908专项第一批成果验收

1月18~20日，由省海洋与渔业局主持完成的广东省908专项——“沿海社会经济基本情况调查和赤潮灾害调查”项目成果通过验收。验收会由广东省908专项办在广州组织开展，专家组成员分别来自国家海洋局908专项办、国家海洋信息中心、国家海洋档案馆、中科院南海海洋研究所、国家海洋局南海分局等单位。

2. 中海油天然气横琴终端泄漏事件的应对措施

12月19日，中国海洋石油有限公司所属珠海横琴天然气处理终端附近海底天然气管线发生泄漏。接报后，省海洋与渔业局局长郑伟仪立即批示，要求密切关注事态发展，及时组织研究应急对策。21日上午，省海洋与渔业局副局长文斌、副巡视员魏平英两次主持召开专家会商会，听取海洋环境专家学者意见，研究形成应对措施。同时，省海洋与渔业局资源环境管理处、中国海监广东省总队、省海洋与渔业环境监测中心立即组织有关专家和技术人员赶赴现场，调查了解事件对海洋环境的影响，并做好应急监测准备。

【渔业安全生产保障】

1. **海空联动全力搜救遇难渔民**

1月15日凌晨4时左右，“粤台山12014”渔船在珠海万山群岛以南约25海里处沉没，船上11人下落不明。接报后，省海洋与渔业局立即启动应急救援预案，并于第一时间上报省委、省政府。根据省领导批示精神，省海洋与渔业局局长郑伟仪、副局长兼省渔政总队长刘物开指示要全力救助，并率局机关及省渔政总队有关人员赶赴珠海救援一线指导搜救工作。省渔政总队立即派出“中国渔政44183”、“中国海监9060”船赶赴事发海域进行搜救，并组织附近作业渔船协助搜救，同时，珠海渔政支队向珠海海上搜救中心报告，请求南海救助局救捞船和南海救助第一飞行队救助飞机进行救助。“中国渔政44183”船顶着狂风恶浪，经过3个多小时航行，全速抵达出事现场，与南海救助局救捞船和南海救助第一飞行队救助飞机联合开展大规模搜救行动。11时10分，“南海救112”船打捞上一具船员尸体。13时20分，南海救助第一飞行队救助飞机发现遇险船只救生筏，经过艰险救助，将救生筏上6位遇险船员全部救上飞机，并于14时20分到达珠海九洲机场。经医护人员检查无碍后，珠海渔政支队将6位遇险渔民送往就餐、休息，对其进行初步海事调查，并送回台山市。15日下午，省海洋与渔业局在珠海召开渔业安全生产现场会，局长郑伟仪要求沿海各级海洋与渔业主管部门认真落实《关于切实做好2011年春节期间渔业安全生产工作的紧急通知》精神，迅速组织一次渔业安全生产大排查，保障春节期间渔区、渔港稳定和谐。

2. **渔业互助保险**

2011年全省渔业互保协会会费收入共计5757万元，比2010年增长23.9%，为协会成立19年首次突破5500万元。其中，10.7万人次参加人身平安互保，人保会费收入4255万元，同比增长28.39%；7719艘次渔船参加财产互助保险，船保会费收入1502万元，同比增长12.68%。全省渔民人身平安互助保险保障水平节节攀升，人保总保障额达95.06亿元，人均保额8.88万元，比2010年（6.7万元）提高32.54%。全年共计办理出险结案775宗，向出险渔民或其家属给付互助补偿款1249万元。其中，人保理赔案件689宗（含死亡、失踪74宗），赔付989万元；船保理赔案件86宗（含全损、推定全损26宗），赔付260万元；已决简单理赔率为21.70%。5月上旬，“粤电白46206号”渔船上一渔民在海上作业时被网具拖下海而失踪。根据有关规定，协会迅速对船东作出补偿30万元及6万元抚恤金的理赔决定，及时帮助船东解除困境。此案是协会成立后为单个渔民意外伤亡补偿金额最高的个案。9月下旬，电白博贺渔港发生一起5船连环火灾重大事故，5艘渔船中4艘全损，另外1艘损坏严重，在渔区造成很大影响。协会采取“特案特办，快速理赔”方案，共向船东给付55.6万元互保补偿款，帮助渔民船东尽早复产。渔业互保已成为帮助渔民救灾复产、排忧解难的重要载体。

广东省环境保护厅

【环境保护措施】

1. 强化环境监督执法

2011年按照中共中央政治局委员、省委书记汪洋“以环保倒逼转型，用执法造福群众”的指示精神，省环保部门围绕环保中心工作，强化服务大局、服务基层、服务企业意识，加大环境执法力度，强化重点企业、重点行业、重点流域（区域）、重点项目、重点环境问题、重点信访案件查处督办力度，通过优化服务、严格执法，倒逼产业升级、促进经济发展方式转变，充分发挥环境监管在“促转变，调结构，保民生”中的积极作用。至11月底，全省共出动执法人员647786人次，检查企业261642家次，立案处理11419宗，罚没金额2.429亿元，限期整改及治理企业8596家，关闭企业461家，停产企业1807家，严厉打击各种环境违法行为，解决一批危害群众健康和影响可持续发展的突出环境问题，推进污染减排和重金属整治工作，环境监管体系日益完备，有力地维护了全省环境安全。

2. 构建预警监控体系

积极推进西江、北江预警监控体系建设。5月9～12日，该厅党组成员、省环境监察局局长周全带领厅规划计财处、监测科技处、水环境管理处、环境监察局、应急办、监测中心及湛江、茂名、肇庆、云浮4市环保部门有关人员，赴广西调研环境安全管理，协商桂粤两地相邻地级市环保部门环境监察联动和联合监测事宜，推动两省（区）跨界水污染联防联治协作和环境应急联动工作机制的建立。两省（区）已达成一致，贺州市与肇庆市已签订合作协议。此外，先后参加湖南省临武县、宜章县锑浓度异常环境风险与损害初步调查评估及综合防治建议实施方案论证会，广东、湖南武江河锑浓度异常处置协调会，并以韶关市武江河锑浓度异常事件为契机，与湖南省环保厅签订武江河联合监测框架协议。该厅党组副书记、巡视员王子葵带队赴江西、福建两省，协商跨界环境联防联治问题。

加强应急平台体系建设。配合省政府应急办采集应急预案、标准和技术规范、专家、案例、应急装备、应急物资等数据，做好环境应急平台数据库建设。组建省环境应急专家库，并制定《环境应急专家管理办法》。专家库共有86名专家，分别来自省内大学、科研院所、政府部门、事业单位、废物处理公司等。专家库的建立，更好地发挥专家在环境应急管理和突发事件处置中的决策咨询作用，为科学处置环境应急事件保驾护航。此外，完成广东省重点行业企业环境风险及化学品检查工作，向环保部提交工作报告和技术报告，并顺利通过环保部组织的验收。

3. 妥善处置环境事件

全省环保部门努力维护环境安全，妥善处置环境污染事件。至12月14日，省环境保护厅牵头组织，全省成功应对26起突发环境事件。除河源市紫金县河源三威电池有限公司周边村民血铅事件、武江锑污染事件、河源市和平县大坝镇交通事故导致碱泄漏事件等3起重大污染事件外，其余均属一般污染事件。按事件类型分，19 起属水污染事件（其中涉及饮用水源 4 起），5 起属大气污染事件，1 起属土壤污染事件，1 起属网络维稳事件；按事件起因分，10 起由交通事故引发，7 起由安全生产问题引发，1 起由自然灾害引发，2 起由企业非法排污引发，另外 6 起由其他原因引发。上述环境事件在省环境保护厅及地方环保部门共同努力下，均得到及时、妥善处置，对环境的影响被降至最低。

6 月下旬，韶关市环保部门在例行监测中发现武江河乐昌段锑浓度异常，随即组织对武江河沿岸进行全面排查、监测。经查，上游来水锑浓度过高是造成武江河乐昌段过境水质锑浓度异常的原因。事件发生后，省委、省政府高度重视，中共中央政治局委员、省委书记汪洋，省长黄华华，副省长林木声均作出批示，要求有关政府和部门加强监测，加强沟通协调，确保饮用水安全。省环境保护厅厅长李清前往一线指挥，省各有关部门和专家密切配合，韶关市各级政府及有关部门协同应对，上游地区各级政府及有关部门积极行动。经过一个多月努力，武江河锑浓度得到有效控制，上游来水水质逐步改善，韶关市区、乐昌相关水厂应急除锑工艺改造及应急水源工程建成并投入使用，各水厂出水水质达标，供水正常。副省长林木声还带队到国家环保部汇报工作，并要求环保部协调湖广两省加强重金属污染防治，以保障上游来水安全。

广东省林业厅

【森林防火减灾措施】

2011年在国家森林防火指挥部和国家林业局大力支持和指导下，在省委、省政府正确领导下，全省林业部门狠抓森林防火工作部署和责任制落实，加强森林防火宣传教育和野外火源管理，做好森林防火能力建设和应急处置工作，使全省森林防火减灾取得显著成绩。年内全省无重特大森林火灾，无人员因森林火灾死亡。深圳大运会期间，全省未发生山火，深圳市实现零山火和零热点，确保大运会期间森林防火工作安全。9月中旬，省森林防火指挥部在全国秋冬季森林防火工作会议上作典型发言。

1. 加强领导，狠抓森林防火工作部署

切实加强领导，周密部署各阶段任务，高位推进森林防火工作。中共中央政治局委员、省委书记汪洋，省长黄华华，代省长朱小丹，副省长刘昆多次指示，要求切实做好森林防火工作。省森林防火指挥部、省林业厅始终把森林防火视作林业工作头等大事，多次发文部署。省林业厅先后4次召开会议研讨布置森林防火工作。厅长张育文、专职副总指挥杨胜强多次到省森林防火指挥中心指导工作。全省林业部门全力以赴抓好深圳大运会期间森林防火工作，提前1个月实行24小时值班，确保大运会期间森林防火安全。

2. 严明奖罚，狠抓责任制落实

一是进一步落实森林防火责任制。2月18日，省政府与各地级以上市政府签订包括森林防火考核内容的《“十二五”期间广东省森林资源保护和发展目标责任书》。市、县（市、区）、乡镇各级政府层层签订责任书，明确政府行政首长为森林防火第一责任人。同时，认真做好2010年度森林防火目标责任制考核。二是建立健全防火责任追究制度。全省各级按照“四不放过”（事故原因不查清不放过，事故责任者得不到处理不放过，整改措施不落实不放过，教训不吸取不放过）原则，强化森林防火工作。2月12日，省森林防火指挥部就春节期间森林火灾情况进行通报，并规定：“今后凡是频繁发生森林火灾或造成重大损失和人员伤亡的，火灾所在地市人民政府主要领导要亲自向省人民政府和省森林防火指挥部说明原因，省政府将视情况，按有关规定作出处理”。4月7日，省森林防火指挥部又对清明期间森林火灾情况进行通报，对山火多发市和县（市、区）进行批评，对未发生或少发生山火的市和县（市、区）进行表扬，并将通报抄送分管省长、省政府和各市、县（市、区）政府，推动森林防火工作。河源、梅州、清远、韶关、揭阳、惠州、肇庆等市和所辖县（市、区）制定森林防火责任追究制度，并加大责任追究力度。河源市委、市政府及时将森林火灾情况进行通报，责成有关部门认真落实各项防火措施，并对发生山火较多的龙川县黎咀镇、赤光镇、黄石镇的镇领导等进行问责，对镇长、分管副镇长给予处分。梅州市梅江区对个别不认真履行职责的乡镇护林员和林业站长给予撤职处分，并通报全市。三是工作重心下移到镇村。全省各地将森林防火工作重心下移到镇村，狠抓森林火灾源头，把森林防火责任落实到每个镇、村领导和护林员，实行分片包干，责任与干部政绩和年终奖金挂钩。省、市、县（市、区）分别派出森林防火督查组明察暗访，突击检查，发现问题即责令限时整改。

3. **加大力度，狠抓森林防火宣传教育**

2011年全省各地进一步加大森林防火宣传力度，通过电视、广播、报刊、手机短信、标语、警示牌、宣传画册、挂历、围裙、购物袋、卡通片、防火讲座、专栏、致学生家长的一封信、出动宣传车等形式，开展灵活多样、内容新颖的森林防火宣传教育活动。在高火险天气和重要节日期间，省森林防火指挥部制作公益广告在广东卫视、南方台、珠江台播放。省林业厅继续与省气象局联合制作森林火险等级预报，每天在广东卫视台和珠江台播出，并在电视台、广东气象网和广东省森林防火网上适时发布高森林火险预警信号，提醒广大群众注意森林防火。5月10日，在全省防灾减灾宣传活动日上，省防火办向公众派发《森林防火条例》和森林防火宣传资料，并为群众提供现场咨询服务。9月进入秋冬季防火期以后，韶关、河源、梅州、清远、肇庆、云浮等重点林区市开展由市、县（市、区）到乡镇全市统一的森林防火宣传活动。韶关市共修建森林防火宣传牌6800多座，悬挂横幅3650条，编印森林防火宣传单60万张，制作森林防火挂历105万本和森林防火宣传围裙16万条。清远市张贴森林防火安全公告12万份，印发森林防火公开信43万份，悬挂横幅3800多条，增设永久宣传牌851块，出动宣传车1600多次。据不完全统计，全省共印发《森林防火条例》63万多份，张贴宣传标语68万多条，悬挂大型横额标语4.1万多条，出动宣传车7.3万多辆次，翻新固定宣传牌和标语2.6万块，新增固定宣传牌5800多块，印发宣传资料3600多万份，电台、电视台播放宣传公告13万多次。

4. **严防死守，狠抓野外火源管理**

一是加大巡山护林工作力度。梅州、惠州、清远、韶关、河源、肇庆、云浮、深圳、江门等市将森林防火责任落实到每位护林员，将管护责任落实到山头地块，对重要山头、地段和主要进山路口实行严防死守，严禁携带火种进山。春节、元宵、清明、五一、中秋、重阳、国庆等节日期间，林区县（市、区）林业部门主要领导、分管领导和防火办主任如无特殊情况不准外出，全力以赴抓好森林防火工作；县（市、区）、镇、村包片干部，林业员和护林员大部分取消休假，保证上岗到位，深入乡村山头地块，从严监控，做到“见烟查，违章罚，着火抓”，坚决把野外火源管住管好。二是加大执法力度。鉴于省内部分地区燃放烟花爆竹和孔明灯、拜神祭祖、上坟烧纸比较盛行，各地林业部门主动联合公安、工商、城管、民政、旅游等有关部门，重点加大易燃易爆物品销售管控力度。珠海市开展烟花爆竹和孔明灯执法专项行动，共出动人员2076人次，收缴烟花爆竹等物品1250件。丰顺县、开平市林业局牵头组织有关单位开展禁燃禁放孔明灯整治行动，共收缴3000多个孔明灯，印刷2800多份关于禁止销售孔明灯的宣传单张并派发给相关商户，及时消除火灾隐患。三是发布高森林火险预警通告。省防火办根据森林火险天气状况，及时发布高森林火险天气警报，提醒各地做好森林防火工作。云浮、惠州、汕头、韶关、河源、梅州、清远、肇庆等市政府及所辖县（市、区）发布高森林火险通告，落实各项防范措施，消除火灾隐患。四是加强依法治火工作。开展相关调研，并完成《广东省森林防火管理规定》（修订初稿）。五是加强检查督导。2月12日，省林业局发出通知，对森林防火、林改和春季造林工作进行“百县”挂钩督导，省林业局每位局领导包片，每个处室包1～2个地级以上市，每个处级干部包1个县（市、区），各相关挂钩督导责任人每个月进行一次督导。督导责任人深入镇、村，走访农户，查看了解火源管理、防火宣传、物资储备、巡护护林、扑火队伍、值班带班等事项，每次督导随机抽查3个以上乡镇和6个以上村的森林防火状况。11月10～15日，省森林防火指挥部、省林业局组织各地级以上市防火办主任，分成7个检查组赴各地进行森林防火工作专项检查，并将检查情况进行通报。在重点节日和高火险期，全省大部分市、县（市、区）均派出森林防火工作组开展专项检查督导，发现问题限期整改。

5. 加大投入，狠抓森林防火能力建设

一是进一步加强森林消防队伍培训、演练和装备建设。省防火办于8月和9月分别举办一期森林防火培训班，并配合国家林业局认真做好全国森林防火指挥员培训工作。12月8日，省森林防火指挥部、省林业厅举办广东省历史上规模最大空地联合立体灭火实战演习，全省26支森林消防专业队参演，省森林防火指挥部领导成员、联络员和21个地级以上市政府分管领导、林业局局长、防火办主任到现场观摩，电视台对其进行现场直播。演习十分成功，得到国家森林防火指挥部办公室和省政府领导高度评价。年内省林业厅调拨分配风力灭火机、油锯、阻燃扑火服、灭火水枪、二号工具、对讲机、灭火水泵、割灌机等一批应急扑火物资给28个县（市、区）。省财政投入1076万元森林防火专项资金，共购置森林消防水罐车16辆、森林消防工具车13辆、森林消防水泵32台、水带1.35万米、风力灭火机60台、油锯20台、割灌机30台，用于装备重点县（市、区）专业森林消防队伍。二是抓好森林防火项目建设。抓好森林重点火险区综合治理、物资储备和省森林防火指挥中心升级改造项目工程等在建项目实施和预验收。做好梅州二期、韶关二期、肇庆二期和清远市等4个重点火险区综合治理建设项目初步设计。12月，召开重点市森林防火建设项目工作会议，部署森林防火项目实施和验收工作。组织编制云浮片、惠汕片、潮揭片等重点火险区综合治理建设项目和森林防火指挥信息系统建设项目、视频监控系统建设一期项目等可行性研究报告，并上报国家林业局审批立项。三是开展航空护林工作。省森林防火指挥部和省林业厅协调西南航空护林总站和广东省政府飞行服务队，立足现有条件开展航空护林，成功扑救近40起森林火灾。同时，组织编制广东航空护林管理站建设项目可行性研究报告，并报国家林业局审批立项。四是做好《广东省森林防火“十二五”规划》编制工作。该规划经过多次征求意见和修改完善，已通过专家评审论证，并上报省政府审批实施。五是着手编制2012年林火远程视频监控系统建设项目可行性研究报告。

6. 加强调度，狠抓应急处置工作

一是加强值班带班和火情监测。全省各级防火部门坚持每天24小时值班和领导带班制度。省林火卫星监测中心严密监测林火热点，及时向有关市、县（市、区）通报热点状况，督促快速核查和反馈信息，做到及时核查、及时反馈信息。省林业厅厅长张育文、专职副总指挥杨胜强等参与带班，检查防火值班情况，了解森林防火动态，加强调度指挥，及时赶赴火场指挥扑火救灾，确保应急处置和调度指挥工作有序、高效运转。二是做好扑火救灾工作。各地及时对扑火应急预案进行修改完善，加强扑火救灾物资储备。各地专业、半专业森林消防队伍严阵以待，做到一有火情即快速出动，重兵扑救，把山火消灭在萌芽状态。发生山火时，当地政府和林业行政主管部门领导即深入一线指挥扑火救灾；省林业厅、省防火办视火情发展态势，及时派出工作组奔赴火场，协助地方做好火灾扑救工作，确保人员安全。

【林业有害生物防治措施】

2011年省林业厅以松材线虫病、薇甘菊等重大林业有害生物防治为重点，大力提升防治装备和社会化服务能力，全面落实防治责任，健全联防联治与协商机制，积极开展有害生物监测预报，认真组织林业植物检疫执法专项行动，大力推进林业有害生物工程治理。全省实施防治作业面积 21.69 万公顷次，无公害防治率达 98.21%，测报准确率达 91.33%，种苗产地检疫率达 96.9%。

1. 高位推动，强化责任落实

全省各级政府切实加强领导，高位推动林业有害生物防治工作。2 月 18 日，省长黄华华在全省林业工作会议上强调，要全面加强林业有害生物尤其是松材线虫病、薇甘菊的防控，落实责任制，增强灾情处置能力。12 月 22 日，副省长刘昆在省林业厅《关于我省林业有害生物防治工作情况的汇报》上批示，强调林业有害生物防治工作的重要性。省政府将林业有害生物防治工作纳入 2011—2015 年森林资源保护与发展责任制考核内容，并于 12 月 23 日主持召开全省林业有害生物防治工作会议，全面总结“十一五”期间林业有害生物防治工作和 2009—2010 年松材线虫病防治目标责任制落实状况，与各地级以上市政府（含顺德区）签订《2011—2013 年松材线虫病和薇甘菊防控责任书》，全面部署“十二五”期间林业有害生物防治工作。省林业局局长张育文十分重视抓好松材线虫病、薇甘菊防控工作，经常深入一线部署、督促、检查。省林业局巡视员陈俊勤针对松材线虫病和薇甘菊发生的严峻形势，多次召集营林、森防人员研究部署防控工作。省林业局采取多项措施做好林业有害生物防治工作：一是组织编制《2011 年全省松材线虫病防治实施方案》、《2011 年全省薇甘菊防治实施方案》和《全省 10 种主要林业有害生物防治预案》，印发《广东省 2011 年林业有害生物防治工作要点》，向各市下达“十二五”期间林业有害生物防治目标管理“四率”（成灾率、无公害防治率、测报准确率、种苗产地检疫率）指标，2011 年度森林病虫害应施监测面积、种苗产地应施检疫面积指标及松材线虫病、薇甘菊等重大有害生物防治任务，并细化防治方案，明确全年防治目标任务；二是召开全省森防检疫站长座谈会，举行全省林业植物检疫执法行动启动仪式，研究部署全省林业有害生物防治工作；三是采取以省林业局领导包片、局机关处（室）包市、副处级以上干部包县（市、区）挂钩督导方式，将督导责任、任务分解到全省 21 个地级以上市和 70 多个重点县（市、区），并多次组织深入全省各地的专项督导行动，组织开展林业有害生物防治目标责任制和松材线虫病除治成效考核，并将督导和考核结果及时通报各地级以上市政府和林业主管部门，有效促进全省林业有害生物防治工作全面开展。各市将重大植物疫情防治纳入政府任期考核目标，召开专题会议，贯彻落实省的部署和要求。各县（市、区）结合实际制定防治实施方案报省林业厅审批，全面实施具体防治工作。

2. 防患未然，强化疫情监测

加强监测预警体系建设。2011 年省森防检疫总站通过实施“十一五”期间林业有害生物监测预警体系基础设施建设项目，在建设 43 个国家级中心测报点的基础上，完善 6 个区域监测中心，布设 100 个省级监测点，配备监测仪器和数据采集设备。

抓好疫情普查。各地认真履行岗位职责，着力抓好基层监测预报队伍建设。明晰县（市、区）、乡村专兼职人员责任，签订责任状，将监测任务落实到山头地块。全面开展主要林业有害生物普查和专项调查，实施监测面积 2343.39 万公顷次，监测覆盖率达 100%。

做好趋势预测及疫情信息发布。及时统计上报主要林业有害生物发生和防治数据，掌握重大林业有害生物疫情发生动态，定期综合分析数据，做好全省年度主要病虫害发生趋势预测。及时发布主要林业有害生物中长期发生趋势预报和短期生产性预报，为基层和林农提供实用信息。其中在广东卫视天气预报栏目发布预报 1 期，印发趋势预测和短期预报产品 300 多期共

3000多份，国家级中心测报点向国家直报“虫情动态”68份、“短期预报”20多份。

强化测报新技术的推广应用。加强国家级中心测报点管理，大力推广应用监测预报新技术，开发应用手持PDA野外数据采集系统和航空、车载摄像监测系统相统一的立体三维监测体系，与省政府飞行大队联合开展航空监测试点，继续在罗定、德庆开展松毛虫性信息素监测预报示范工作，不断提高全省林业有害生物疫情监测覆盖面，测报准确率91.33%。

3. 重视源头，强化检疫监管

全省各级不断规范检疫管理机制，致力于抓源头，采取一系列行之有效的措施把好检疫关。全省共核发省《植物检疫证书》30.24万单、省内《植物检疫证书》15.1万单；实施种苗产地检疫面积6765.5公顷，种苗产地检疫率96.9%；检疫审批进口林木种子207.93吨、花卉436.96万株；实施产地检疫林木种子216.6吨、花卉623.2万株，调运检疫林木种子790千克、苗木18810.9万株、花卉358.4万株、木材534.4万立方米、药材43.8吨，检疫复检种子850千克、苗木165.5万株、木材26.4万立方米、花卉4.7万株。全省查处违章案件111批次，实施检疫检查专项活动720次。

严格进口植物检疫审批。进一步规范审批程序，积极引导引种企业申报普及型国外引种试种苗圃资质，执行进口植物隔离试种，建立引种企业进口植物台帐。在佛山开展引种苗木检疫追溯试点，掌握每一批进境植物分散种植、调运等情况。建立引种植物林业有害生物风险评估机制，完成18种有害生物种类风险评估报告，严密防范外来有害生物入侵。

进一步规范检疫管理。全面清理整顿市、县（市、区）级森防检疫机构承办省际间森林植物调运检疫业务，印发《关于加强种苗花卉检疫工作的通知》，着力抓好产地检疫、调运检疫和复检，全面应用网络版检疫信息管理软件签发《植物检疫证书》、传送检疫信息，杜绝只开证收费不检疫行为。加强行政许可事项监管，对经国家林业局批准的松材线虫病疫木加工板材定点企业和普及型国外引种试种苗圃组织行政许可执行监督检查，严防检疫性、危险性林业有害生物扩散蔓延。印发《关于加强松材线虫病疫木及其制品管理工作的通知》，进一步规范松材线虫病疫木及其制品管理，增加疫木安全利用定点企业数量，建立健全涉木企业档案，加强松类木材生产、使用、经营监管，对调入松木及其制品实施检疫复检，防止疫情传入传出。

组织专项检疫执法行动。5～10月，省林业厅首次组织大规模、大范围、大跨度林业植物检疫执法行动，以打击违法、违规调运应施检疫物品行为，规范市场秩序。全省各级林业主管部门成立检疫执法领导小组，联合森林公安和林政部门，共出动人员2777人次，没收和销毁违规调运或染疫原木115立方米、板材22.5立方米、苗木20万株。

4. 除治得力，强化减轻灾害

做好应急除治药物贮备。为提高林业有害生物灾情防控的主动性和有效性。省级药剂药械仓库组织贮备足量药剂，包括白僵菌粉60吨、病毒制剂2.1万亩用量、灭幼脲增效粉剂10吨、苏阿维粉剂8.7吨、虫线清乳油2吨、噻虫啉7.5吨、烟碱苦参碱1吨、灭薇净3吨、草甘膦18.1吨、绿僵菌药包4万包、松褐天牛引诱剂1300升、虫瘿灵0.46吨等，以及背负式喷雾（粉）机50台、担架式喷雾机30台，按各地应急防治需求调拨各市、县（市、区），用于全省突发检疫性有害生物和爆发性食叶性害虫紧急灭治。

松材线虫病防治。4月，省林业厅根据国家林业局批复的《2011年广东省松材线虫病防治实施方案》，向各地及时下达2011年松材线虫病防治任务，落实省站技术骨干分片包干责任制，全面实施防治措施。各地精心组织开展松材线虫病春秋季疫情普查，发现惠州市龙门县和清远市经济开发区两个松材线虫病县级新疫点。疫区县积极采取物理、化学和营林等综合治理措施，努力压缩疫情发生区面积和减轻危害。加大疫木安全利用定点企业资质认证力度，增加疫木安全利用企业数量，充分消化疫区采伐疫木，减轻经济损失。及时落实惠州市龙门县和清远市经济开发区松材线虫新发疫点根除措施，实施重要区位疫情发生小班松林全面皆伐。与广西建立松材线虫病联防联治机制，大力推动松材线虫病县际间和部门间联防联治，以防御松材线虫病传播与扩散，提高防治成效。全省实施松材线虫病防治作业面积 6.47 万公顷次，松材线虫病发生面积、病死树数量比 2010 年略有下降。

薇甘菊防治。省林业厅加大薇甘菊防治力度：4 月发出《关于开展薇甘菊疫情春季调查工作的通知》，组织各地全面调查核实薇甘菊疫情；7 月根据疫情普查结果，联合省住房和城乡建设厅、交通厅、农业厅、水利厅、广州铁路（集团）公司发出《关于进一步加强薇甘菊除治工作的通知》；11 月会同省交通厅、水利厅和农业厅开展专项督导，进一步强化部门协作。各地积极探索“快速、安全、经济、有效”防治措施，组织专项防治行动，与省内科研院所、农药生产商合作开展利用生物和化学等措施防治薇甘菊关键技术研究，如深圳大力推广田野菟丝子寄生防治薇甘菊，防治面积 2.2 万亩。全省实施薇甘菊防治作业面积 2.48 万公顷次，防治区薇甘菊盖度或攀援率均小于 5%。

其他有害生物防治。各地加强组织管理，采用较先进、无公害防治方法，做到“防早、治小”。在信宜等 7 县（市、区）应用本土寄生蜂防治松突圆蚧面积 3.15 万公顷，在广州、珠海等市 22 个县（市、区）实施椰心叶甲防治 42.68 万株，在深圳等市 19 个县（市、区）实施刺桐姬小蜂防治 3.35 万株，在江门、湛江、阳江、清远等市 12 个县（市、区）实施桉树枝瘿姬小蜂防治 1443 公顷，在韶关、梅州等市实施萧氏松茎象防治面积 2886 公顷。通过防治，松突圆蚧等检疫性、危险性有害生物危害减轻，疫情得到控制。全省实施马尾松毛虫防治作业面积 3.28 万公顷次、竹林害虫防治作业面积 6.19 万公顷次、尺蠖等阔叶树害虫防治作业面积 2.88 万公顷次、桉树病害防治作业面积 1.08 万公顷，使食叶性害虫发生面积维持在较低水平。

5. 加大投入，强化体系建设

积极争取项目建设投资。2011 年中央和省级财政投资 1606 万元，用于沿海防护林有害生物防控体系和检疫防御体系基础设施建设。省森防检疫总站组织编制《松材线虫病检疫防控体系基础设施建设项目可行性研究报告》，该项目获得国家林业局批准立项。项目建设资金落实使各级森防检疫机构防控装备投入得到保障。

认真抓好项目建设。省森防检疫总站认真做好 2010 年中央投资项目投资计划初步设计，抓好种苗花卉集散地检疫体系和林业有害生物检疫御灾体系基础设施建设项目实施，完成省级防控指挥中心 270 平方米土建和室内装修，完成野外数据采集平台、航空和车载摄像监测平台等软件开发和硬件设施设备初验工作。购置检疫执法车 34 辆、野外数据采集系统 10 套、数码相机 78 台、摄像机 34 台、显微镜 25 台、松材线虫快速检测仪 1 台、普通线虫快速检测仪 91 套、热除害处理箱 25 套、担架式远程喷雾机 17 台、多功能背负式机动植保机 154 台、机动喷烟机 30 台、天牛诱捕器 2130 套等用于充实基层森防检疫机构防灾减灾装备。

重视提高队伍素质。组织开展多种形式教育培训，以提高市、县（市、区）森防检疫人员科学防治能力、应对突发有害生物灾害能力和依法行政能力。举办森防检疫培训班 40 多期，培训人员 1500 多人，其中省森防检疫总站组织林业有害生物监测预报仪器设备操作技术和国家网络森林医院推广应用培训班、林业检疫员暨检疫执法培训班、林业有害生物防治项目管理暨广东省网络森林医院应用培训班、林业有害生物防治信息系统培训班，共培训800多人次；组织部分市、县（市、区）森防技术人员50多人参加国家林业局举办的松材线虫病鉴别技术、药剂药械和林业有害防治技术、森防宣传培训班、松材线虫病疫木种植茯苓现场会等；茂名、河源、珠海、阳江、南海等市、县（市、区）分别举办森林病虫害测报、防治、检疫和行政执法培训班，培训技术骨干650多人。

6. 科学防控，强化科技创新

开展刺桐姬小蜂、薇甘菊、桉树枝瘿姬小蜂防控技术的开发与应用。省森防检疫总站组织省林科院、华南农业大学、省昆虫所等科研院所和农药生产厂结合生产实际，研究刺桐姬小蜂、薇甘菊、桉树枝瘿姬小蜂等有害生物应急处置技术，初步筛选出几种“快速、经济、安全、有效”化学药剂。深圳应用田野菟丝子控制薇甘菊取得初步成效。

促进科技成果在重大林业有害生物防治中的应用，利用白僵菌、病毒、灭幼脲控制松毛虫、竹蝗、尺蠖等食叶性害虫，椰甲清、绿僵菌控制椰心叶甲，松褐天牛引诱剂减轻松材线虫病灾害。推广智能测报灯、手持PDA等测报新技术，扩大监测覆盖面。2011年本土寄生蜂防治松突圆蚧技术获省科学技术进步二等奖，且在松突圆蚧高发区得到规模化推广应用。

加快推进森防信息化建设步伐。开发广东省网络森林医院、广东省森防检疫管理平台，推广应用林业有害生物监测预报管理系统、林业有害生物野外数据采集系统、林业有害生物野外视频智能识别系统，促进林业有害生物防治管理数字化、规范化、信息化、标准化。

7. 持之以恒，强化宣传发动

一是继续与省气象局联合制作松毛虫、竹蝗等食叶性发生期预报，在广东电视台天气预报节目中适时发布，为基层群众服务。组织各地有关部门和新闻媒体积极宣传贯彻全省林业有害生物防治工作会议精神，先后在国家、省、市、县（市、区）主流报刊报道广东省主要林业有害生物发生与防治工作。二是组织专项宣传活动。5月，省林业厅在全省组织“防灾减灾日”宣传活动，期间向公众发放宣传单张3万多份，宣传内容包括林业有害生物防治法律法规和松材线虫病、薇甘菊知识等。4~6月，省森防检疫总站在全省组织“我为森防增风采”书画比赛和“森防先进个人”典型人物宣传，展现森防行业风采。7~8月，深圳组织“迎大运林业生物灾害防控行动”宣传活动。三是抓好舆论导向。各地配合检疫执法专项行动，向辖区单位、企业、小区派发防治小册子、法律法规读本和宣传彩页30.94万份（本），张贴宣传资料3万多张，通过电视、报刊、网络等宣传报道415次，向政府主管领导及有关部门等发送林业有害生物疫情通报、防治工作进展专报300多份。四是通过部门信息网站、森防专业网站、信息专报、信息简报等，跟踪报道各地松材线虫病、薇甘菊等重大林业有害生物专项除治行动，及时总结（市、区）经验，宣传森防先进典型，共发布信息、通报200多篇。五是编印《广东森防工作简报》共13期、3900份，印发宣传册5万份，发放图书、标准1000多本，制作松材线虫病和薇甘菊防控宣传DVD光碟1000多张，广泛宣传林业有害生物危害性和除治必要性。六是举办林业有害生物防控知识、图片巡展，在工作会议、专题会议会场全面展示广东省分布的12种检疫性有害生物图片，扩大宣传。

8. 规范管理，强化服务基层

一是推进建立防治社会化服务体系。针对适应集体林权制度改革后，亿万农户成为承包林木有害生物的防治责任主体，防治个体技术水平较低等形势，省森防检疫总站加快职能转变，改进服务方式，积极推行专业公司、专业施工队承包防治工程机制，实行防治工程公开向社会招投标，同时不断规范防治专业公司管理。成立省林学会林业有害生物防治专业委员会，印发《广东省林业有害生物防治单位资质认定办法（暂行）》，明确防治单位资质认定程序，开展核发防治资质工作。珠江三角洲各市、县（市、区）积极推行除治有害生物防治工程年度绩效承包制，建立政府、林业部门和承包公司责、权、利明晰的承包治理模式，工程质量实行项目法人负责、施工单位保证、监理控制、政府部门监督相结合的管理体系，进一步推动林业有害生物除治社会化服务机制的完善。二是正式启动广东省网络森林医院建设。建成以林业有害生物监测预警、检疫御灾、防治减灾为主线，集信息查询、自助诊治、专家诊治、专业支持、知识宣传等多种功能于一体的广东省网络森林医院综合服务系统平台，构建较为完善的广东省网络森林医院专家组体系，省、市、县（市、区）入院专家达260多人。组织网络森林医院专家对有害生物疫情数据进行校正增补，入库数据达300多种，使资料更为详实、准确，照片更为清晰、典型。建立专家在线坐诊值班制度，建立完善服务林农、服务基层、服务社会信息平台。

广东省水利厅

【水土保持措施】

1. 开展面上水土流失治理

2011 年广东省共治理水土流失面积 429 平方公里，其中建设基本农田 28 平方公里，种植水保林 59 平方公里，种植经济林 47 平方公里，种草 60 平方公里，封育治理 206 平方公里，其他措施治理 29 平方公里，建造塘、坝、池等小型水保工程 104 座，当年竣工小流域 26 条，共投入经费 26744 万元。经治理，共减少土壤流失量 3265 万吨，增加降水有效利用量 5989 万立方米，受益人口达 714 万人。

2. 推进小流域综合治理

小流域综合治理被列为 2011 年省委、省政府重点督办事项。为落实省委办公厅、省政府办公厅部署要求，加紧加快做好小流域综合治理试点工作，省水利厅制定具体实施方案，落实省级补助资金，指导和规范项目建设。为确保小流域综合治理项目顺利实施，提高资金使用效益，省财政厅和水利厅于 11 月 21 日出台《广东省小流域综合治理项目省级补助资金管理办法》，有力推动项目工作开展。被列为省级试点的连州瑶安、和平浰江贝墩水两个小流域试点工作进展顺利，至 2011 年年底，和平浰江贝墩水小流域已完成应急工程建设，连州瑶安小流域试点建设任务已基本完成并准备验收。

3. 强化水土保持预防监督管理

2011 年省水利厅共组织审批开发建设项目水土保持方案 128 宗，核定水土流失防治责任范围 88 平方公里，水土保持总投资 13.5 亿元。有 40 宗工程通过省水利厅组织的水土保持设施专项验收。2011 年共征收水土保持补偿费 2266 万元。

2011 年省水利厅单独组织或联合珠江水利委员会对 20 个生产建设项目进行监督检查，对水土保持措施落实不到位项目要求限期落实整改措施。通过两年建设，广东省第一批 7 个全国水土保持监督管理能力建设县顺利通过水利部的验收。

广东省卫生厅

【灾害事件应对】

1. 武江锑污染应急处置

6月下旬，因上游来水锑浓度过高导致武江河乐昌段锑污染事件发生，省委、省政府高度重视，中共中央政治局委员、省委书记汪洋，省长黄华华，副省长林木声先后批示，要求有关政府和部门加强监测，加强沟通协调，确保饮用水安全。省环保、建设、卫生、水利等部门联合韶关市和乐昌市政府，全力做好事故处置，进一步加强流域水质监测，强化水厂除锑技术工艺研究和实施，加快应急备用水源工程建设，确保群众饮用水安全和北江不受影响。省卫生厅立即派出厅公共卫生与监督处、省疾控中心和卫生监督所生活饮用水卫生监督管理人员及专业技术人员，赴乐昌市参加武江锑污染事件处置。

根据分工，卫生部门负责对北江乐昌至韶关段7家水厂出厂水及末梢水每天进行两次检测，向指挥部报告自来水锑的含量，并判断是否达到安全饮用标准。省疾控中心派出专业人员帮助韶关市疾控中心在较短时间内掌握锑等项目的检测技术，并指导乐昌市疾控中心成立后备实验室，为应急处置提供技术保障。省、市、县（市、区）三级疾控中心共检测水样1300多份，每天及时向指挥部及各有关部门报送水质检测信息，有效保证应急处置工作顺利进行。省卫生厅组织韶关市、乐昌市卫生行政部门和卫生监督所加强对相关流域供水单位的卫生监督检查，加大对应急使用药物及生活饮用水卫生许可批件的检查力度，向指挥部提出不购、不用不具备批件产品的意见，保证各有关水厂严格按照法律法规运作，确保饮用水卫生安全。制定常规化监督监测管理方案，在应急状态取消后，继续对进入广东武江的水质进行持续监测。

2. 深圳人禽流感应对

12月，深圳市报告2011年中国首例人感染高致病性禽流感（H5N1）病例。疫情发生后，省政府、省卫生厅高度重视。省政协副主席、省卫生厅厅长姚志彬批示要做好防控工作。分管副厅长黄飞主持召开紧急会议，研究部署防控工作。12月30日，省卫生厅第一时间派出由应急管理、流行病、实验室、临床专家组成的专家组赶赴现场指导防控。省卫生厅及时公布疫情，将影响降到最低。

深圳市政府成立防控小组，采取病例隔离治疗、密切接触者医学观察、病家终末消毒、流感病例监测、不明原因肺炎病例监测等综合措施。经现场流行病学调查和排查，与患者密切接触过的120人均未出现异常症状。

3. 日本核泄漏事件应对

3月11日，日本发生里氏9.0级大地震并引发海啸，导致核电站核泄漏事件，引起全球关注。省卫生厅密切关注事态发展，第一时间组织开展危害评估，研讨应对策略，开展媒体监测、风险评估，指定省职业病防治院为省级核辐射医疗救治医院，及时发布监测结果和相关信息，开展公众健康教育，最大限度地减少日本核事故对广东省的影响，维护社会稳定。

全省共为985人次提供人员体表放射性污染检测，其中从日本回国人员124人次；对广州市食品药品监督管理局抽样的16个海产品进行放射性核素污染本底情况检测；开展海水、海产品、农产品、食品、饮用水放射性应急检测。

4. **紫金铅污染事件处置**

5月，河源市紫金县发生铅污染事件。接到报告后，省卫生厅立即成立事件处置领导小组和专家组，紧急研究检测和治疗方案，两次派专家组到河源市指导处置工作。组织省职业病防治院开展快速检测和评估，为有关部门快速定性、科学决策、快速处置提供强有力的技术支持。积极协调省疾控中心、深圳市职业病防治院等有血铅检测经验的卫生专业技术机构做好技术和人力准备，全力支持河源市做好事件处理工作。

全省累计检测河源市送检血样8批共2669份（采血样人数2667人，重复检测2人），其中儿童血样1402份（1400人）。经检测，儿童样品发现异常184人，其中达到高铅血症判定标准123人，达到中毒判定标准61人（轻、中、重度中毒人数分别为24人、33人和4人）；成人血样1267份，发现异常103人，其中达到观察对象判定标准（≥400克/升）63人，达到中毒判定标准40人。

5. **强台风“纳沙”防御**

9月29日，强台风“纳沙”先后在海南省文昌市和湛江市徐闻县沿海地区登陆。“纳沙”登陆前，根据省领导指示，省卫生厅高度重视“纳沙”防御，立即研究部署做好应急准备。粤西地区特别是湛江、茂名、阳江等市卫生部门按照省卫生厅要求，根据当地政府部署，全面启动防台风应急响应，落实医疗救治和卫生防疫队伍，储备充足应急物资、应急药品和药械，有条不紊地开展台风灾害卫生应急和救灾防病等各项工作，防抗“纳沙”成效显著。

6. **遂溪重大交通事故处置**

6月24日19时，湛江市遂溪新桥收费站路段发生重大交通事故，造成19人死伤，其中3人当场死亡、1人送往抢救途中死亡、7人重伤、8人轻伤。事故发生后，7名重伤员分别被送到湛江中心人民医院和196医院，8名轻伤员被送到遂溪县人民医院救治。省卫生厅领导高度重视，指示全力抢救，有关处室密切关注重伤员伤情进展，组织相关专家做好支援准备。湛江市卫生局立即启动重大交通事故伤员抢救应急预案，成立伤员抢救领导小组及抢救专家组，出动6部救护车、18名医务人员参与现场急救和转运工作。最后，所有伤者均伤愈出院。

【重大活动卫生应急保障】

省卫生部门积极组织开展全省卫生应急示范县（市、区）创建工作，成立广东省第一支国家级应急医疗队，组织军地联合综合救援应急能力演练和中山、珠海、江门突发事件应急医疗救援联合演练。年内顺利完成系列大型活动卫生保障工作，包括深圳大运会、广东省庆祝中国共产党成立90周年文艺晚会、广东与全国知名民营企业合作发展共促转型升级大会、2011年中国（广东）国际旅游产业博览会、中国国际中小企业博览会、广东省与世界500强和境外大型企业合作交流会、2011年广东国际旅游文化节等等。

广东省海上搜救中心

【海上救助措施】

1. 海上人命救助简况

2011年省海上搜救中心共接报有关海上安全事件623宗，其中海难事故293宗。协调组织内地参救船舶1201艘次（其中专业救助船舶103艘次，公务船舶336艘次，军队、公安边防船艇55艘次，其他船舶707艘次）、直升机61架次；协调利用香港救援船舶7艘次、直升机12架次、固定翼飞机11架次；协调外籍船舶11艘次。救起遇险生还者2102人，其中内地1798人，香港、澳门、台湾地区73人，外国籍231人。

2. 加强值班和预防预警

1月15日，针对渔船事故多发状况，省海上搜救中心印发《关于近期我省海上渔船事故救援的情况通报》，要求各有关单位吸取事故教训，高度重视并做好防寒潮大风工作。8月10日，省海上搜救中心印发《关于做好深圳大运会期间我省海上搜救工作的通知》，要求加强组织领导，全面做好深圳大运会期间海上搜救工作，减少海上人命伤亡和财产损失。

4月25日，在江门市召开2011年广东省海上船舶、海港防热带气旋工作会议，26日印发《关于做好2011年我省海上船舶海港防热带气旋工作的通知》和《关于印发2011年我省海上防热带气旋指挥机构情况的通知》。5月19~20日，组织人员到珠海市海上搜救分中心和交通运输部南海第一救助飞行队开展防热带气旋工作检查。6月3日，到深圳海上搜救分中心和南海救助局深圳基地进行防热带气旋工作检查。10月8日，转发交通运输部《关于做好防抗2011—2012年度寒潮大风工作的通知》，并结合广东省海上搜救工作实际，对各有关单位防范工作提出具体要求。由于各级政府高度重视，各有关单位积极组织防范，在热带气旋影响广东期间，广东海域没有发生一起海上人员伤亡事故。

3. 强化能力建设，提高组织协调能力

1月19日上午，在广州召开广东省海上搜救表彰工作会议，对驻粤部队、渔政、边防、海关、海事、救助、打捞、通信、气象、海洋等单位进行表彰奖励。

3月23日，在佛山市南海区召开全省海上搜救行动后评估工作会议。

5月17日，省海上搜救中心组织省通信管理局、广东海事局、省渔政总队和各通信运营商，在广州召开广东省海上搜救应急通信座谈会，就提高海难事故发生后手机定位准确性问题进行探讨并取得良好成效。

6月6~10日，省海上搜救中心在佛山市南海区举办一期海上搜救业务培训班，邀请有关专家授课，对来自全省各海上搜救分中心和成员单位的90多名学员进行培训，培训内容包括海上应急体系建设、搜救法律、防台风、防船舶污染海域等方面知识，以提高海上搜救协调员综合能力。

7 月 15 日，在省政府防范重特大安全事故工作会议上套开全省海上搜救工作会议，副省长佟星强调广东省海上搜救工作成绩，并提出 4 个加强：一是加强海上搜救组织领导，二是加强海上搜救队伍建设，三是加强各涉海部门协作配合，四是加强海上搜救宣传。

经省政府和交通运输部充分协商，决定自 2012 年 1 月 1 日起，将省海上搜救中心办公室由挂靠省安全生产监督管理局调整为设在广东海事局。12 月 27 日，省海上搜救中心新址挂牌仪式在广东海事局办公大楼举行，交通运输部党组成员何建中、副省长刘志庚共同揭牌，交通运输部有关司局和中国海上搜救中心领导，省政府有关部门和驻穗部队代表参加挂牌仪式。

4. 加强沟通，密切搜救合作关系

1 月 13 日，粤港澳三地海上搜救机构、深圳和珠海海上搜救分中心、广东海事局等有关单位在广州联合召开粤港澳三地《客船与搜救中心合作计划》编制工作协调会。

4 月 6 日，省海上搜救中心征求有关成员单位意见后，印发《2011 年粤港、粤澳共同应对区域突发事件专题小组的工作计划》。

5 月 20 日，省海上搜救中心领导带队赴澳门，参加澳门“港务局日”活动，与澳门海上搜救部门共同探讨加强海上搜救合作有关事宜。

8 月 24～28 日，受副省长陈云贤委托，省海上搜救中心常务副主任杨富带队参加在上海召开的 2011 年世界海上人命救助大会。

中国人民解放军广东省军区

【防灾减灾工作】

2011年广东省军区为有效应对多种自然威胁，做好抢险救灾工作，认真落实总部和广州军区有关抢险救灾工作指示精神，把抢险救灾工作作为一项严肃的政治任务和重要的军事任务来抓，积极参加各类抢险救灾工作，共出动现役部队官兵3169人次、民兵18222余人次，动用车辆1891台次，搜救转移群众5732人，抢救物资160多吨，森林扑火面积9859亩，搬运土石2778立方米，加固堤坝3086米，抢修道路560公里，开辟隔离带69.9千米，为维护群众生命财产安全作出了应有贡献，得到地方党委、政府的充分肯定。

1．江门市新会区人武部组织人员扑灭火灾

2月14日晚，位于江门市新会区经济开发区的宝豪塑料五金（江门）有限公司发生火灾。15日5时30分，新会区人武部接到灾情报告后，立即启动抢险救灾应急预案，并向军分区报告火灾情况，请示出动民兵应急分队。6时25分，区人武部部长谭柏行带领会城街道办民兵应急分队一连共120人赶赴火灾现场，按照班排建制分成12个小分队，搜救和转移群众，并协助消防队灭火。7时30分，区人武部政委孙少明组织第二批次民兵应急分队2个连共188人参加灭火，转移群众。火势于15日15时10分得到有效控制。在灭火救灾中，新会区人武部共出动干部、职工和民兵1058人次，车辆26台次，累计救送伤员5人，转移群众107人，挽回经济损失120多万元。民兵应急分队因动作迅速、作风顽强、纪律严明、完成任务出色，受到地方党委、政府和群众高度赞扬。

2．汕尾军分区组织人员扑救山火

4月1~5日，汕尾市各地因群众扫墓祭拜引发多起山火。汕尾军分区领导和各县（市、区）人武部主官对扑救山火工作高度重视，成立扑救山火指挥组，严密组织扑救工作，确保任务完成和扑救人员安全。4月1日，该市大鹏山发生山火，军分区政委周海侦带领机关、城区人武部全体干部、职工和民兵应急分队共88人，第一时间赶到火灾现场，经过约1个半小时奋力扑救，扑灭了山火，确保了火区附近加油站和居民区的安全。清明节期间，军分区司令员林坚明、政委周海侦坚守工作岗位，指挥扑救山火工作。城区人武部部长贾智、政委匡华3天内率干部职工和民兵先后奔赴6个火灾现场组织扑救工作，出色完成扑救任务。其他单位的主官也保持在位，落实战备值班制度，及时收拢人员，准备物资器材，密切关注火情，确保第一时间应对突发事件。汕尾军分区部队和民兵预备役人员共出动387人次，先后赴大鹏山、马宫街道后山、红草镇高速公路路边、海军油库后山等7个火灾点，全力开展扑救山火行动。军分区部队和民兵预备役人员发扬不怕苦、不怕累，连续作战的精神，奋力实施扑救，为消除山火险情、保护群众财产和生命安全作出积极贡献。

3．清远军分区组织人员抗洪抢险

5月7~9日，清远阳山县、连州市、连南县等地普降暴雨，连江河水暴涨，部分地区山洪暴发，河堤受损。水利设施损毁，一些房屋受浸倒塌，多个乡镇出现灾情。灾情发生后，清远军分区迅速启动抗洪抢险应急预案，军分区司令员王良、政委谢迎春指挥阳山县、连州市、连南县等相关县（市）人武部迅速出动民兵轻舟分队和民兵应急分队投入抗洪抢险。5月8日11时，阳山县秤架、岭背等镇多名群众被洪水围困，情况危急。阳山县人武部部长唐超、政委李坤生组织民兵轻舟分队和民兵应急分队奔赴现场，采取兵分多路、水陆并进的方法，连续奋战20多个小时，在洪水、泥泞中救出被困群众200多人，转移疏散群众上千人。当日18时，连州市九陂镇粪箕窝村村边河水猛涨，位于河中央的南洋供水公司抽水房被洪水淹没，一名员工被困于抽水房中。连州市人武部部长周云华、政委钟建新带领人武部干部、职工和民兵8人，乘坐橡皮艇火速赶往现场救援，救援人员克服水流急、视线差等困难，经过1个多小时努力，成功救出被困群众。当晚22时，连州市小北江河畔一座抽水房被洪水淹没，5名检修设备的工人被困。连州市人武部干部、职工及民兵连续奋战，于23时50分将5名被困群众成功救出。至5月9日17时，清远军分区共出动干部、职工和民兵438人次、车辆15台次、冲锋舟4艘、橡皮艇1艘，成功营救被困群众220多人，转移疏散群众1500多人，转移物资2.5吨。抗洪抢险行动受到当地党委、政府和群众一致好评，中央电视台《新闻频道》、南方电视台、《清远日报》等媒体进行了报道。

4．阳江军分区组织人员抗洪抢险

6月28日凌晨至30日凌晨，受季风低槽影响，阳江地区发生持续暴雨，辖区部分地区严重受浸，近千名群众被洪水围困。29日上午8时，阳江军分区接到灾情通报后，在军分区组织半年军事训练检查考核的省军区副司令员李欣剑和阳江军分区司令员陈晓虹、政委刘国文、后勤部部长杨建雄一起到江城区马曹村银湾市场、岗背中圩、农科路等受灾现场指挥救援行动。军分区共出动干部、职工和民兵78人，冲锋舟10艘，大小车辆14台，累计搜救转移受困群众1085名，最大限度地保护了群众生命财产安全。

5．茂名军分区组织人员抗击强台风“纳沙”

9月29日，强台风“纳沙”造成电白县电城镇、树仔镇受灾。当晚8时30分，电城龙山湾围堰缺口近20米，近千亩鱼塘即将受灾。茂名军分区政委熊高华第一时间赶到现场，与地方领导共同指挥救灾行动。电白县人武部部长李健、政委彭运带领60名民兵，奋战4个小时，转运沙包3000多袋，成功堵住缺口。在抗击“纳沙”过程中，茂名军分区共组织干部、职工和民兵300多人参加各地救灾，挽回经济损失300多万元。

中国人民武装警察部队广东省总队

【防灾减灾工作】

1. 成立应急救援队

12 月 9 日，省武警总队应急救援队在广州成立，并在二支队举行授旗暨揭牌仪式。国家地震局副局长修济刚，省委常委、政法委书记、公安厅厅长梁伟发，副省长刘昆，省武警总队总队长何宏成，省地震局局长黄剑涛及省应急办、发改委、民政厅、国土资源厅、交通运输厅、水利厅、卫生厅等单位相关领导出席。救援队共 120 名队员，由省武警总队 100 人和省地震局专家组 20 人组成，主要担负广东省内发生的破坏性地震及其引发的次生灾害、建（构）筑物倒塌、滑坡、泥石流、洪涝，以及国家、军队和地方政府赋予的其他抢险救援任务。

2. 组织应急救援训练

4 月 1 ~30 日，省武警总队组织 2011 年度冲锋舟操作手集训，来自全省 21 个地级以上市支队和机动支队共 150 名冲锋舟操作手参加集训。集训分理论政治学习、实际操作和游泳训练三部分，重点开展冲锋舟救援训练，训练内容主要包括中速、低速航行，360 度调头航行，“Z”字形和“S”形航行，综合航行，夜间航行，橡皮艇组装与泛水，航行船艇互靠，编队航行，障碍物处理，船艇绕避障碍物，船上抛射救生器材，救护落水人员等。集训有效提高了部队抗洪抢险救援能力，为圆满完成抗洪抢险救灾任务打下坚实基础。

3. 参加灭火战斗

1 月 27 日 15 时，肇庆市端州区北岭山林场水基工区发生森林大火。根据市委、市政府指示，肇庆市支队派出 80 名官兵赶赴现场，采取“拦头截尾、全线控制”战法，经过 7 个小时奋力扑救，扑灭火点 28 个，开辟防火隔离带 350 多米，清理火线 2000 多米。

2 月 5 日，肇庆市广宁县江屯镇林场和北市镇高桥村发生森林大火。肇庆市支队派出 100 多名官兵赶赴现场，经过 11 个小时连续战斗，扑灭火点 20 多个，开辟防火隔离带 3400 多米，清理火线 800 多米，成功转移村民 400 多名。

2 月 9 日，梅州市蕉岭县兴化寺横冈山发生森林大火。梅州市支队出动 36 名官兵赶赴现场救援，经过两天连续奋战，搬运物资 500 多件，转运粮食 2000 多千克，扑灭余火 45 处，圆满完成救火任务。

2 月 11 日，河源市连平县大湖镇突发森林火灾，大火吞蚀生态林 3000 多亩，火势凶猛并向居民区蔓延，严重威胁群众生命财产安全。河源市支队派出 280 多名官兵赶赴火场，兵分三路展开救火行动：两路分别前往磐石村一线和湖西村一带扑救山火，另一路迂回至百沟顶开辟隔离带。经过 20 多个小时连续奋战，扑灭大火 8 处，开辟宽 20 米、长 3000 米防火隔离带 1 条，圆满完成救火任务。

3 月 17 日 10 时，深圳市龙岗区大亚湾核电站旁排牙山突发大火，使核电站安全受到严重威胁。深圳市支队派出80名官兵赶赴现场扑救山火。由于火势较大，风向不稳定，官兵用水浇湿全身，直奔火点，经过两个多小时激烈奋战，扑灭火点14个，清理火场1500平方米，最后将大火扑灭。

3月26日20时，汕尾市城区及毗邻海丰县一带多处山林发生火灾，火势凶猛，威胁山顶电视塔、电缆设施和山脚下村庄群众的生命财产安全。汕尾市支队派出50名官兵，迅速赶赴火灾现场扑救。经过5个多小时连续奋战，扑灭火点23个，开辟宽3米、长3000米隔离带1条，清理火场3万多平方米，使火势得到有效控制。

3月31日6时，珠海市香洲区凤凰山发生山火。珠海市支队派出100名官兵赶赴现场扑救。根据地形、风向和火势，兵分两路：一路80人，采取顺风、同向、逐段扑打方式扑灭明火；另一路20人，在凤凰山东侧一线开辟隔离带，清理可燃物。经过11个小时连续奋战，扑灭火点55处，清理火场约14万平方米，圆满完成救火任务。

4月7日下午，肇庆市鼎湖区莲花镇桥林村发生山火。肇庆市支队立即出动100多名官兵赶赴现场，根据风力大、火势猛的实际情况，分成4个战斗小组，3个小组轮番扑打火舌，清理火点，1个小组开辟隔离带，经过9个多小时连续奋战，将大火扑灭。

9月14日，肇庆高要市小湘镇大龙村发生山林大火。肇庆市支队出动55名官兵赶赴现场，灵活运用“控”、“割”、“灭”、“扫”等方法扑救山火。经过4个多小时连续奋战，开辟隔离带900多米，清理火线5000多米，扑灭火点10多处，清理火场20多万平方米。

11月7日，珠海市高栏港区榕树山发生特大山火，过火面积约70万平方米。珠海市支队出动150名官兵赶赴现场扑救。部队到达现场后，兵分三路行动：一路负责将输水管扛往火势最严重山顶，用高压水枪扑火；一路往山背油库方向开辟隔离带，防止大火向油库方向蔓延；一路运用“阻截隔离”战法，在火线西侧100米处沿山脊线紧急扑救。官兵连续奋战10多个小时，扑灭火场3处、火点130多个，清理火线3000多米，圆满完成救火任务。

4. 抗击强台风“纳沙”

9月29日17时，受强台风“纳沙”影响，茂名市电白县树仔镇海丰村海堤决口，3万多名群众生命财产安全受到严重威胁。茂名市支队出动100多名官兵赴现场实施抢险救援，经过9个小时连续奋战，封堵决口15米，装填沙袋2万多个，加固海堤50米，确保了海堤安全。

5. 建筑物倒塌抢险

8月28日，茂名信宜市区一在建楼房发生垮塌，正在施工的9名工人被埋。茂名市支队信宜市中队立即派出20名官兵赶赴现场抢险救援。由于事发现场狭窄，大型机械无法进入，只能靠人工挖掘。救援官兵发扬“特别能吃苦、特别能战斗”精神，经过8个小时紧急救援，救出生还者3名，找到遇难者遗体6具。

广东省公安消防总队

【防火减灾措施】

2011年全省公安消防部门在各级党委、政府和公安机关正确领导下，深入推进构筑“防火墙”工程，全面加强现代化公安消防铁军建设，圆满完成防火、灭火和应急救援各项任务，为服务经济社会发展、保障群众安居乐业作出应有贡献。年内全省消防部队共接警出动6万多次，抢救疏散被困人员6.7万多人，抢救保护财产价值83.9亿元，出色完成深圳大运会消防安保、惠州中海油火灾扑救和汕尾在建工地坍塌抢险等急难险重任务。

1. 扎实开展“两评一演练”，提升部队攻坚克难能力

立足城市发展及功能布局，深入推进灭火战斗编成评估和装备评估，定期开展灭火救援实战演练，推行战区调度指挥，规范执勤中队作战编成，扎实开展“月会操、月演练”，深入推进全员普训工作。举办全省铁军比武竞赛，在首届全国打造现代化公安消防铁军比武竞赛中夺得攻坚技巧和消防铁人两枚金牌，团体总分列全国第七，并获最佳组织奖。提请省七部门联合出台关于加强多种形式消防队伍建设的政策文件。新建专（兼）职消防队132个，招收合同制消防员1000多名，1个专职队、4名个人受公安部表彰。扎实的训练比武工作使部队攻坚克难能力得到有效提升，为赢得消防抢险实战胜利打下良好基础。7月11日凌晨4时10分，惠州市大亚湾石化区中海石油炼化有限责任公司惠州炼油分公司芳烃联合装置P—402泄露发生火灾。接到报警后，惠州、东莞、深圳、广州等市消防支队，总队直属特勤大队和大亚湾辖区4个专职队共抽调493名指战员、投入96辆消防车协同作战，官兵经过13个小时奋战，将大火完全扑灭。此次火灾无人员伤亡，无油品外溢，未对周围环境造成直接影响，灭火救援战斗取得全面胜利。

此外，认真组织“119消防安全宣传月”活动和大型灭火应急疏散演习。参与完成公安部消防局2010年度科研计划重点攻关项目——“危险化学品事故应急救援决策支持系统”，并通过专家论证。发挥消防部队在三防工作中的抢险救灾作用，省公安消防总队被列入为省三防总指挥部成员单位。

2. 强势推进“清剿火患”，保持社会火灾形势稳定

省政府出台《广东省消防工作“十二五”规划》，召开6次会议、印发9个文件部署消防工作，连续第三年挂牌督办火灾隐患重点地区，连续第四年举办消防安全责任人消防法规培训班。省消防安全委员会完成换届选举，职能部门消防工作信息沟通和联合执法机制进一步健全。省公安厅出台《关于公安派出所消防监督检查的工作规定》，开发应用公安机关警综系统消防监督模块，组织开展“五长”（治安支队长、大队长，消防支队长、防火处长、大队长）培训，落实第三级消防监督管理工作。

9月，公安部决定在全国组织开展“清剿火患”战役。广东省由副省长刘昆挂帅，部门联动执法，积极发动群众，全警全勤推进“清剿火患”战役。全省共检查单位65万多家，整改火灾隐患132万多处，查封、“三停”（停产、停业、停止使用）单位近两万家，罚款1.23亿元，拘留2802人。联合八部门出台贯彻《全民消防宣传教育纲要》实施意见，开通南粤消防在线官方“微博”，深入开展“全民消防，生命至上”系列宣传教育活动，在省级以上媒体刊发稿件778条。

3．突出抓好“平安大运”，做好大型活动勤务安保工作

积极应对深圳大运会安保时间紧、任务重、开放性强的考验，充分借鉴亚运会安保经验，按照“全天候、全时段、全覆盖”要求，精心组织，周密部署，严抓标准，严密防控。组建112个消防安保团队、300个督导组，落实3000多名赛区消防安保人员，制定灭火救援方案462份，开展演练1680次，消除火灾隐患1万多处。全省消防部队全警动员，全力以赴，全勤投入，严格实行赛区一级战备、非赛区二级战备。8月12～23日，全省消防部队接警出动134次，出动警力1551人次、消防车278辆次，救出人员31人，抢救财产价值161万多元。12日做到开幕式主会场“不冒烟、不起火”，23日实现闭幕式现场“不冒烟”、深圳市“不起火”，圆满完成深圳大运会消防安全保卫任务。通过近年系列大型勤务安保考验，广东消防部队锤炼了无私奉献、敢打必胜、敢为人先的亚运会和大运会安保精神，形成科学高效、运转有序的大型勤务安保模式，圆满完成省运会、广交会、高交会等重大活动消防安保任务。

各地级以上市灾情与防灾减灾工作

各地级以上市灾情

【广州市】

2011 年广州市雨水灾情特点：总降水量偏少，热带气旋影响小，水势平稳，未形成流域性洪水，未发生严重水、旱、风灾害。

全市 1~11 月平均降水量 1343 毫米，比多年同期平均少 22.5%。年内暴雨次数多，但每次过程持续时间较短。热带气旋“海马”、“洛坦”、“纳沙”、“尼格”对广州市有影响，但影响程度较轻。年内市气象部门共发布暴雨预警信号 30 次、台风预警信号 5 次。

汛期降水较均匀，未出现长时间强降水过程，全市江河水势平稳，主要江河未出现超警戒水位，未形成流域性洪水。

由于提前防御，春季虽出现严重气象干旱，局部地区高岗田、望天田出现短时旱情，但未出现大面积农业旱情。虽然年内暴雨次数多、强度大，但因防御得力，未造成直接经济损失，无人员伤亡。

【深圳市】

至 12 月 2 日，深圳市累计降水量为 1269 毫米，较历史同期偏少 33%，较 2010 年同期偏少 22%。2011 年汛期降水总量偏少，但降水较集中，局部强度大，先后出现“5・22”、“6・11”、“6・17”、“6・29”、“9・29”、“10・12”等暴雨，并受到“海马”、“洛坦”、“纳沙”、“尼格”等热带气旋外围环流影响。热带气旋和暴雨导致深圳市局部地区出现积水内涝，部分河堤损毁，但未造成重大灾情。

【珠海市】

至 10 月 10 日，珠海市总降水量为 1065 毫米，比多年同期平均偏少 46%，其中 9 月降水量 126.4 毫米，偏少 34.7%。入汛后西江降水偏少，至 8 月 11 日，西江流域累积降水量为 886 毫米，比多年同期少 24%。8 月 9 日，西江梧州水文站日均最小流量仅 2000 立方米/秒，打破 1941 年以后七八月历史同期最枯纪录。至 8 月 26 日 8 时，西江上游广西境内骨干水库天生桥一级电站、龙滩电站和百色水库有效蓄水量为 15.6 亿立方米，仅为近 5 年同期平均值（91.62 亿立方米）的 17%。因西江来水量大幅减少，咸潮上溯较早，7 月底磨刀门水道挂定角和广昌泵站开始出现咸情，比近年最早出现咸潮活动时间提早近 1 个月，并导致枯水期澳门、珠海供水安全保障形势严峻。

年内影响珠海市的热带气旋共有 5 个，即“海马”、“洛坦”、“南玛都”、“纳沙”、“尼格”，数量比常年偏少，且影响偏迟、较轻。

年内珠海市暴雨强度不大，未出现较大险情和灾情。

【汕头市】

2011 年汕头市降水明显偏少，属偏旱年份。1～5 月降水量较常年少七八成。8 月无透雨，各区县降水量均较常年同期少七成以上，为近 46 年最少。至 10 月底，各地雨量较常年同期约少四成，全市干旱形势严峻。11 月受热带天气系统和冷空气共同影响，汕头市出现两次暴雨到大暴雨过程，旱情得到一定缓解。至 12 月 5 日，各地降水量为：市区 985.4 毫米，澄海 849.9 毫米，潮阳 1260.4 毫米，南澳 742.4 毫米，均较常年同期偏少三成。

热带风暴“莎莉嘉”于 6 月 11 日 7 时 5 分在汕头市龙海与澄海交界处登陆，登陆时粤东沿海地区出现 7～9 级大风，其中南澳县渔业局站录得风速 17.4 米/秒，汕头海上浮标站录得最大风速 22.7 米/秒。“莎莉嘉”带来中雨到大雨过程，但风力和降水强度不大，汕头市损失不大。

韩江水势平缓。7 月 18 日 10 时，韩江潮安水文站出现年内最大流量 3900 立方米/秒（水位 12.94 米韩基），未发生洪水。

6 月 16 日 14～22 时，汕头市部分地区出现明显降水，潮阳、潮南两区普降大到暴雨、局部大暴雨，部分地区出现雷暴和雷雨大风等强对流天气。当日约 16 时，潮南区胪岗镇胪溪村、成田镇西岐村出现龙卷风。西岐村有 36 户共 50 间房屋受损，倒塌 6 间，受灾 80 人，2 人轻伤；胪溪村有 65 户共 74 间房屋受损，倒塌 6 间，受灾 245 人，直接经济损失约 150 万元。

年内出现持续干旱，工农业生产和群众生活用水受到严重影响。潮南区农作物受旱面积 9500 亩，其中水田 5200 万亩、旱地 4300 亩，主要受旱作物为水稻、生柑、番薯及蔬菜等。南澳县 6300 亩农作物和 1 万多亩果园、茶园普遍受旱。潮南区陈店、司马浦、仙城和潮阳贵屿 4 镇约 40 万人饱受缺水、无水之苦。2010 年 12 月 16 日开始，对上述 4 镇实行错时轮流供水，从“供 2 天停 1 天”开始，先后 7 次调整供水方式和供水时间，直至供 2 天停 6 天。南澳县从 9 月 3 日开始启动供水应急预案，实行每周供水一次，供水量为 2 万立方米，以维持全岛军民最基本的生活用水。

【佛山市】

2011 年佛山市开汛日为 5 月 22 日，较常年偏晚约一个月。1～10 月，全市雨量为 1120～1400 毫米，较常年平均偏少两三成。其中，4～6 月雨量在 390～550 毫米之间，龙舟水较常年普遍少五成。至 11 月 20 日，全市共发布暴雨预警信号 90 次、雷雨大风预警信号 67 次、台风预警信号 10 次。主要灾害性天气事件有“4·17”强对流天气、“5·7”雷雨大风和“10·13”暴雨。

4 月 17 日中午，佛山市自西向东出现持续时间约 1 小时的强对流天气，风力 6～8 级，局部阵风 12 级，顺德区陈村仙涌居委会录得全省最大阵风 45.5 米/秒（14 级），局地伴有短时强降水，高明荷城（约 12 时）和顺德大良（约 13 时）先后出现冰雹。各地 1 小时最大雨量：三水白坭 25 毫米，南海西樵 50 毫米，禅城南庄 33 毫米，顺德大良 55 毫米，高明荷城 42 毫米。全市累积最大雨量为顺德大良 57 毫米。

5 月 7 日，佛山市出现雷雨大风。12～20 时，全市最大雨量为南海狮山 80.0 毫米，其余各区最大雨量为：禅城南庄 17.9 毫米，顺德北滘 34.5 毫米，高明荷城 0.9 毫米，三水西南 60.9 毫米。全市 132 个自动站有 6 个站雨量超过 50 毫米，南海狮山、里水、大沥出现一小时雨量达

50~70 毫米的短时强降水。

10 月 13 日 16 时至 14 日 3 时，佛山市普降暴雨，局部降大暴雨到特大暴雨。禅城、南海、三水、高明 4 区共有 15 个自动站录得 100 毫米以上降水量，其中最大降水量为南海区桂城水利所 265.81 毫米。

【韶关市】

2011 年韶关市降水分布极不均匀，局部强降水频现。1~9 月，全市降水量与多年同期相比偏少两成多，其中 1~4 月、6 月、8 月严重偏少；5 月、7 月偏多，其中 5 月多近八成，比 1~4 月、6 月、8 月累计平均降水量还多近两成（据韶关水文局资料，5 月 7 日 20 时至 8 日 20 时，韶关市平均降水量为 65.4 毫米，其中仁化县澌溪河 192.5 毫米，浈江区西牛潭水库 199 毫米，最大为乳源县大桥镇 288 毫米）；9 月与多年平均持平；10 月和 11 月偏多，比多年同期平均多六成至 1.3 倍。

据市三防办统计，2011 年全市 9 个县（市、区）、66 个乡镇不同程度受灾，乳源、仁化两县受灾较重。受灾人口 11.01 万人，倒塌房屋 705 间，直接经济损失 2.03 亿元。其中，农作物受灾面积 1.06 万公顷，农林牧渔业损失 0.93 亿元；公路中断 123 条次，工业、交通运输业损失 0.11 亿元；损坏堤防 35 处共 15.37 千米，损坏灌溉设施 601 处、机电泵站 6 座、水电站 146 座，水利设施损失 0.77 亿元。

5 月 7 日 20 时至 8 日 20 时，受强降水影响，仁化、乳源、乐昌、始兴、新丰、武江和浈江等地局部出现灾情。至 5 月 9 日，全市共有 8 个县（市、区）、39 个乡镇、7.95 万人不同程度受灾，因灾紧急转移人口 8364 人，失踪 1 人，倒塌房屋 179 间，农作物受灾面积 7170 公顷，直接经济损失 1.23 亿元，其中水利设施直接经济损失 2700 万元。

【河源市】

2011 年河源市开汛偏晚，降水偏少，前旱后涝，旱涝灾害损失轻。1~11 月，全市平均降水量为 1438.7 毫米，比多年同期平均偏少 17%，其中 1~4 月（161.5 毫米）少七成，4 月少 84.2%（其降水之少居 1953 年以后同期第三）。1~4 月，东江干流平均来水量比多年同期少三成，其中 4 月少六成。致灾性强降水主要有 3 次，先后出现在 5 月上旬、中旬和 10 月中旬前期。入汛以后，河源市境内主要江河水势平稳，未发生超警戒水位洪水。因降水严重偏少，江河来水偏枯，4 月上旬河源市各地旱象初现，中下旬各地出现中等程度、局部偏重旱情。至干旱最严重时（4 月 27 日），全市农作物受旱面积 30.26 万亩，东源、龙川个别地区人畜饮水受影响。

年内全市因洪涝灾害受灾 7.9 万人，农作物受灾面积 6160 公顷，直接经济损失 8300 万元，其中水利工程损失 4626 万元。5 月 1~14 日，持续强降水造成东源、连平、和平、龙川局部地区先后两次发生轻度内涝，全市 28 个镇、4.02 万人受灾，转移 100 人，倒塌房屋 160 间，农作物受灾面积 2099 公顷，损坏堤防 44 处计 3.17 千米，损坏护岸 14 处、灌溉设施 196 处，因灾造成直接经济损失 2782 万元，其中水利设施损失 1028 万元。10 月 12~13 日，暴雨导致各地不同程度受灾，以紫金县受灾较严重，全市直接经济损失 5747 万元。

【梅州市】

2011 年梅州市旱涝态势总体较平稳，仅 4 月出现轻度旱情，未出现大的洪涝灾害且其损失相对较轻。

1~11月，全市平均降水量1273毫米，比多年同期平均（1588毫米）少315毫米。其中5月、7月、10月降水量比多年同期略偏多，11月偏多124毫米，其他月份均偏少。

由于总降水量偏少，各主要江河水文测站径流量比多年同期平均来水量明显偏少。1~9月，梅江上游尖山站、水口站、梅江横山站、五华河河子口站、石窟河新铺站、汀江溪口站径流量比多年同期分别减少60%、68%、52%、53%、58%、46%。全市各主要江河水情较平稳，仅有两个测站出现超警戒水位洪水。受7月16~17日强降水影响，五华琴江、韩江三河坝段洪水位略超过警戒水位。

汛期全市7个县（市、区）、38个镇、5.64万人受灾，紧急转移安置793人，倒塌房屋415间，农作物受灾面积2915公顷，损坏堤防12处共2.72千米，损坏护岸19处、灌溉设施455处，因灾造成直接经济损失7751万元，其中水利设施损失3389万元。

【惠州市】

2011年惠州市雨水风情和灾情特点：一是降水空间分布不均匀。至12月1日，全市平均降水量为1529.6毫米，比多年同期平均（1870.2毫米）少近两成，其中龙门县少33%，博罗、惠东两县少两成。二是降水时间分布不均匀。1月1日至4月20日，全市累计平均降水量为106.2毫米，比多年同期平均少七成。汛期部分县区出现短时强降水过程，造成一定程度洪涝灾害。三是龙舟水偏少，期间全市平均降水量为247.5毫米，比多年同期平均少四成，其中龙门县龙舟水少七成。东江、西枝江流域水势平稳，中小流域淡水河6月17日水位18.86米，超警戒水位0.26米。至12月1日，全市水利工程总蓄水量为8.67亿立方米，比多年同期平均少1.45亿立方米（少14%），其中惠城区蓄水少三成，龙门县少26%，惠东县少21%。四是年内无热带气旋登陆或正面袭击惠州市，市三防指挥部共启动防风Ⅲ级应急响应2次、防风Ⅳ级应急响应4次，未出现灾情。

受局地强降水影响，全市有3个县（区）、20个乡镇、2850人受灾，转移群众646人，直接经济总损失1995万元。主要灾害过程有：6月17日0~10时，惠阳区降水量为206.8毫米（其中5~10时降水量为182.4毫米），淡水河超警戒水位0.26米，转移群众646人，造成经济损失500万元；7月16~18日，惠阳区、惠城区、博罗县出现强降水，直接经济损失1495万元。

1~5月，惠州市平均降水量比多年同期少七成，7县（区）均出现旱情，对春耕生产造成严重影响，部分群众饮水困难，其中博罗、龙门、惠东旱情最严重。全市受旱面积56.09万亩（其中干枯1.14万亩、重旱12.70万亩、轻旱42.25万亩），水田缺水面积12.46万亩，旱地缺墒面积22.36万亩，因旱饮水困难12731人（龙门县8551人、博罗县2300人、惠阳区1200人、惠东县680人）。

【汕尾市】

2011年汕尾市降水量偏少。至12月1日，全市平均降水量为1644.0毫米，比多年同期平均偏少两成，比2010年同期偏少一成，其中市区降水量为1402.8毫米、陆河县城降水量为1528.4毫米、陆丰市区降水量为1576毫米、海丰县城降水量为1835.0毫米。雨量最多为海丰县青年水库（2162.0毫米），最少为海丰县平龙水库（1101.0毫米）。至12月1日，全市大中型水库总蓄水量39167万立方米，占正常蓄水量的56.2%，比多年同期平均多0.4%，比2010年同期多0.8%。

全年无热带气旋影响。6月16~17日，汕尾市出现暴雨、局部特大暴雨过程，全市日雨量大于200毫米站点11个、大于100毫米站点24个。累积雨量较大的有陆丰市八万镇下葫站319毫米和陆河县河口镇麦湖站290.5毫米。最大1小时雨量达123.5毫米（16日13时至14时，八万镇下葫站），接近百年一遇。受其影响，陆丰市八万、大安、西南、金厢、潭西和陆河县水唇、东坑、河口、新田、南万等乡镇山洪暴发，村庄受浸，交通中断，水利设施受损。全市共有29个乡镇、10.5万人受灾，紧急转移12028人，民房倒塌43间，直接经济总损失8459万元。

【东莞市】

至12月1日，东莞市降水量为1298.6毫米，比多年同期平均偏少25.6%，其中8月雨量约少八成。年内最强降水过程出现在7月15~16日，期间大部分地区过程雨量在100毫米以上，7个镇街过程雨量超过200毫米，最大降水出现在谢岗石鼓水库（271.4毫米）。

主要江河总体水情平稳，未出现超警戒水位。东江各时期均处低水位运行。东引运河、寒溪水和石马河整体水情与2010年相当，水情较平稳。寒溪河最高水位分别是常平4.7米、峡口4.10米，与2010年相当。石马河沿线均未出现明显汛情。博罗站最大洪峰流量为2586立方米/秒，相应出现最高水位3.21米。石龙水文站年最高水位为1.82米，低于警戒水位4米。沿海地区未出现大的风暴潮，全市水库总蓄水量较常年明显偏少。至12月1日，全市7座中型水库（除雁田水库）总蓄水量为6471万立方米，比多年同期平均偏少28.8%；小（一）型以上水库总蓄水量11716万立方米，比多年同期平均偏少19.8%。

年内未受热带气旋影响。虽然暴雨次数较多，局部地区出现短时积水，但未造成经济损失，无人员因灾伤亡。

【中山市】

5月16日，中山市正式开汛，较常年平均推迟一个多月。年内降水量及热带气旋偏少，江河水位偏低，咸潮上溯严重且时间早，在主汛期出现咸潮。

汛期降水时空分布不均，其中6月雨量达403毫米，占汛期总量的34%。1~11月，石岐站总降水量1460毫米，比2010年同期减少23.8%。至12月6日，全市山塘水库蓄水量2908万立方米，比多年同期平均少三成，其中长江水库蓄水量1686万立方米，比多年同期少36%。

4月17日，黄圃、南头等镇受强雷雨、短时大风和冰雹袭击，黄圃镇雁企泵站、壳塘水闸先后于13时14分和13时22分录得极大风速30米/秒和31.4米/秒，风力均达11级。

2011年属枯水年份，江河水位总体偏低，洪水位、龙舟水均创历史新低。莺哥咀站年最高水位仅2.14米（5月18日），比警戒水位低1.86米，刷新该站历史最低纪录（2.23米，1963年7月22日）。龙舟水期间，鸡鸦水道马鞍水文站、横门水道小隐站最高水位仅为1.15米和1.13米，刷新两站历史最低纪录。

年内影响中山市的热带气旋主要有“海马”、“洛坦”和“纳沙”。6月21~24日，受热带风暴“海马”影响，三乡镇田心水库降水量达232毫米，3小时最大降水量达96毫米；9月下旬强台风“纳沙”影响期间，阜沙镇牛角中学风力达12级，最大风速34.8米/秒，三乡镇龙潭水库录得最大日降水量112毫米。

中山市沿海地区咸潮提前到来。8 月 5 日，磨刀门水道坦洲镇大涌口水闸出现秋季第一轮咸潮，较历史最早出现咸潮时间（2009 年 9 月 23 日）提前 48 天，比 2010 年提前 72 天。9 月横门水道开始出现咸潮。9 月 22 日早晨，汛后咸潮首次上溯至全禄水厂（较常年早两个多月），24 日全禄水厂测得最高含氯度 2968 毫克/升，严重影响水厂取水。9 月 27 日，坦洲镇马角水闸最高含氯度为 6202 毫克/升。11 月 25 日，大涌口水闸最高含氯度达 7128 毫克/升。马角水闸自 9 月 20 日至 10 月 1 日连续 12 天不能开闸，大涌口水闸自 9 月 17 日至 10 月 4 日连续 18 天不能开闸，这种现象出现在 9 月汛期，在中山市尚属首次。

年内全市水利及市政工程运行良好，无灾情和人员伤亡报告。

【江门市】

2011 年江门市降水量较多年平均值大幅减少，洪水量级不大，水库蓄水偏少，基本未受热带气旋直接影响。

至 12 月 1 日，全市平均降水量为 1415. 7 毫米，比多年同期平均少 25%；全市山塘水库蓄水总量 96625 万立方米，比多年同期平均蓄水量减少一成。境内西江洪水位偏低，江门北街水文站最高洪水位 1. 74 米（5 月 17 日），潭江长沙水位站最高洪水位 1. 87 米（9 月 29 日），均未达到警戒水位。

受强台风“纳沙”影响，9 月 29 日上午，川岛附近录得风力 9 ~ 10 级、阵风 12 ~ 13 级。

【阳江市】

2011 年阳江市先后两次受热带气旋外围环流影响，局部地区发生一次大洪水。受热带气旋和暴雨洪水影响，阳江市 6 个县（市、区）、40 个镇（街道）、32. 9 万人受灾，倒塌房屋 659 间，直接经济损失 27497 万元，其中水利直接经济损失 4598 万元。

6 月 23 日，热带风暴“海马”先后在阳西与电白交界处和吴川沿海地区登陆。受其影响，阳江市普降大雨到暴雨（6 月 22 日 8 时至 23 日 24 时的雨量：阳春市仙家洞水库 139. 5 毫米，阳东县新洲镇 103. 2 毫米），阳西县和江城区受灾。

9 月 29 日，强台风“纳沙”先后在海南省文昌市和湛江市徐闻县沿海地区登陆。受其影响，闸坡、江城髻山录得最大风力 11 级，海陵大堤、东平、儒洞、上洋、新圩、大沟、沙扒、阳西县城、红丰、大八、合山等地录得最大风力 10 级。29 日 8 时至 30 日 8 时的雨量：阳春市仙家洞水库 390 毫米，阳春市八甲镇 328. 7 毫米，其他地区多在 150 ~ 200 毫米之间。全市 6 个县（市、区）、37 个镇（街道）、22. 25 万人受灾。

6 月 28 日 8 时至 29 日 18 时，阳江市南部出现强降水，各地雨量为：阳江市区 477 毫米，阳西县城 434. 5 毫米，江城区白沙石河水库 429 毫米，阳江高新区 425 毫米。受其影响，阳西县、江城区、高新区、阳东县、阳春市等 5 县（区）、31 个镇（街道）、14. 26 万人不同程度受灾。

【湛江市】

2011 年影响湛江市的热带气旋有 4 个，分别是“海马”、“洛坦”、“纳沙”、“尼格”，其中强台风“纳沙”影响严重。9 月 29 日，“纳沙”先后于 14 时 30 分和 21 时 15 分在海南文昌市翁田镇沿海地区和湛江市徐闻县角尾乡沿海登陆，登陆时中心附近最大风力达 12 级以上。受其影响，湛江市普降暴雨，局部降大暴雨到特大暴雨，全市平均降水量 102. 1 毫米。“纳沙”共造成全市10个县（市、区）、115个乡镇、52.465万人受灾，直接经济损失12.16亿元，其中损坏或倒塌房屋429间，损坏小型水库23座、堤防92处共29.325千米，损坏护岸91处、水闸85处、灌溉设施268处，冲毁塘坝60座，水利设施直接经济损失4.07亿元，无人员伤亡。

至9月底，洪涝灾害共造成全市10个县（市、区）、120个乡镇、54.49万人受灾，直接经济损失达13.84亿元。其中：农作物（主要有水稻、香蕉、甘蔗、瓜菜等）和林业受灾面积8.45万公顷，农林牧渔业直接经济损失6.18亿元；损坏小型水库30座、堤防137处共30.03千米，损坏护岸158处、水闸121处、灌溉设施382处，冲毁塘坝86座，水利直接经济损失4.655亿元；停产工矿企业438个，损坏公路207条次，供电中断45条次，工业、交通运输业直接经济损失3.01亿元。

【茂名市】

2011年茂名市风雨特点：一是降水量偏少。1月1日至12月7日降水量为1555.9毫米，比多年同期平均值（1712毫米）偏少9.11%。二是降水时空分布不均。1~10月，除6月、9月降水量大于多年同期平均值外，其他各月比多年同期平均值小9%~68%。三是个别时段降水强度较大。9月29日8时至30日8时，茂名地区平均降水量为114.3毫米，其中最大为信宜大田顶290毫米，其次为电白利垌站283毫米、信宜石屏站245毫米。四是风、雨阶段性明显。5月6日、6月29日先后出现暴雨洪涝；6月、9月先后受热带气旋“海马”、“纳沙”和“尼格”影响，境内风力强，雨量大，潮位高，灾情严重。9月受强台风“纳沙”影响，电白爵山出现最大风速46.4米/秒（15级），沿海地区出现较大增水，形成50年一遇潮位，沿海海堤全线出现突发险情。年内暴雨量级和降水范围有限，江河水势基本平稳，未出现超警戒水位。

灾情特点：年内对茂名影响较大灾害事件主要有两次暴雨洪涝（5月6日、6月29日）和两个热带气旋（热带风暴“海马”、强台风“纳沙”），其特点是洪水量级一般，但热带气旋灾情较重。5月6日信宜暴雨洪灾和6月29日高州暴雨洪灾均为局部山洪灾害，洪水量级不到5年一遇。6月23日，热带风暴“海马”先后在阳西与电白交界处和吴川沿海地区登陆，茂名市风力4~5级、阵风8~9级，沿海海面风力8~9级、阵风10级，其中沿海电城爵山站最大风力27.2米/秒（10级），高州曹江最大风力22.1米/秒（9级）。“海马”未给茂名市造成直接经济损失。受强台风“纳沙”影响，全市受灾人口达48.21万人，直接经济总损失4.0247亿元，占全年热带气旋和洪涝灾害造成直接经济总损失86.6%。

至12月7日，全市6个县（市、区）、99个镇（街道、区）受灾，受灾人口48.31万人，倒塌房屋1713间，转移人口59087人，直接经济总损失4.6469亿元。其中，农作物受灾面积4.602万公顷（粮食作物2.929万公顷）、成灾面积2.331万公顷（粮食作物1.347万公顷）、绝收面积3205公顷（粮食作物480.4公顷），因灾减产粮食10.115万吨，经济作物损失5013万元，死亡大牲畜130头，水产养殖受灾面积452.6公顷，损失数量395吨，农林渔业直接经济损失1.6634亿元；停产工矿企业32个，中断公路51条次、供电线路69条次、通讯线路14条次，工业、交通运输业直接经济损失4393万元；损坏堤防344处计23.09千米，堤防决口22处计3.3千米，冲毁塘坝611座，损坏护岸262处、水闸54座、灌溉设施966处、水文测站2处、机电井6口、机电泵站2座、水电站4座，水利设施直接经济损失2.2607亿元。

此外，由于前期干旱少雨，入春以后，高州水库水位急降至76.9米，全市一度出现春耕用水困难，受旱面积达50万亩（大部分集中在市南部水尾地区）。

【肇庆市】

2011 年肇庆市汛情特点：降水总量偏少，主要江河水位偏低，初旋偏早，影响肇庆市的热带气旋偏少。

至 12 月 9 日，肇庆市累计降水量仅 1156 毫米，比多年同期平均偏少 30%，其中 8 月全市降水显著偏少六成，为 1951 年以后历年同期次少。各江河水位流量相应减少，西江高要站来水量比多年同期平均水位偏低 1.53 米。汛期，西江共发生 5 次洪水过程，高要水文站量级最大洪水出现在 5 月 16 日，洪峰水位 4.43 米，相应流量 1.82 万立方米/秒；绥江发生 14 次洪水过程；贺江发生 1 次超警戒洪水过程，5 月 9 日南丰水文站洪峰水位 36.34 米，相应流量 2310 立方米/秒，超警戒水位 1.34 米。热带风暴“海马”于 6 月 23 日先后在阳西与电白交界处和吴川沿海地区登陆，是年内首个影响肇庆市的热带气旋；强台风“纳沙”给肇庆市带来大风和暴雨天气。

汛期未出现较大洪涝灾害，但受强对流天气、局部强降水和热带气旋影响，出现局部灾情。受 4 月 17 日德庆龙卷风、5 月 12 日广宁强降水和 9 月底强台风“纳沙”影响，全市 3 个县、20 个乡镇、4088 人受灾，倒塌房屋 57 间，转移人口 15 人，直接经济损失近 3000 万元，其中水利设施直接经济损失约 200 万元。此外，7 月 17 日、26 日，封开县西江左岸发生两起河岸滑坡，长度分别为 50 米和 60 米，危及封开县城防洪工程安全。

【清远市】

2011 年清远市汛情具有“开汛晚、降水少、来水少、水位低”等特点。1～11 月，全市平均降水量 1496 毫米，比多年同期约少两成，各地降水量在 1389（连山）～1747（英德）毫米之间，其中 5 月、9 月、10 月、11 月偏多，其余月份偏少。1～3 月全市平均降水量（171.8 毫米）少近五成；4 月（37.8 毫米）少八成多，是 1962 年以后同期最少；5 月出现 4 次强降水，月雨量在 367.9（市区）～585.7（英德）毫米之间，其中市区略偏少，佛冈偏多近一成，其余各地偏多四至九成；龙舟水期间（5 月 21 日至 6 月 20 日），全市平均降水量（175.1 毫米）少近五成，为 1962 年以后历史同期第二低值。6～9 月，全市降水量在 528.9（阳山）～751.5（佛冈）毫米之间，偏少一至三成，全市平均偏少一成。

受降水偏少影响，北江径流量比多年同期平均偏少三成左右。北江清远站 4～9 月平均水位 5.68 米（其中 4～6 月 5.98 米，7～9 月 5.38 米）；年最高水位 12.16 米（5 月 9 日），超警戒水位 0.16 米；年最低水位 3.90 米（4 月 27 日），是有水文记录以后同期最低水位。全年出现两次超 10 米以上洪水、1 次超警戒水位洪水。

受严重干旱影响，1～4 月，全市农作物受旱面积最大时达 55.12 万亩。

5 月 8 日，阳山以北普降暴雨、局部大暴雨，造成清远市北部地区山洪暴发，大量农田受浸，部分房屋倒塌、乡镇受淹。全市有连州、连南、阳山、连山、英德等 5 个县（市）、42 个乡镇、12.62 万人受灾，农作物受灾面积 12.75 万亩，房屋倒塌 137 间，损坏堤防 71 处计 5352 米，损坏灌溉设施 607 座，连南县城至涡水镇公路出现两处滑坡，涡水镇对外交通、通讯中断，连南寨岗 1 人不慎掉进河中身亡。全市直接经济损失 1.25 亿元，其中水利设施直接损失 0.34 亿元。

【潮州市】

2011 年潮州市降水少于正常年份，降水时空分布较不均匀。年内未受热带气旋正面影响，但 6 月中旬后期强降水造成较严重洪涝灾害。至 11 月底，全市平均降水量为 1120 毫米，比多年同期平均少三成。其中，1 ~5 月雨量为 226. 65 毫米，比多年同期少六成；六七月雨日达 34 天，雨量为 557. 2 毫米，占全年雨量的六成。

年内影响潮州市的热带气旋偏多、偏晚，主要有“莎莉嘉”、“海马”、“洛坦”、“南玛都”、“纳沙”和“尼格”，但影响程度较轻。6 月 11 日，受热带风暴“莎莉嘉”影响，潮安县北部、饶平县中部出现暴雨到大暴雨。

6 月 16 日，潮州市出现暴雨到大暴雨、局部特大暴雨过程，暴雨覆盖潮州市中部和北部山区，暴雨中心位于潮州市区及西北部归湖、凤凰、登塘、古巷等镇至饶平县新塘、三饶镇一带。16 日 8 时至 17 日 8 时，全市 57 个水文站点中，降水量超过 100 毫米有 23 个，其中，潮安县北山水库 242 毫米、凤南镇 211. 5 毫米、归湖镇 168. 4 毫米、城区 158. 4 毫米。潮安县大坑水库最大 1 小时降水量达 76 毫米，市区最大 3 小时降水量达 122. 9 毫米。

至 11 月底，全市山塘水库蓄水总量 23993 万立方米，比多年同期少三成，其中农业可灌溉用水 19225 万立方米。韩江水位较为平稳，潮安水文站年最高水位为 13. 17 米（5 月 17 日），距警戒水位 0. 33 米，其余时段基本保持在 12. 5 米左右，年最大流量 3770 立方米/秒（7 月 17 日）。

受 6 月 16 日强降水过程影响，潮州市局部地区发生较严重洪涝灾害，多个地区道路受阻，交通中断，工厂企业和民房受浸，农作物被淹，鱼塘漫顶，水利设施受损。其中市区多处内涝积水严重，枫溪区有 2243 家企业受浸，10 多个村庄严重受浸，水深达 1 米多。全市有 3 个县（区）、18 个镇（街道）、9. 37 万人受灾，紧急转移安置 450 人，倒塌房屋 2 间，工厂受浸停产 2516 家，农作物受灾面积 418 公顷，水产养殖受灾面积 18 公顷，公路中断 9 条次，供电线路中断 6 条次，损坏灌溉设施 28 处、机电井 185 口，山体滑坡 2 处，直接经济总损失 15461 万元。

部分地区出现冬春连旱。饶平县饶洋、三饶、上饶、新圩、钱东、浮山、大埕、所城和潮安县铁铺、沙溪、凤凰、赤凤、官塘等镇出现严重秋旱，致使人畜饮水困难。年内全市作物受旱面积 1. 892 万公顷，其中轻旱 1. 853 万公顷、重旱 3800 公顷、干枯 15 公顷，因旱饮水困难 2. 235 万人。

【揭阳市】

2011 年揭阳市降水量和蓄水量比常年偏少，至 12 月 2 日，全市平均雨量 1471. 1 毫米，比 2010 年同期少 238. 9 毫米，比多年同期平均少 413. 7 毫米，其中榕城区 1465. 6 毫米、揭东县 1249. 5 毫米、揭西县 1868. 3 毫米、普宁市 1553. 3 毫米、惠来县 1218. 9 毫米。全市蓄水量 41156 万立方米，比 2011 年同期减少 11. 3%，比多年同期平均减少 2. 5%，部分地区旱情显露。

6 月 16 日 8 时至 17 日 8 时，揭西、揭东两县和揭阳市区普降大暴雨到特大暴雨，最大降水量出现在揭西县城河婆站，为 275. 8 毫米（最大 1 小时降水量达 108 毫米）。其余雨量较大的有：揭西县良田 219. 8 毫米、横江水库 208 毫米、富口 193 毫米、大北山 202. 7 毫米、大溪 152. 1 毫米，揭东县云路 204. 5 毫米、炮台 159. 6 毫米、玉滘 143. 9 毫米，揭阳市区渔湖凤美 216. 1 毫米。强降水造成江河水位暴涨，16 日 18 时，榕江南河河婆水文站最高洪水位 35. 99 米，超警戒水位 1. 19 米。揭西县城和部分乡镇内涝积水，部分水利设施受损严重。龙潭河富光堤围有 4. 5 千米漫顶（捍卫人口 1. 8 万人），龙潭镇富光、陂尾村严重受浸，水深达 3. 5 米，受困群众 3150 人。全市有 1 个县（市、区）、11 个乡镇、2. 35 万人受灾，转移人口 3150 人，死亡 1 人

(因学校围墙倒塌),倒塌房屋100间,农作物受灾面积6300公顷,损坏堤防17处计3.5千米,损坏护岸17处,堤围决口6处计300米,损坏水闸2座、灌溉设施43处。全市直接经济损失6850万元,其中农林牧渔业损失2500万元,工业、交通运输业损失950万元,水利设施损失3400万元。

春季由于降水量明显偏少,部分地区出现旱情。全市受旱作物面积2.558万公顷,均属轻旱程度,农田缺水7230公顷,旱地缺水面积1.363万公顷,水库干涸53座。

【云浮市】

2011年云浮市汛情特点:降水时空分布不均,降水偏少,江河洪量少,汛期水位低。1~9月,累计降水量926.77毫米,较多年同期平均(1204.22毫米)少23.04%。年内西江洪峰水位:都城站5月15日23时10.85米(警戒水位17米),云安县六都5月16日2时洪峰水位7.34米(警戒水位16米),云城区都骑大涌河5月16日8时洪峰水位6.2米(警戒水位15米),云浮境内西江各站均在警戒水位以下。西江汛期最低水位为8月9日8时云安县六都的0.2米,这是设市以后汛期最低水位。罗定江官良水文站7月16日12时出现最高洪峰水位26.74米,新兴江腰古站6月30日23时洪峰水位11.34米,均在警戒水位以下。年内影响云浮市的热带气旋主要有“海马”、“洛坦”和“纳沙”。其中受强台风“纳沙”影响,9月29日8时至30日8时,全市水文站录得雨量达50毫米以上的有30站、100毫米以上有4站,日最大降水量为新兴县里洞的151.4毫米;有40个自动站录得8级以上大风,新兴县合河风力达11级。

灾情特点:一是因旱成灾。4月云浮市平均降水量仅5.1毫米,为多年同期平均降水量(135.45毫米)的3.77%。适逢春耕用水高峰期,雨量稀少导致该市作物受旱面积达38.37万亩,其中重旱1.3万亩,水田缺水6.62万亩。各县(市、区)受旱面积:云城区9840亩,罗定市19.07万亩,新兴县6.18万亩,郁南县5.985万亩,云安县6.144万亩。主要受旱乡镇有:罗定市素龙、黎少、连州、生江、满塘、金鸡,郁南县大湾、河口、东坝、连滩、南江口,新兴县稔村、车岗、勒竹、六祖,云安县高村、白石、富林、前锋,云城区思劳、都杨、高峰等镇。二是洪涝致灾。全市共发生两次洪涝灾情。新兴、郁南、云安3县共12个乡镇、4745人受灾,倒塌房屋27间,受浸农田276.2公顷,部分水利灌溉设施受损,全市直接经济损失共687.5万元,其中水利设施损失207万元。全年未因灾导致人员伤亡。

各地级以上市防灾减灾工作

【广州市】

广州市切实抓好防汛抗洪工作。2011 年广州市虽然水势平稳，未形成流域性洪水，但短历时强降水频繁。该市注重加强防汛组织领导，层层落实防汛责任。市三防总指挥部、北江大堤抗洪抢险指挥部领导成员全部调整落实，12 个区（县级市）及各镇（街）三防指挥机构也相应调整。市本级财政安排资金 2000 多万元对应急度汛水利工程进行整改，同时要求各区、县级市按水利工程分级管理原则筹措落实资金。对城建、交通、排水、污水处理等部门的涉水工程，要求其明确防汛责任单位和责任人，制定应急预案，并按国家标准配备抢险物资。对在建工程，要求各地督促其加强安全度汛措施。

入汛以后，广州市遭遇 23 次暴雨袭击，其中 6 月 26 日、7 月 10 日、7 月 16 日、10 月 13 日等 4 次暴雨强度较大，7 月 16 日和 10 月 13 日，市气象台先后发布暴雨红色预警信号。暴雨造成局部内涝，致使道路通行困难。全市各级党委、政府和三防指挥部门及时布防，各级联动，组织做好暴雨内涝防范和抢险救灾。全市出动排涝抢险队伍 1.8 万多人次，调遣抢险设备 3400 件（套），并及时下拨应急抢险资金。4 月 1 日至 10 月 1 日，全市各级气象部门发布暴雨预警信号 140 次、雷雨大风预警信号 102 次、台风预警信号 19 次；市三防总指挥部先后启动Ⅳ级以上应急响应 34 次（防台风 4 次，防暴雨 30 次）；市级工作组赴暴雨内涝防抗一线 25 次；市三防总指挥部先后发出 31 个防御暴雨、台风紧急通知，向各级三防工作人员发布防御短信 17 万多条。为做好“10·13”特大暴雨防御，确保第 110 届广交会顺利开幕，10 月 14 日凌晨，市长万庆良前往市三防总指挥部部署暴雨防御措施，要求各区主要负责人赴一线靠前指挥，所有区领导每人负责一个水浸点，确保在 14 日 6 时前做好各区积水严重地段的积水抽排、路面清障、交通组织和环境保洁等工作。随后万庆良连夜冒雨前往越秀、荔湾、海珠、天河 4 区实地检查低洼地段内涝抢险和群众转移安置工作。年内，根据暴雨和热带气旋发生发展特点，有关部门分阶段、有针对性地提前组织做好人员转移、船只回港避风、防暴雨、防内涝、地下空间水浸以及山洪灾害防御、水库防洪保安等工作部署，掌握防汛工作主动权。由于防御得当，加上经改造后排水系统排涝效果明显，年内广州市未因洪涝灾害造成直接经济损失或人员伤亡。

抓好防旱工作。4 月开始，增城东部、从化北部出现严重气象干旱，局部高岗田、望天田出现旱情。广州市及早做好防旱准备，下发防旱抗旱通知，紧急调拨抗旱水泵，抢修电灌设备，调拨抗旱资金和油料，支持属地防旱抗旱。同时做好水库存水管理调度、灌区灌溉渠系及其设施维护、抗旱物资储备等，缓解局部地区出现的农田旱情，确保农业和生活用水。抗旱工作取得明显成效，旱情未造成直接损失。

加强三防应急预案体系建设。2011 年市三防办不断完善和细化三防应急预案，扩大应急预案覆盖面。对《广州市城区防洪预案》、《广州市山洪灾害防御预案》、《广州市干旱灾害应急预案》、《广州市防御台风（超强台风）灾害应急预案》、《广州市防御雨雪冰冻灾害应急预案》进行修编。完成《广州市防洪预案》和《广州市流溪河流域防洪预案》的编制，并按照省、市有关要求，整合各种应急预案，做到高效迅捷执行。及时修订更新各水库、拦河坝、水闸等水利工程防洪预案，及各区（县级市）、镇（街）、村（社区）三防应急预案台帐。

抓好三防视频会商系统到镇（街）工程建设。根据8月广州市开展全市视频会商系统建设调查摸底结果，全市12个区（县级市）的169个镇（街）中，已建成视频会商系统的镇（街）有40个，另有7个在建、22个在筹建中。

【深圳市】

2011年深圳市以举办大运会为契机，全面提高水、旱、风灾害防御能力，为全市经济社会发展提供三防安全保障。汛期，市三防办针对在建市政工程防洪安全问题，组织开展40多项协调工作并取得较好效果。市、区三防部门通过大量协调工作，推进罗湖区玉雅居小区水淹、南山后海片区排洪、宝安西部片区排水、龙岗细靓片区内涝、茅洲河出海口河堤坍塌、福永河河口阻洪、福龙路排水、高新南十道管网淤堵等问题的解决，及时消除防洪隐患。汛期，市、区三防部门共排查各类三防安全隐患1250宗，参与与防洪相关的水务执法400多次，立案查处25宗，并落实整改措施。

为保障深圳大运会防洪防风安全，市三防办年初即编制完成大运会三防应急预案，6月又专门编制《开闭幕式当天三防应急保障方案》和《开闭幕式场馆周边防洪排涝工作方案》，细化各项保障措施。市、区三防部门大力推动与大运会相关的内涝整治项目，完成与大运会场馆相关的15个内涝点的整治，对大运会交通指挥部提供的110处道路积水点迅速开展应急处置，确保重要路段交通不受水浸影响。协调整治南山后海片区、高新南十道、机场片区等一批防洪隐患点，有效落实莲塘尾水库应急蓄水工程、福龙路排水应急工程等8项共905万元的大运会水务突发事件紧急实施和应急经费。此外，市、区三防部门多次组织开展大运会排涝盲点专项治理，对排涝盲点逐一落实责任和应急处置措施。市、区三防部门针对大运会组织多种形式演练近20次，通过户外演练提升三防抢险能力，通过桌面演练加强组织协调能力和各部门、各单位联动反应能力。各级三防部门购置、调运一批三防物资，在大运会场馆、主要河道、供水水库等重点区域提前部署抢险队伍，形成分区布防、交互协作的安全保障体系。市三防办邀请近40名三防抢险技术专家共同研讨总结深圳市历史洪涝灾害发生发展规律和抗灾救灾经验教训，分析大运会期间可能出现的险情灾情并提出对策建议。市三防办和气象部门专家共同会商，为大运会提供个性化、精细化服务。深圳大运会期间，市三防办严格执行24小时值班带班制度，在各级三防部门的共同努力下，三防安全得到有力保障，期间未发生洪涝灾情。

在市发改、财政、住房与建设等部门支持下，各级三防、水务部门积极推动茅洲河、观澜河、龙岗河、坪山河等跨界河流综合整治，着手整治部分影响防洪安全的支流。市三防、水务部门大力推进小型水库除险加固工程，第一批项目建设任务基本完成，第二批项目正稳步推进。全市小型泵站、水闸安全评估和达标加固工作有序开展。2011年实施约40项防洪排涝项目，总投资约8000万元，用于实施河道水毁修复、支流河道清淤清障、排水管网新建改造等，有效解决局部内涝和排水不畅问题。为解决影响范围较大、市民反映强烈的内涝问题，市三防部门协调落实资金近1亿元，计划于2012年在宝安、龙岗、光明、坪山等区实施41项防洪排涝工程。

汛期，全市启动防洪防风应急响应4次，各级三防部门及相关单位组织抢险队伍4000多人次，转移危险地带群众3万多人次，组织回港船只4200艘次，开放避险中心近400个，有效减轻了灾害损失。

随着深圳城市化进程加快，农业用地（除少数蔬菜基地外）基本淡出城市土地范围，抗旱工作逐渐向城市生活生产供水保障方面转变。深圳市结合实际情况，不断完善供水工程网络体系，加强本地水资源开发利用和城市节水宣传力度，使城市生产和生活用水得到充分保障。一是大力推进防旱抗旱工程建设。积极推进公明水库调蓄、清林径引水调蓄、铜锣径水库扩建、鹅颈水库扩容等工程建设，努力夯实城市防旱抗旱保障基础。协调实施坪山新区金龟社区供水、大梅沙东部华侨城供水安全保障、横岗西坑社区应急供水泵站等一批抗旱工程，组织完成石岩街道与公明街道、坪山街道与龙城街道等供水管道连通工程等，实现区域间互联互通，通过自来水跨区调度，提高全市供水保障能力。二是强化水资源综合管理和开发利用。2010年年底，市政府先后印发《深圳市水资源综合管理试点工作实施计划》和《关于加强雨水和再生水资源开发利用工作的意见》，进一步明确水资源综合管理试点和水资源开发利用各项工作，通过新建、扩建水库，完善引水调蓄工程布局和功能，不断开发利用本地雨洪资源，提升本地水资源储备和干旱应急保障能力。三是不断开展城市节水工作。强化城市节水管理，坚持开源和节流并重，逐步把节水纳入城市发展战略，2011年成功创建节水型城市。建立节水专项资金，加大节水循环利用、技术工艺和产品创新扶持力度，确保逐年增加节水投入。四是适时开展人工增雨作业。2011年全市累计人工增雨作业飞行21架次，在自然降水和人工增雨催化的共同作用下，累计降水量普遍达到100毫米以上。

【珠海市】

珠海市全面落实各项防汛责任制。在汛中特别是热带气旋和暴雨影响期间，有针对性地开展“飞行式”重点工程突击检查，对个别基层防汛责任人存在思想轻、行动缓、意识淡的现象进行通报，督促防汛责任人切实履行防汛保安职责。市、区两级财政共筹措资金620万元，对27宗存在安全隐患的工程进行除险加固和抢修。两次通过公开招标形式，确定3家设计单位、3家监理单位和6家三防应急抢险预备队伍。为防汛中心仓库补充50万元物资。继续按照与驻珠军警部队互通机制，适时加强防汛形势会商和防汛信息沟通。狠抓专业应急培训和演练，9月2日，在高栏港南水沥水闸工地举行珠海市2011年重点在建水利工程防风安全演练；9月16日，举办2011年防汛抢险冲锋舟驾驶员复（培）训班；9月15日，高新区三防办组织防汛抢险演练。加快三防监测系统建设，完成三防洪潮预警预报模型建设、台风实时采集分析综合业务系统建设、三防指挥系统建设。此外，委托社会广告公司制作《防御暴雨知识及指引专题宣传片》，通过本地电视台宣传播放。上述措施为做好防汛工作打下坚实基础，2011年珠海市未因热带气旋和暴雨洪涝造成大的损失。

早谋划、早准备，确保珠澳供水安全。及时组织人员重新编制《枯水期保障珠澳供水安全工作预案》，并进入审稿阶段。7月初，市三防办、水务集团等供水保障单位根据水文、气象形势，超前开展枯水期珠澳供水安全保障工作，召开专题会议研究枯水期珠澳供水保障事宜。7月中旬，召开枯水期形势分析会商会。7月25日，市三防办专门发文，要求市水务集团提前向东部城区水库实施补水。8月11日，就枯水期珠澳供水安全工作到省防总作专题汇报。珠委防总、省防总在珠海市多次组织召开专题会议，要求竹银水库在确保大坝安全运行的前提下，抓住时机抢蓄淡水，竹银水库10月10日前蓄水至40米高程，比2010年多蓄水2600多万立方米，为枯水期珠澳两地供水安全提供有效保障。9 月，受强台风“纳沙”影响，西江上游地区普降暴雨，上游来水量骤增，珠、澳两地供水得到一定缓解。

【汕头市】

汕头市认真做好防汛应急工作：一是加强制度建设。2011 年市三防办编制《汕头市防汛防旱防风督导工作规定》，完善市三防办防汛值班制度，编印值班日志；编制《汕头市防御暴雨应急预案》，修订完善《汕头市防汛抗旱应急预案》、《汕头市防台风应急预案》、《汕头市风暴潮海啸灾害应急预案》和《汕头市抗洪救灾四级台帐》等三防工作各项应急预案，推进三防工作规范化和制度化建设；制定《汕头市市级防汛物资管理暂行办法》，加强储备物资动态管理。二是加强应急保障能力建设。年内市级财政安排500 万元用于市度汛应急项目专项补助资金，确保市级重点度汛应急项目得到及时抢修。增加各类防汛物资储备并加强管理，采取集中储备，分解到村、到工程，挂钩厂家、商店、石场等多种形式予以落实。落实杉木 6965 条、麻织袋 53.1 万个、砂 15214 方、石 22627 方，以及救生衣、冲锋舟、橡皮艇、雨衣、照明灯具等其他防汛物资一批，各地共落实抢险队伍 29630 人。4 月 25 日至 5 月 21 日，市三防指挥部和汕头警备区组织省民兵轻舟二大队 300 人分两批次进行技能训练。汛期全市共组织 7 场次以防汛抢险救灾为主题的应急队伍演练。三是周密部署，科学防御热带气旋灾害袭击。由于及时启动防台风应急响应，把防御各项措施落到实处。6 月 11 日，热带风暴“莎莉嘉”虽正面袭击汕头市，却未给该市带来人员伤亡和财产损失。

及早部署防旱抗旱工作。在市三防指挥部统一部署和有关部门大力支持下，市气象局抓住有利时机，先后于 8 月 29 日、30 日和 11 月 8 日、9 日分别在南澳县和潮阳区进行人工增雨作业，取得明显效果。受旱地区各级党政部门加大抗旱工作力度，采取有效措施，最大限度保证各地用水需求。潮阳区加强水资源保护和管理，细化用水计划，确保城乡居民生活用水。为确保居民用水，区自来水总公司不惜代价加大境外购水量，海门镇启动购汕自来水，贵屿镇北林村启动购普宁自来水，榕江片区金灶、关埠、西胪等地加大购榕江水厂的水量。练江水闸、海门湾桥闸关闸蓄水提高水位，以确保练江流域工农业生产用水。潮南区制定水库水量调度方案，对区管水库水源实行“倒计量”调度，实施错时供水。金溪水厂从 10 月 3 日开始，将供 2 天停 4 天调整为供 2 天停 6 天。10 月 11 日开始，秋风、龙溪水系供水范围内的镇、村约 100 万人口也全部实行错时轮流供水。全区累计投入抗旱资金 3500 万元，组织疏浚溪渠 62 条约 148 千米，修筑水陂水池 66 个，开挖水井 156 口，出动提水抗旱器械 920 台（套）。南澳县委、县政府及早谋划、科学调度用水。4 月开始，县城供水量由原 1.2 万立方米每天减为 0.8 万立方米每天。9 月 3 日开始，县城实行每周供水一次，供水量为 2 万立方米。架设临时供水管线 800 多米，维修更换旧闸阀一批。清理旧阳井 40 口，维修原机井设备 8 口，新开挖机井 4 口，以尽可能多地为群众提供非食用补充水源。县、镇、村三级共筹措投入抗旱资金约 2000 万元。全力推进南澳引韩供水工程建设，力争早日引韩江水上岛，从根本上解决海岛水源性缺水问题。

【佛山市】

佛山市完善三防预案，规范三防体系建设。全市各级防汛部门结合机构改革，修编完善三防应急预案，重新明确相关部门防汛职能并报政府审批印发。新建立全市预案台帐管理系统，实现基层预案台帐规范管理，各区、镇（街）逐步录入预案台帐数据。市三防办制定《佛山市防汛防旱防风责任追究办法》和《佛山市基层三防体系建设实施方案》，拟报市政府发文；抓紧制定《佛山市基层三防体系建设指导大纲》，从组织、场所、队伍、监测预警、制度、预案等方面规范基层三防体系建设。

推进防汛物资中心仓库建设和管理。区一级共投入1369万元用于防汛物资采购及仓库建设。市、区两级已建成中心仓库9座，其中市防汛物资中心仓库2座、禅城区1座、南海区3座、三水区2座、高明1座。禅城区拟投资350万元建设禅城区三防物资调度中心，并已进入设计阶段。南海区区级中心仓库共储备防汛物资价值600多万元。高明区拟建设占地面积2000平方米的区级三防物资中心仓库，总投资约为392万元，并于年初完成选址。佛山市三防办建立佛山市防汛物资管理系统，出台《佛山市防汛物资管理办法》，编制《佛山市防汛物资管理手册》，计划于2012年初印制使用。市三防办与佛山科学技术学院合作，完成市防汛物资中心仓库信息化管理系统建设并将投入使用。

加强轻舟骨干培训，全力配合做好抢险工作。5月佛山军分区、市三防指挥部共同组织省防汛抢险民兵轻舟机动一大队骨干集训，提高救灾专业技能。6月24日，佛山市防汛抢险潜水队接到省防总调令后迅速集合，奔赴达赤坎水库进行紧急抢险，经过6日奋战，最后使水库险情得到有效控制。

加强城镇内涝防治工作。经多次对水浸黑点进行摸底排查，查明全市共有水浸黑点121宗，其中禅城区49宗、南海区34宗、三水区14宗、高明区24宗。对此，佛山市专门制定整治方案。禅城区三防办制定排涝应急预案，成立一支22人的排涝清疏队伍，购备2台轴流水泵、4台汽油发电机组抽水机、10台发电机、10台应急抽水泵及2000只沙包纤维袋等防汛排涝物资，并落实防涝排涝责任人。南海区新组建一支80人的排涝应急抢险队，制定防涝排涝应急预案。三水区政府为解决西南中心城区水浸问题，将中心城区市政排水设施日常管理和维护、排水设施改造和水浸黑点整治职责下放西南街道，区国土城建和水务局与西南街道签订相关协议。高明区通过城区管网改造，改善水浸黑点状况。禅城区每年安排400万元专项资金，对淤塞较为严重河涌进行清淤整治。南海区2011年计划总投资2.35亿元用于全区水利工程设施建设、内河涌清淤及整治工程。自2006年热带气旋“派比安”造成特大内涝后，三水区市政建设部门投入700多万元用于口岸大道铁路桥水浸点和九腩洲排涝泵站建设，另水利部门投入1.6亿元用于大棉涌重建工程，取得一定成效。高明区2011年投入6400多万元对沧江路排水管网进行升级改造，以改善沧江路水浸现状。

推进三防信息化建设。按照市委、市政府“四化融合，智慧佛山”战略部署推进“智能水务”建设。完成防汛工程视频监控平台项目建设，对全市中型水库、险段、防汛中心仓库、电排站、内涝点和中型水闸等23个防汛工程进行视频监控，采集视频监控信号共160路。防汛工程视频监控平台二期正在建设中。推进三防防汛工程运行信息采集系统二期项目建设，新建10个内河涌水位、雨量监测点，购置雷达预警系统，实现对气象雷达图的智能采集，实现对短历时降水定点、定性和初步定量的预警作用。加强防汛会商系统管理，实现市、区、镇三级防汛会商系统互联互通。完成北江大堤前线抗洪指挥分部、禅城区4镇1泵站、南海区8镇4个局属工程单位、高明区4镇（街）、三水区7镇（街）等防汛指挥所视频分会场的联调测试，确保防汛会商信息的传递畅通及时。

【韶关市】

韶关市多措并举做好防灾减灾工作。完成《防御特大洪水预案》、《韶关市防洪应急预案》、《市县镇村四级抗洪救灾应急预案台帐》、《韶关市防汛信息预警发布方案》和《韶关市抗旱预案》的编制，基本形成较完善的防汛救灾预案体系。完成100多宗小型水库动态监管系统建设，市三防指挥部可以通过三防指挥系统实时监测水库大坝及水位、降水等。至2011年，市三防仓库储备防汛物资价值约346.8万元，主要有：编织袋39万个、麻袋1.3万个、吸水膨胀袋6000个、土工布（膜）3.4万平方米、水利笼（箱）3180个、救生衣（圈）3100件（个）、升降工作灯9台、强光灯49个、防汛电缆（线）5千米、镀锌管2400条、发电机组15套、抽水机33套，另有防寒物资一批。8月4日，广东省防汛物资区域性仓库（韶关）工程开工，工程完工后将为韶关市乃至整个粤北三防工作提供更有力的物资保障。各县（市、区）也建立三防仓库，储备一批防汛抢险物资。至2011年年底，韶关市拥有省防汛抢险民兵轻舟三大队（300人）、韶关市防汛抢险轻舟应急大队（300人）、韶关军分区和市武警支队等4支专业抢险队伍，并建立防汛抢险专家库。各县（市、区）、各工程单位也建立专业抢险队伍。4月19~28日，市防汛抢险轻舟应急大队组织13个中队共120名队员在孟洲坝轻舟训练基地进行封闭集训。5月9日，市三防指挥部在翁源组织翁源县城区防御特大洪水预案演练。通过集训和演练，全市各级政府防洪救灾应急实战能力进一步增强。

努力做好抗旱工作。4月1~28日，全市平均降水量仅17毫米，是近60年最少纪录。全市山塘水库蓄水由年初13.48亿立方米降至10.11亿立方米（12月8日），全市有129宗水库干涸，267口机电井出水不足，各地陆续出现旱情。至4月29日，全市10个县（市、区）均不同程度出现旱情，农作物受旱面积46.93万亩（重旱13万亩），水田缺水13.18万亩，旱地缺墒7.1万亩，6.4万人因旱饮水困难。4月27日，市三防指挥部及时启动全市抗旱预案Ⅳ级应急响应，向各县（市、区）派出4个抗旱工作组到镇村指导抗旱。市财政安排200万元支持各县（市、区）添置、维修抗旱设备，补贴抗旱用电用油。市三防及时调配抗旱设备到县（市、区）、镇、村。4月29日至5月1日，韶关市普降中到大雨，局部暴雨，全市旱情基本缓解，抗旱工作取得阶段性成果。7月以后全市降水连月偏少，个别地方出现秋旱苗头。各县（市、区）根据市三防指挥部要求，认真做好调水计划，积极应对秋旱，同时编制完成《防御秋冬春连旱预案》并报市三防办，市三防办在年底前完成全市防御秋冬春连旱预案编制。

【河源市】

河源市三防部门认真落实各项措施，切实做好防汛抗旱工作：一是加强防汛抗旱工作制度建设。7月市防办先后修订完善《河源市三防办值班工作制度》、《河源市三防办信息报送管理规定》等规章制度，并汇编成册。二是着重加强三防信息报送工作，市三防办发文28次、内部明电38次，印发《防汛抗旱简报》12期，确保防汛抗旱和抢险救灾信息畅通。三是加强应急责任体系、应急预案体系、应急指挥体系和应急抢险保障体系建设，尤其是狠抓应急抢险保障体系建设。投资550万元购置75艘冲锋舟、54艘橡皮艇，于4月上旬全部配置到91个有防汛任务的乡镇和15个工程管理单位。4月中旬开始，分3期对全市县、镇260名冲锋舟驾驶员进行全员集中培训，并与市军分区联合举行冲锋舟防汛机动抢险专业技能比武竞赛。针对5月以后持续强降水过程和多次热带气旋影响，市三防办加强雨水情的监测和会商，先后9次召开防汛会商会，12次下发、23次转发省防总有关暴雨防御紧急通知，并派出12个工作组到重点县区协助指导地方防汛抗洪救灾。

提前部署抗旱工作，抓住有利时机蓄水，为抗旱提供水源保障。针对4月旱情及发展趋势，4月上旬，市政府及时下发相关通知，部署全市抗旱保春耕工作。4月11日、23日，市三防办先后两次召集有关部门专家进行雨水情及防旱抗旱形势专题会商。4月18日，根据市领导指示，市三防指挥部派出3个工作组，各带30万元抗旱资金，分赴和平、连平、龙川等地指导抗旱。市领导率三防、水利、农业等部门负责人多次赴旱区一线指导防旱抗旱，市三防指挥部先后派出6个工作组分赴各地检查指导抗旱。至4月底，全市共投入抗旱人数7.11万人，投入机动抗旱设备8300台（套）、抗旱资金780万元，抗旱浇灌面积15万亩。

加强山洪灾害防治非工程措施项目建设，第一批山洪灾害防治县和平、东源两县已完成山洪灾害危险区、预警区划定和446个简易雨量站的安装，有山洪灾害防治任务的行政村预案编制，预警系统手摇报警器和铜锣采购发放，镇、村山洪灾害防治知识宣传栏及警示牌制作安装。其余各县完成《山洪灾害防治非工程措施建设实施方案》编制并报省防总评审。

【梅州市】

梅州市充分做好防汛应急准备。入汛前对省防汛抢险民兵轻舟五大队骨干队员进行强化训练，各县（市、区）调整充实各水库、堤围防汛抢险队伍。针对市三防办防汛仓库库存状况，投入20万元购置一批防汛物资。结合近年三防工作和市三防指挥部职能增加的实际，完成《梅州市洪涝灾害抢险救灾应急联动方案》、《梅州市防汛防旱防风防冻应急预案》、《梅州城区防汛应急预案》编制，入汛前由市政府印发。各县（市、区）根据实际修订各类预案，提高预案可操作性。各地认真抓好镇、村两级基层防汛责任预案编制，明确镇、村及村民小组防汛责任人防汛职责。3月下旬完成全市汛前安全大检查。市、县两级共出动检查人员5200多人，检查防洪工程8500多宗。通过检查发现存在安全隐患水库12宗、堤围43宗、山塘123宗，共有隐患点436处。至4月底，安全隐患较严重的7宗水库放空或降低水位运行，其余隐患工程均落实临时度汛措施。5月6日和18日，先后召开梅州城区人工湖内涝调度协调会和梅江韩江干流梯级电站防汛协调会，进一步明确和完善城区文化公园、剑英公园、泮坑水库、清凉山三级电站及梅江韩江干流梯级7宗电站的防洪调度。

2011年梅州市虽然未发生大流域性洪水，但局部出现较严重洪灾。市三防指挥部共启动防台风Ⅳ级应急响应2次，各县（市、区）三防指挥部根据汛情、灾情发展，按预案及时启动防汛、防风应急响应，组织抢险救灾。7月中旬，琴江、韩江出现超警戒水位洪水，市三防指挥部迅速派工作组赴灾区调查灾情，指导抗洪救灾。7月16日晚至17日14时，梅县雁洋镇三乡降水量达179.5毫米，造成三乡山洪暴发，其下游丙村镇黄梅村部分群众被洪水围困。接到灾情报告后，梅县三防指挥部立即向县领导汇报，并调派省防汛抢险民兵轻舟机动五大队梅县轻舟分队20名队员携带2艘冲锋舟、1艘橡皮艇赶到现场，会同丙村镇抢险队开展救援，经过两个多小时努力，安全解救被洪水围困的14名群众。经过全市广大干部群众和部队官兵努力，年内虽出现多次局部灾情，但未出现洪水致人伤亡现象。

梅州市8县（市、区）均列入山洪灾害防治县级非工程措施建设规划。平远2009年列入全国试点县，2010年项目建成并经省防办验收投入使用。兴宁、梅县、大埔、丰顺、五华县列入2010年实施项目，每个县下达400万元资金（其中中央和省财政资金各200万元）。梅江区、蕉岭县列入2011年实施计划，每个县（区）已下达中央资金200万元。市三防办加强项目组织领导，及时与财政、气象、水文等部门沟通协调，规范建设管理，抓好项目实施。兴宁、梅县、大埔、丰顺、五华等县（市）完成预警铜锣和警报器采购发放及镇、村预案编制；梅县、大埔、五华等县完成半自动雨量计采购安装；兴宁市举行山洪灾害防御演习，制作山洪灾害防治宣传栏和标语等。梅江区、蕉岭县完成山洪灾害防治非工程措施方案编制，并上报省防总审批。

加强三防信息化建设。年内由市级财政投资250多万元实施第一期项目，主要建设项目有：开发三防指挥决策支持系统，建设梅州城区电排站、梅江韩江干流梯级水电站水情遥测系统和图像监控系统、视频会议系统、汛情发布系统、计算机网络等，并完善水务局门户网站，项目进入试运行阶段。各县（市、区）根据各自实际实施三防信息化项目，兴宁市将三防视频会商系统向乡镇延伸，梅县建成重点小型水库水情图像监控系统。

此外“三防能力建设年”活动取得明显成效，特别是乡镇三防能力建设有新突破，兴宁市20个镇级三防办公室已全部挂牌，并因地制宜，与乡镇水利水电管理所合署办公。对镇级三防办建设采取激励机制，市在资金上给予一定补助。

全力抓好防旱抗旱工作。2010年10月至2011年4月，梅州市降水严重偏少，江河来水偏枯，1～4月雨量比多年同期平均值少七八成，是该市有气象记录以后同期最少值，各县（市、区）均出现旱情。至4月29日，全市作物受旱面积42.4万亩，其中轻旱28.2万亩、重旱13万亩、干枯1.2万亩。全市各级加强组织领导，做好水资源调度管理，组织群众开展农田水利建设，广辟水源，同时加强受旱作物管理，引导群众因地制宜改种耐旱经济作物，降低灾害损失。2010年利用热带气旋“凡亚比”、“鲇鱼”带来的降水进行引水入库，为2011年春耕生产储备了水源。各级水利、三防部门切实加强蓄水工程管理，合理安排，科学调配，提高水资源利用率，确保大部分农田灌溉用水需要。抓好机井、陂头、渠道等灌溉设施修复，恢复抗旱能力。市水务局结合梅州城区供水水源清凉山水库蓄水实际情况，组织人员对城区供用水状况进行分析预测，研究城区应急供水相关措施。市三防办紧急购置一批大扬程潜水泵，向省三防办借来50台小型离心泵和5台大功率柴油抽水机，并将抗旱设施紧急调往受旱严重地区支持抗旱。受旱地区党委、政府迅速派出工作组，组织群众采取整修渠道、开沟引水、打井挑水、抽水、车水等措施解决用水问题。对一些无水源灌溉农田，引导群众因地制宜改种耐旱作物以减少损失。全市共投入抗旱设备1500多台、抗旱资金1455万元，抗旱浇灌面积32.1万亩，解决4280人饮水问题，其中市水务局投入5万多元购置潜水泵支持灾区抗旱。

【惠州市】

惠州市认真落实各项防汛防风措施。实行水利工程月检查制度，加强小型水库、小水电站和山塘检查管理。各地和各工程单位在原有预案基础上对防汛预案进行修订，492宗防洪预案全部编修完毕。各县（区）继续完善制定四级预案台帐。市、县（区）各级增加防洪物料购置资金投入，全市共储备冲锋舟108艘、橡皮艇52艘、救生衣2500件、编织袋35万个、钢筋笼1600个、防洪沙石料15.156万立方米。市县两级三防防汛物资全部按国家和省的要求配置完备。市县（区）及工程单位均根据防洪预案编制落实抢险队伍，并组织培训演练。年内市三防指挥部共启动防风Ⅲ级应急响应2次、防风Ⅳ级应急响应4次，全市县以上部门共组织120个工作组深入基层狠抓防风工作落实。

抓好防旱抗旱工作。4月22日，副省长刘昆率队到惠州检查防旱抗旱工作。市委、市政府旱部署、早行动，全力抓好防旱抗旱组织工作。市领导深入一线掌握旱情动态，指挥抗旱。各级三防水利部门根据现有水库水量进行科学调度，每周收集统计全市蓄水情况，对大、中型水库实行指令性调度。各水库加强值班，严格按市、县三防部门指令用水。各地采取引水、抽水，深挖水井抽取地下水，优先保证人畜饮水，同时疏渠清淤，修陂补漏，做到滴水归田。全市共投入抗旱人数 12.57 万人，筹措抗旱资金 2179.5 万元（其中省级 150 万元、市级 100 万元），投入抗旱设备 12499 台（套），启动抽水泵站 269 处，抗旱用电 268.7 万度、用油 264.3 吨。通过全市上下共同努力，旱情得到缓解，农业生产未受到较大影响，未发生大牲畜渴死现象和用水纠纷事件。

抓好基层防办能力建设。市与县（区）的专线光纤由 2 兆提高到 6 兆。汛前调试好市县（区）视频会商系统，实现有效互通互联。落实镇一级水管、三防指挥机构，村一级水管、三防信息报送人员，做好乡镇一级视频会商规划。

【汕尾市】

汕尾市认真落实防汛责任制，做好防汛应急抢险准备。全市 634 宗蓄水工程、5 宗大型水闸及 5 宗捍卫万亩以上江海堤围全部落实防汛责任人，20 宗大中型水库、重点小型水库及部分乡镇防洪应急预案均予以修订、细化、量化和完善，以提高其针对性和可操作性。全市组织村级自救队、镇级抢险队、县级突击队、市级增援队四级纵向队伍和各系统横向专业队伍共 135 支，合计 7.93 万人，开展防汛抢险培训和模拟演练。针对防汛物资严重不足状况，克服财政困难，尽量调剂部分资金购置补充防汛抢险物料。全市储备防汛抢险物料包括沙石料 2.06 万立方米、编织袋 25 万个、铁笼 200 个、土工织布 6600 平方米、救生衣 1160 多件、救生艇 9 艘、冲锋舟 11 艘，另有其他物资一批。

全面加快“双千工程”和农田水利建设。按照省的统一部署，大力开展“双千工程”建设。汕尾市列入“双千工程”建设项目涉及 6 大类共 198 宗工程，投资近 29 亿元，按照“一年初见成效、三年大见成效、五年全面完成”要求，扎实推进治洪治涝保安工程建设，切实抓好百里海堤爱海工程建设。百里海堤爱海工程建设主要任务是达标加固堤围 238.2 千米、除险加固穿堤水闸 278 宗，总投资 15.044 亿元，其前期工作已全面铺开。

【东莞市】

东莞市加快三防信息化建设步伐。经过几年努力，东莞市三防指挥系统建设基本完成，2011 年汛前进入试运行阶段。整个工程由信息采集系统、计算机网络系统、决策支持系统三部分组成，共划分为 30 个分项目。2011 年完成的主要工作：一是对信息采集工程、视频监控系统、应急通讯建设工程（终端设备部分）、水位点联测校验测量、专业应用系统、三防综合数据库与决策支持系统、遥感影像数据采集及加工、东江三角洲和寒溪水洪水预报计算模型与预警系统等进行验收和结算；二是全面整理已验收项目文档资料并进行相应编号，建立归档目录；三是安排下属单位培训，内容包括三防决策支持系统公文管理和实时工情填报应用培训等；四是完成新建项目，通过协议采购签署异地存储备份系统建设合同。其他剩余分项目均已经完成，项目运行状况良好，并于年底前进行整个项目的最终验收和结算。

健全三防指挥机构，完善和制定防汛预案。市、镇两级以及市属水利工程管理单位全部组建三防指挥机构。市三防指挥部成员由 24 个增加到 28 个，新增单位包括市监察局、林业局、旅游局和公安消防局。重点抓好村（社区）一级应急预案编制，细化当地主要洪涝地质灾害点、安全转移路线和临时应急避难场所等重要信息。32个镇街和3个园区中，已有21个提交三防应急预案。

增加防汛物资储备，训练防汛队伍。市级防汛仓库新增防汛抢险应急包和应急抽水泵。新购置一台升降平台，以提高仓库空间利用率和增强防汛物资调度灵活性。4月下旬，市三防指挥部与东莞军分区联合举办一期民兵轻舟集训班，对各镇街128名民兵骨干进行轻舟操作和抢险救灾训练。

积极协调，有效减少工程施工影响。2011年全市在建水利防灾减灾工程多，同时有大量市政重点工程相继施工，对原有水利工程影响很大，如江库联网工程、城际轨道工程对部分镇街及河道造成影响。各镇街和有关单位积极协调相关部门，通过加强水利工程巡查、召开工程协调会等措施，督促施工单位进行整改，有效减少工程施工影响。针对68宗度汛水利工程及影响度汛的非水利工程，市三防办多次进行现场检查，并发出13份整改通知书，督促有关单位做好整改工作，直至防汛安全隐患工程全部完成整改。

周密部署，确保深圳大运会防洪安全。深圳大运会于8月举行，东莞市与深圳邻近，部分大运会场地在该市大朗草芝坑、黄江星光等两宗小型水库下游。为确保深圳大运会防洪安全，东莞市三防指挥部周密部署，全市三防部门加强值班，实行汛情一日两报，对重点水库和重点堤围加强巡查，对石马河流域进行综合调度，防止出现东江水源污染事件，并安排人员对大朗草芝坑、黄江星光水库进行24小时监控，确保水库安全。

【中山市】

中山市超前部署，周密做好汛前准备，做到防汛责任、预案、工程、物资、队伍五到位，以确保安全度汛。针对近年该市洪、涝、风灾害特点和防洪标准变动，对三防预案进行修编，对暴雨、洪水预警级别和防御措施进行相应调整。将全市各镇区及有关防洪单位共39份三防应急预案汇编成册，便于各地在防汛工作中使用。建立市、镇村、厂企三级抢险队伍，落实全市抢险队伍3.56万人，成立市级和镇级综合应急救援支队，构建强有力的应急抢险体系。全市储备防汛物料包括指挥船2艘、货船34艘、冲锋舟51艘、橡皮舟9艘、平底舟8艘、客车20辆、吊车1辆、砂8.4万立方米、块石5.3万立方米、松杉桩3.2万条、土工布（膜）8.7万平方米、编织袋159万个和其他防洪抢险物资一批。通过一系列防汛抢险培训演练，丰富防汛抢险知识和实战经验。自4月下旬起，分别对神湾镇、小榄镇、东升镇和阜沙镇等镇基层村居、农口线干部、应急分队共500多人进行防汛抢险、三防预案、预警处置等的培训。市三防指挥部根据各部门职能分工和工作重点，分别与广东移动中山分公司联合在横门水道口的临海工业园开展防汛抢险应急通信演练，与国土局、住建局联合举办防御地质灾害和防御地下车库受淹应急演练。武警中山支队组织近百名官兵在金钟水库进行为期一周的防汛抢险演练。中山边防支队两次组织防台防汛应急演练，出动50多名官兵和近百套抢险器材，组织南朗横门围垦100多名务工人员演练撤离转移。中顺大围工程管理处组织人员对各类防汛抢险物资进行抽样检测和防汛设备操作演练。针对近年出现地下车库被淹现象，该市首次在汛前安全检查中将住宅小区、商场地下车库及地下空间列入检查项目，收集地下车库有关防汛状况，确保在2011年汛期不出现车库被水淹浸现象。年内市三防指挥部及办公室向全市发出暴雨和热带气旋防御通知20个，转发国家、省三防有关文件47个，召开视频会商会议9次，启动防风Ⅳ级应急响应1次。气象部门发布暴雨预警信号20次、台风预警信号5次、雷雨大风预警信号12次。在热带气旋和暴雨洪涝影响期间，建设部门组织落实路面巡查人员、车辆和机械设备把守城区积水黑点，在暴雨集中时段清疏积浸路段，及时启动中心城区后岗、沙岗、南三、安栏、大王庙、夏洋、员峰、崩山涌、白石涌等泵站进行排涝，仅防御“5·16”大暴雨期间抽排时间就达70个小时，排洪量达998707立方米。

加大力度开展水利防洪工程建设，将排涝工程建设、内河涌整治等作为重点，新开工工程48宗，总投资约7亿元。三角福隆泵站已累计完成投资3200万元。火炬开发区张家边泵站于11月初正式动工。共投入2.4亿元整治内河涌235千米，完成疏挖土方300万立方米、石方25.2万立方米。其中，五桂山红旗河一期工程已完成96%，征地工作全部完成；三乡镇茅湾涌综合整治工程后续项目建设在实施中。市政府全力办理市人大一号议案《加快抗咸工程建设，切实保障我市饮用水安全》，投入近2亿元启动全禄水厂蓄淡抗咸和长江水厂二期扩建两大抗咸工程建设，部分工程已发挥效益。作为中山市最大的抗咸民生工程，全禄水厂蓄淡抗咸工程于11月23日顺利通水，该工程具有在咸潮期日供水20万吨/日，持续时间达9天的供水能力。继续投入200多万元进行市三防水文遥测系统维护及中心站平台升级改造、增建洪奇沥测咸站点、建设改造阜沙、三乡、三角等镇遥测中心站等。市三防水文遥测系统升级改造已基本完成，进入试运行阶段；阜沙镇水文遥测系统已完成验收，新建的横迳、鸦雀尾、颈口、大有北、西闸、阜东等8个遥测站正常运行使用。

加强防灾减灾知识宣传。3月下旬，市三防指挥部启动共创和谐文明城市防灾避灾巡回宣讲活动。5月中旬，联合市教育局开展送课进校园和送课下基层活动。印制6万多份《中山市防洪防风知识及防汛措施手册》、《防灾减灾宣传知识卡》及3000份防灾减灾知识宣传挂历等宣传资料，下发全市村民。积极参与“5·12防灾减灾宣传日”活动暨全市应急救援技能比赛，向市民发放宣传资料，开展三防知识有奖竞答活动。

【江门市】

江门市坚持以人为本，做好热带气旋和暴雨防御工作。在完善《江门市防汛防旱防风应急预案》和《江门市江新联围抗洪抢险救灾应急预案》的基础上，新编简单、实用、操作性强的《江门市防汛防旱防风应急预案操作手册》和《江门市江新联围抗洪抢险救灾应急预案操作手册》，为防汛指挥决策打下基础。在2011年防御热带气旋和暴雨过程中，全市共组织出海船只6529艘次、船上人员14717人次及时回港避风或就近避风，安全转移危险地带人员2500人次。

加强水库科学调度和监控，充分发挥水库防洪效益。年内全市600宗水库工程共拦蓄洪量2.481亿立方米，避免农田受灾面积33951.62公顷，避免受灾人口64.272万人，避免城市进水3座，避免直接经济损失2.913亿元。

根据国家防总、省防总统一部署，组织列入全国山洪灾害防治县级非工程措施建设范围的恩平、开平等地，迅速开展辖区内山洪灾害情况摸底、资料收集及上报工作，及时编制和上报《山洪灾害防治非工程措施建设实施方案》，并按进度要求做好项目实施准备。

【阳江市】

阳江市加强三防能力建设，坚持以人为本，做好抗灾救灾工作。全市落实财政预算21.5万元用于增加三防物资贮备，采购橡皮艇、编织袋、土工膜、土工布、照明设备等17类防汛抢险物资一批。同时，争取自省防总借用的6艘抗洪抢险冲锋舟、3架简便拖车由阳江市实行代贮。争取市财政预算资金50多万元，新建18宗大中型水库动态监控点，使全市动态监控站点达到39个。阳春市16个镇（街道）成立三防指挥部，并将三防机构延伸到行政村，同时组建镇、村防汛抢险救援应急队。春城、马水、岗美、河口、潭水、三甲、八甲、双滘、圭岗、永宁等防汛重点镇（街道）防汛抢险救援应急队组建人数为30人，其他镇组建人数为15人，人员经费每人每年补助2000元（共78万元），由阳春市财政负责解决。每个行政村组建一支互助自救队，防汛重点行政村组建人数为15人，一般行政村为10人，经费由各镇（街道）负责解决。2011年阳江市三防指挥部启动防风防洪Ⅱ级应急响应1次、Ⅲ级3次、Ⅳ级1次，并及时通过电视、报纸、广播等媒体向社会发布相关信息。各县（市、区）三防指挥部根据当地实际，及时启动防风防洪应急预案。年内全市共转移危险地域人员48355人次；热带气旋来临前，6529艘渔船均回港或就近港口避风。遭遇强台风“纳沙”袭击后，恰逢国庆节期间，市三防、水务、农林、海洋与渔业、交通、民政等相关部门专门组织工作组深入灾区一线，指导和帮助灾区救灾复产。

【湛江市】

湛江市委、市政府高度重视防汛防风工作。全年市三防指挥部启动防洪应急响应7次，包括Ⅳ级2次、Ⅲ级3次、Ⅱ级1次、Ⅰ级1次。各级三防指挥部和市直三防指挥部成员单位按照职责要求，启动本部门应急响应预案。市级各部门共派出52个工作组到各县（市、区）检查重点防风部位，督促、指导和参与防风工作。

在防御强台风“纳沙”过程中，市委书记刘小华先后两次对防风工作作出批示，并于9月30日主持召开市三防指挥部全体会议，动员部署台风防御和救灾复产工作。代市长王中丙先后4次主持召开市三防指挥部全体会议部署防风工作，通过电话检查各地、各部门防风防汛责任制落实状况，并赴徐闻县靠前指挥。市四套班子领导全部到挂点县（市、区）指导防风准备工作。市三防指挥部先后6次召开防风会商会，18次下发“纳沙”防御通知，派出21个防风督查小组（其中市水务局5个、市海洋与渔业局9个、市民政局7个）分赴各县（市、区），指导做好水利工程、重点部位防风及人员转移工作。启动Ⅰ级应急响应后，全市中小学、幼儿园停课，以确保学生安全。

加强法规制度及预案建设，完善各项防汛抗旱工作规章制度。2011年市三防指挥部相继出台《湛江市三防办值班工作制度》、《湛江市三防信息报送管理规定》、《湛江市防汛防旱防风防冻督导工作规定》、《湛江市防汛安全检查规定（试行）》、《防汛责任追究制度》等。通过制度建设，推动三防工作制度化、规范化。各县（市、区）所有水库、捍卫万亩以上海堤、大中型水闸等重点水利工程均编制防汛抢险应急预案，且在汛前组织各县（市、区）和有关单位修订完善有关三防总体应急预案和水利工程防汛抢险应急预案。

【茂名市】

茂名市科学组织防灾抗灾。市三防投入30万元对三防物资储备中心仓库进库道路进行维修改造，增加物资储备品种和数量。全市共储备冲锋舟43艘（含省轻舟机动四大队29艘）、指挥艇1艘、救生衣1823件、防汛铁笼500个、纤维包80多万个、杉木桩1770条和其他抢险工具一批。全市水库、堤防工程储备一批沙、石及编织袋。12座大中型水库大部分都按省的标准准备足沙石料、纤维包、木桩等防汛物资。水利工程管理单位认真做好水库洪水调度，汛期内全市366座大中小型水库拦蓄洪水2.7亿立方米，避免农田受灾面积15.6万公顷，避免受灾人员490万人，避免城市进水3座，避免直接经济损失3300万元。在两次较大局部洪涝灾害和强台风“纳沙”影响过程中，气象、水文部门均提前做出准确预警预报。9月，在防御强台风“纳沙”过程中，茂名市启动防风预案Ⅱ级应急响应，个别职能部门响应迟缓，根据市委书记邓海光指示，市纪委立即介入，启动应急问责预案，通过问责，进一步强化三防成员单位责任意识。全市集中最大人力、物力资源，共派出2386个防风抗洪抢险工作检查组共9708人，深入防灾救灾一线，督促落实各项措施。在“纳沙”登陆前，全市3532艘出海船只全部回港避风或到就近港口避风，海上作业人员6118人、危房五保户126人、居住危险区域人员42091人全部提前安全转移（其中地质灾害危险地带安全转移人员11787人），并得到妥善安置。“纳沙”登陆后，通过密切监视天气变化，及时调整部署，继续转移受风暴潮威胁人员1万多人。此外，茂名市注重加强防洪防风宣传，在抗击热带风暴“海马”、强台风“纳沙”及“6·29”暴雨洪涝过程中，全市参加宣传报道媒体单位共21家，出动记者700多人次、摄像枪120台次、摄影机410台次，采写新闻稿件约600条，市三防新闻发言人答记者问达21次。

省轻舟机动四大队厉兵秣马，在抗灾救灾中发挥骨干作用。5月，省轻舟机动四大队投入训练经费23万元，组织各民兵轻舟分队全体队员进行抢险救灾专业技能训练考核和消防官兵防汛抢险救灾骨干训练。同时，投入10万多元为轻舟队员和后勤保障人员购买人身意外保险。汛期，市三防办投入5万多元，及时对省轻舟机动四大队损坏的冲锋舟、船外机、配套设备及损失的救生配套器材进行检查、维修保养和补充。6月29日，高州民兵轻舟分队根据市三防指挥部和茂名军分区命令，迅速调动4艘冲锋舟和70多名轻舟队员分赴马贵、大坡抢险救灾，协助转移安置群众4786人。9月29日，电白民兵轻舟分队调动5艘冲锋舟、50名轻舟队员和300名基干民兵赶赴树仔、电城镇抢险救灾，协助转移安置群众1万多人。

灾害过后，茂名市及时组织抢修水毁水利工程。全市共投入资金9.17亿元用于水毁水利工程修复，共修复水库62座、堤防119处计125.3千米、护岸280处、水闸56座、塘坝3711座、渠道625处计1325.56千米及其他灌溉设施756处，确保水利工程安全度汛。

【肇庆市】

市三防办编制完成《肇庆市防汛防旱防风防冻应急预案》初稿，于9月印发《肇庆市三防信息报送管理规定》、《肇庆市防汛抗旱重要突发险情灾情报告工作考评办法（试行）》、《肇庆市防汛防旱防风防冻督导工作规定》，进一步规范三防信息报送。组建西江防汛机动抢险队、武警水上救援突击队和军分区轻舟分队等3支专业抢险队伍，各县（市、区）共组建8支轻舟分队和多支抢险突击队，卫生、交通、公路、供电、供水等市防总各成员单位也相应组织应急救援和卫生防疫队伍，并抓好队伍培训和防汛抢险演练。10月20日，肇庆市山洪灾害防御暨三防应急预案综合演练在广宁县宾亨镇成功举行，这是各地级市中首次成功举行此类大型综合演练。市政府安排93万元专项资金充实市级防汛物资储备，补充购置8台抗旱抽水泵、6台内涝移动抽水车和一批编织袋。各县（市、区）落实资金补充防汛物资。各级三防办均补充添置相关办公器材。此外，对三防网站进行改版，同时争取市财政落实三防指挥系统年度维护经费15万元和三防专项通信资费50万元，并解决全市三防视频会议系统30个月的光纤租用费用。

在防御热带风暴“海马”和强台风“纳沙”期间，市三防办启动防风Ⅳ级应急响应。在强降水、热带气旋和地质灾害影响期间，及时派出防汛抢险应急工作组，指导当地防汛抢险救灾。6月底，受持续强降水影响，星湖水位达5.2米，超防限水位0.4米，市防总迅速发出通知，要求相关部门将星湖水位降到4.8米防限水位以下运行，并充分利用排水优化星湖和城区排水管网水环境。加强河道采砂管理，对河砂开采进行科学规划和论证，加大非法采砂处罚力度，确保河砂开采不危及水利工程安全。

推进山洪灾害防御非工程措施建设。列入第一批实施的广宁县基本完成监测系统、群测群防体系建设，预警系统、预警监测平台建设也在组织实施中。列入第二批实施的高要、四会、怀集、封开、德庆等县（市）和列入第三批实施的端州区、鼎湖区实施方案经财政、国土、水务、气象、水文等部门审查已报省待批。第二批实施县的中央补助资金已下达，其中怀集县已开展预警平台、群测群防体系建设，高要、四会、封开、德庆等县（市）已上报简易雨量站、手摇报警器和铜锣购置报告。

【清远市】

清远市切实落实防汛非工程措施。汛前建立健全1100多套县（市、区）、镇（乡）、村防灾减灾避险应急预案台帐。落实资金，增购抗旱设备250台（套）。采取传统储备和集中储备相结合，协议储备、合同储备互补等多种形式加强防汛物资储备。建立由269名民兵预备役人员组成的清远市民兵轻舟大队、6名潜水专业人员组成的抗洪抢险潜水队和575名机关干部组成的三防应急突击队，分期进行防洪抢险演练。建设45宗小型水库动态监控系统和20宗大、中型水库视频监控系统。制定和颁布《防汛重大事项台帐》、《三防会商制度》、《市直单位抗洪突击队建设管理办法》、《汛前汛后安全检查制度》、《三防应急值班制度》、《三防物资管理制度》、《三防信息报送制度》、《三防督导工作规定》，完善修订《清远市防汛防旱防风防冻应急预案》，待报市政府审批并颁布实施。

抓好灾害防御和救灾工作。1月4日早晨，清远市录得入冬以后最低气温3.6℃。全市共有6个县（市、区）、40个乡镇受低温冰冻灾害影响，因冰冻道路中断3条共18千米，供水设施损坏14处计270米。市三防指挥部迅速发出防御低温冰冻灾害紧急通知，各级三防、气象、交通等部门各司其职，共同做好低温冰冻防抗工作。全市共开放避寒场所15处，发放防寒物资9144件（套），救助群众4195人，投入抢险设备30台（套），投入抢险救灾人员427人，抢通道路3条计18千米，恢复供水设施14处计270米，投入防寒资金117万元，确保全市不出现大的冰灾。

1～4月，全市降水严重偏少，平均降水量偏少六成，水库蓄水量、江河来水量偏少五成，降水量、水库蓄水和江河水位均创历史同期新低纪录，受旱范围之广、程度之重均为历史少有。旱情最严重时，全市有55.12万亩农作物受旱。市三防指挥部及时下拨230台（套）抗旱设备支持各地抗旱，各级党委、政府和各有关部门积极行动，广泛发动群众采取引水、提水、拦水、抽水、打井等措施，开展作物抢播和保苗。全市抗旱共投入人力33.43万人次、机电井2292口、泵站807处、机动抗旱设备2.37万台，投入抗旱资金2018.5万元，抗旱用电281万度、用油205吨。经过共同努力，全市实现抗大旱、无大灾目标。

5月8日暴雨洪涝灾情发生后，市三防指挥部召集有关部门紧急会商，分析防汛形势，部署抗洪救灾。市领导率由水务、气象、农业、民政等部门负责人组成的工作组赴灾区一线指导救灾复产。迅速召开全市救灾复产紧急视频会议，发出《关于做好当前救灾复产工作的紧急通知》，要求各地解决好“5·8”受灾群众生活困难。各地及有关部门及时采取措施，组织抗洪抢险救灾，避免群死群伤事故。

推进山洪灾害防治非工程措施建设。连州、阳山、英德、佛冈、连南、连山、清城、清新等8县（市、区）列入山洪灾害防治非工程措施建设防治计划。至11月28日，第一批防治县连州市已在164个行政村委会完成雨量站建设安装，并指导村委会管理人员掌握雨量计运行原理和报警器操作及报警标准等，手摇报警器和铜锣同时发放到各村委会。山洪灾害防御预案在编制中。第二批6个防治县实施方案已按省初审意见修改报批。

【潮州市】

潮州市逐步完善防洪非工程措施，全力做好防洪防风工作。全市应编制防洪预案的187座水库、27宗堤防已全部编制完成。市三防办完成《潮州市防汛防风防旱防冻应急预案》修编并上报市政府审批。5月5日，市三防指挥部与潮州军分区联合举办为期一周的民兵抗洪抢险应急分队骨干集训班，参训机干民兵共35人。全市共落实防汛抢险队伍544支共95459人，其中驻潮部队4200人，车辆130部，民兵抗洪抢险应急分队3支共330人。全市共储备防汛袋127.3万个、块石6.76万立方米、碎石砂7万立方米，土工布4.9万平方米、救生衣6736件、抢险救生舟49艘、冲锋舟30艘及小型抢险机具一批。市三防指挥部全年发出防御暴雨洪水紧急通知2个、防台风紧急通知2个，启动防台风Ⅲ级响应2次，各县、区相应启动防台风应急响应。市气象部门全年共发出预警信息19万条、手机短信1400万条。

各级政府和广大群众积极筹措资金，将汛前检查出问题的工程分类排队，对韩江南北堤市区段护岸工程、潮澄排水闸，饶平县三百门水库、东风埭水闸，潮安县葫芦下水库、湘桥区意东堤下津堤段等防洪工程实施应急除险及更换启闭设备，确保工程安全度汛。全市投入汛前应急除险资金304万元，其中省级资金30万元、市级资金60万元，县级以下自筹214万元。饶平县山洪灾害防治非工程措施建设已投入200万元，完成237个手摇报警器、754面铜锣采购和237个简易雨量计安装，确保山洪地质灾害频发区及受威胁自然村全部配置到位。山洪灾害防治县级非工程措施建设项目省级以上补助资金400万元（饶平、潮安两县各200万元）已分别下达。饶平县正抓紧实施，潮安县实施方案已上报省防总审批。

采取措施，积极应对干旱。一是重点解决城乡群众饮用水困难。充分发挥近年建成的110多宗农村饮水工程作用，保障大部分乡村用水需求。积极发动群众自救，采取打井、掏山泉等措施挖掘水源。潮安县沙溪镇高二、贾里二村村干部带头发动群众寻找新水源，通过打井缓解群众饮水困难。二是加强水源管理和调度。各地结合实际，算清水账，制订用水计划，落实责任制，加大管水力度，坚决杜绝乱截、乱堵、乱放现象，使有限水资源得到充分利用。饶平县对汤溪水库实行调节，从8月下旬开始，先后调整修订节水计划，减少发电用水，控制出库流量，从原出库流量26立方米/秒减至8立方米/秒，保证汤溪水库水量储备，保障下游县城居民饮水供应和灌区农田灌溉。市凤溪水库自9月初停止发电用水，为下游凤凰镇区生活、生产和生态用水储备水源。潮安县铁铺、归湖、沙溪等镇发动群众购置抽水设备，打井挖窟，整修沟渠、水陂、涵闸，清通灌溉渠道，提高水源利用率，缓解作物旱情。县安揭引韩水利管理处及时启动应急提水预案，增设临时抽水设施。饶平县大埕、海山两镇动员群众运用打手摇井、挖掘等方法开辟水源，并采取集约经营模式进行规模化种植，利用喷灌、滴灌等节水技术保障旱园作物用水。此外，针对不同地方旱情，及时调整农业种植结构。饶平县农业部门派出3个抗旱工作小组，分赴全县各地分类指导，在旱情较严重的饶洋、所城、大埕、海山等镇，引导农民不误农时种植甘薯、豆类等旱粮作物，确保农业生产稳定增长。浮滨镇引导缺水村庄农民改种萝卜、豆类等旱粮作物，有效减少旱灾损失。三是多方筹资，增加投入。全市日累计投入抗旱人数5.78万人次，出动机动抗旱设备3312台（套）、装机容量5.5万千瓦，投入抗旱资金943万元（其中省财政补助120万元，县财政1.26万元，群众自筹821.74万元），抗旱浇灌面积3.566万公顷，通过抗旱临时解决2.235万人饮水困难。

【揭阳市】

揭阳市重视做好防汛应急准备。2010年全市共组建5支防汛抢险轻舟队，配置54艘橡皮艇和34艘冲锋舟。2011年4月23～28日，市三防指挥部和揭阳军分区司令部组织全市防汛抢险轻舟队进行专业技能集训，参训人员有市武警、公安消防官兵、基层民兵计110名，并于28日下午在榕城区榕江南河汇报演练。汛前全市水库堤防储备防洪砂33893立方米、石料26957立方米、防汛袋85.51万个，临时设在市引榕工程管理处的市防汛物资调剂仓库储备防汛袋24.5万个、救生衣1990件、金属扩张网箱300个、救生橡皮艇6艘、防洪杉木10立方米及其他物资一批。各地根据实际，在工程附近乡村共落实防汛抢险队伍227018人。市龙颈水库、横江水库分别与驻揭部队挂钩，在部队落实防汛抢险队伍1500人、汽车50辆。

全力抓好抗旱工作。积极落实各项抗旱措施，以确保全市城乡居民生活用水和春耕生产用水需求。全市共投入抗旱人数8.16万人，投入抗旱泵站64处和机动抗旱设备0.129万台（套）、装机容量13.47万千瓦，抗旱用电155万度、用油181.5吨，抗旱浇灌面积2.547万公顷，投入抗旱资金527万元。其中旱情较突出的惠来县共出动抗旱人力58640人、机械470台（套），打井213口，群众自筹抗旱资金225万元。担负市区供水任务的揭东县新西河水库降水量和蓄水偏少，揭阳市和揭东县三防部门及早制订用水计划，整修灌溉渠道27.9千米，并开辟水源提水灌溉。

【云浮市】

云浮市做好防洪工程防汛准备。通过市、县（市、区）、镇、村四级检查组的工程隐患排查，建立防洪工程隐患相关台账，并针对安全隐患组织修改完善相关预案，市防总发出《责任告知书》，督促落实整改。将全市395宗防洪预案录入电脑保存，便于及时查阅。全市所有中型和小型水利工程均补充贮备防汛物料，汛前储备防洪包113.78万个、块石2.03万立方米、砂1.94万立方米、钢筋笼1260个、橡皮艇13艘以及土工膜（布）、救生衣一批。全市共组建防洪专业抢险队伍8支共341人，抢险突击队1.6万人。罗定市、郁南县分别在西江河道、罗定江组织开展防汛抢险应急队伍实战演练，演练装备共有冲锋舟11艘，参加演练人员410多人。9月，全省第一宗采用卫星监测的堤防工程——都城大堤石堤卫星监测系统（4个点）建成并投入使用，为捍卫郁南县城8万多人口的堤防工程安全提供信息保障。由于2011年云浮市内各江河水位均在警戒水位以下，且各地按照预案做好准备并有效防御洪水，全市堤围安全度汛。

全力做好抗旱救灾工作。春旱发生后，市、县（市、区）三防指挥部门积极应对，迅速派出工作组到旱区组织抗旱。4月25日，市水务局组织5个抗旱工作组分赴各县（市、区）进行抗旱督导。各级政府和部门多渠道筹集抗旱资金，全市出动抗旱人数达55179万人、抗旱资金709.23万元（其中市、县级财政拨款98.05万元，群众自筹611.18万元），出动抗旱机械3240

台（套）、装机容量1.206（万千瓦），抗旱用油75.64吨、用电31.832万度，打井5口，设泵站119处。全市抗旱浇灌面积4117公顷，临时解决人口饮水困难3.31万人。

抓好山洪灾害防治非工程措施项目建设。各地落实不少于20万元经费做好前期工作。5月，中央补助资金200万元到达第一批山洪灾害防治县罗定市，优先用于购置简易雨量计、手摇报警器和铜锣等村级预警设备，并于11月16日完成安装发放工作。第一批省级补助资金和中央补助资金已下达云浮市各县（市、区），各地《山洪灾害防治非工程措施建设实施方案》已上报省防总。

附　　录

文件法规

广东省人民政府文件

粤府〔2011〕5号

印发广东省应对气候变化方案的通知

各地级以上市人民政府，各县（市、区）人民政府，省政府各部门、各直属机构：

现将《广东省应对气候变化方案》印发给你们，请认真贯彻执行。实施过程中遇到的问题，请径向省发展改革委反映。

广东省人民政府

二〇一一年一月七日

广东省应对气候变化方案

气候变化是人类社会可持续发展面临的重大挑战。为贯彻落实党中央、国务院积极应对气候变化和推动低碳发展的决策部署，全面加强应对气候变化能力建设，努力当好推动科学发展、促进社会和谐的排头兵，制定本方案。

一、总体形势

（一）气候变化现状与趋势。

与全球气候变暖趋势相一致，我省气候也在逐年变暖。根据观测结果，近50年我省气温增温速率为0.21℃/10年，与全国平均水平相当。珠江三角洲地区是增温最明显区域，增温速率为0.3℃/10年，其次是东南部沿海地区，增温速率为0.2℃～0.3℃/10年，粤北地区增温趋势较为缓慢，增温速率为0.15℃/10年。近50年来，我省年平均、前汛期、后汛期降水量没有显著变化。据预测，与1961—1990年的30年平均气温和降水量相比，到2020年全省年平均气温可能升高0.8℃，2050年可能升高1.7℃，2100年可能升高3.0℃；2020年、2050年、2100年全省年平均降水量可能增加3%、5%和8%。

（二）气候变化的影响。

1. 极端气候事件频发，自然灾害损失加大。一是登陆我省的热带气旋强度增大，移动路径复杂。2010年9月下旬，受强台风“凡亚比”的影响，我省自东向西相继遭受了历史罕见的特大暴雨袭击，造成30个县（市、区）186个乡镇受灾，受灾人口超过150万人，直接经济损失超过50亿元。二是降水变率加大，旱涝灾害频繁。2002年，我省遭遇50年一遇的严重干旱，造成直接经济损失40多亿元，720多万人饮水困难。2005年6月，我省又遭遇了超百年一遇的特大洪水，受灾人口443万人，直接经济损失49.7亿元。三是暖冬现象普遍，极端最低气温开始出现。2008年初我省韶关等地遭受了历史罕见的低温雨雪冰冻灾害，造成直接经济损失达166多亿元。未来气候的继续变暖，可能会使我省极端气候事件出现更为频繁，引发的灾害损失更为严重。

2. 海平面上升加剧，危及沿海地区经济发展和生态环境。据观测，近30年来，南海海平面平均每年上升2.7毫米，已对沿海地区经济发展和生态环境带来一定危害。一是风暴潮灾害程度和发生几率增大。如2008年强台风“黑格比”登陆时正逢天文大潮，造成珠江口潮位站潮位达到或超过百年一遇，个别潮位站超过300年一遇，造成堤防决口834处，堤防毁坏2118处。二是城市内涝频发，河流入海口日益淤积，河床抬高，严重影响航道、港口正常运行。三是海岸侵蚀加剧。如近年来雷州市赤坎村岸段侵蚀长度约为300米，侵蚀总面积达800平方米。四是红树林和珊瑚礁生态系统退化。20世纪50年代全省红树林面积曾超过2万公顷，目前已减少一半以上。预计未来30年，南海海平面比2009年将继续升高73～127毫米，由此引起的相关海洋灾害强度将进一步加剧，对沿海地区人们生产生活的影响将不断加大。

3. 水资源质量下降，威胁用水安全。受气候变暖及其引起的海平面上升、降水不均、流域干旱等问题的影响，广东尤其是珠三角地区咸潮活动越来越频繁、持续时间增加，上溯影响范围越来越大，强度趋于严重。近20年来珠三角地区曾发生过5次严重咸潮，其中3次发生在最近8年，严重影响珠三角地区及港澳用水安全。气候变暖也导致生产和生活用水增加，进一步加剧了全省水资源供需矛盾。

4. 农业生产条件改变，产量不稳定性风险增大。气候变化和极端气候灾害导致我省粮食生产的自然波动从过去的10%增加到20%，极端年景甚至达到30%以上。气候变化使春季物候期提前，如果不采取适应性措施，双季稻（早稻、晚稻）的生育期将缩短，产量将下降。气候变化使农作物病源增加，导致农药、除草剂、化肥施用量增加，农业成本大幅度提高。

5. 人居环境改变，影响人类健康。气候变化使城市中心区热岛效应、高温热浪、灰霾等现象加剧。近年来，珠江三角洲城市每年超过35℃的高温日数均在30天以上。近50年来，广州市年灰霾日数以16.4天/10年的速率增加，每逢灰霾天气呼吸道疾病发病率比平时增加15%左右。气候变化还使一些病毒和病原体得以滋生和蔓延，疟疾、登革热等传染性疾病爆发的频率和范围有所加快和扩大。

（三）应对气候变化工作和成效。

1. 完善体制机制，建立健全政策法规。

——加强组织领导。省政府于2007年成立省节能减排工作领导小组，并于2010年调整为省应对气候变化及节能减排工作领导小组，由黄华华省长任组长，切实加强对我省应对气候变化和节能工作的协调领导。建立健全政府节能工作问责制，将节能目标完成情况纳入各地经济社会发展综合评价体系。

——完善法规和政策措施。“十一五”以来，我省陆续出台了与应对气候变化相关的节能、产业结构调整、发展循环经济、保护生态环境等方面的一系列政策和法规，包括《关于建设节约型社会发展循环经济的若干意见》（粤府〔2005〕83号）、《印发〈广东省节能减排综合性工作方案〉的通知》（粤府〔2007〕66号）、《关于加快建设现代产业体系的决定》（粤发〔2008〕7号）等，制定、修订了《广东省节约能源条例》、《广东省封山育林条例》、《广东省湿地保护条例》等地方性法规和省政府规章。

2. 调整优化产业结构，提高经济发展质量效益。

——大力发展现代服务业、先进制造业和高新技术产业。推进重大项目建设，提出引领现代产业发展的500强项目。产业结构转型升级成效初显，三次产业比重由2005年6.3∶50.4∶43.3调整为2009年5.1∶49.2∶45.7。2009年，全省现代服务业占服务业增加值比重达到57.2%，先进制造业增加值占规模以上工业增加值的比重达到44.3%，高技术制造业增加值占规模以上工业增加值的比重达到21.1%。

——加快淘汰高耗能的落后产能。严格项目准入管理，加强新上项目的节能审查。实施财政补贴和严格的差别电价政策，至2009年年底，省财政共下达淘汰落后钢铁补助资金8337万元，下达淘汰落后水泥补助资金1.085亿元；对落后水泥、钢铁企业在取消峰谷电价基础上每度电加价0.2元。至2009年年底，关停淘汰落后钢铁产能1039万吨，淘汰落后水泥产能5184万吨，均提前超额完成国家下达的“十一五”目标任务。

——狠抓重点领域节能。实施“十大重点节能工程”，推进工业、建筑、交通运输等重点领域节能。“十一五”前四年，我省单位生产总值（GDP）能耗从2005年的0.79吨标准煤/万元下降到2009年的0.684吨标准煤/万元，累计下降13.89%。

——大力发展循环经济。积极组织开展循环经济试点，建设了一批有典型示范意义的循环经济工业园区。全面推行清洁生产，从生产和服务的源头减少废弃物的产生。加强资源综合利用，大力回收和循环利用各种废旧资源，不断完善废弃物回收、加工、利用体系。建设节水型社会，完善节水法规制度。

3. 优化能源结构，发展低碳能源。

——积极实施“上大压小”政策。至2009年年底，关停小火电机组1096万千瓦，提前超额完成国家下达的“十一五”目标任务。2008—2009年，获国家核准新开工建设大型电源和清洁电源项目1626万千瓦。

——大力发展清洁能源、新能源和可再生能源。积极推进天然气开发利用，大力发展核能，加快水能、风能、太阳能、生物质能等可再生能源开发。至2009年年底，全省核电装机395万千瓦、风电装机超过50万千瓦，水电、核电、风电等清洁电源约占省内电源装机总量的34%。

——做好节能发电调度试点。积极开展节能发电调度试点，通过将发电机组按能耗高低排序，确保高效环保机组多发，效率低、污染重的落后小机组少发或逐步退出发电市场，取得了显著的节能效果，2009年全省燃煤机组节约标准煤约90万吨。

4. 积极发展林业，加强生态环境保护。

——大力开展植树造林。抓好林分改造、东江流域水源涵养林、沿海防护林及红树林、绿色通道及农田林网、城市林业和水土流失治理等重点林业工程建设。开展义务植树活动，启动中国绿色碳基金碳汇造林项目。稳步开展林业生态县创建活动。至2009年年底，全省森林面积达1.48亿亩，森林覆盖率达56.7%，活立木蓄积量达4.18亿立方米。

——保护和培育自然生态系统。加强湿地保护，实施湿地保护与恢复工程，海丰湿地被列入国际重要湿地名录。完善自然保护区网络体系，至2009年，全省共有自然保护区373个，面积179.9万公顷，其中国家级自然保护区11个。保护海洋资源环境，至2009年，全省共建成20个人工鱼礁区，形成了沿海海洋牧场带雏形。

——加强城镇生活污水和垃圾处理。至2009年年底，全省已建成城市生活污水处理厂239座，日处理能力达到1357万吨，污水处理率达60%；全省建成城市生活垃圾无害化处理厂39座，日处理能力达到3.7万吨，垃圾无害化处理率达到67%；各县（市、区）基本建成生活污水集中处理设施，各地级以上市基本建成生活垃圾无害化处理设施。

5. 严格实行计划生育，有效控制人口增长。

认真实施计划生育基本国策，千方百计稳定低生育水平，初步形成了“低出生、低死亡、低增长”的人口发展模式。全省政策生育率由2005年的85.5%提高到2009年的94.3%。2009年全省人口出生率为11.78‰，自然增长率为7.26‰，比2000年分别下降1.13和0.88个千分点。

（四）应对气候变化面临的挑战。

1. 在减缓气候变化方面，我省仍处于经济社会快速发展阶段，温室气体排放仍将继续增加。

——能源资源缺乏，粗放式经济发展方式尚未得到根本转变。目前我省经济发展仍然是主要依靠生产要素和资源投入的粗放式发展，造成了能源资源大量消耗。2009年全省一次能源消费量为1.97亿吨标煤，比2005年增长50.4%；其中原煤、原油、电力、天然气的比重分别为45.4：26.9：20.1：7.6，化石能源依然占主体。

——区域发展不平衡，改善民生和发展经济的任务依然艰巨。2009 年，占全省土地面积 30.4% 的珠江三角洲地区 GDP 占全省比重达 79.5%，而占全省面积 69.6% 的粤东西北地区 GDP 占全省比重仅为 21.5%，珠江三角洲地区的人均 GDP 约为粤东西北地区的 4 倍。

——节能空间有限，成本压力加大。“十一五”时期，我省已经关停淘汰了大部分钢铁、水泥、小火电等落后产能，再通过“上大压小”、淘汰落后产能实现节能，空间十分有限。目前，广东单位 GDP 能耗仅次于以城市经济为主的北京市，继续下降的难度非常大。“十二五”时期，预计我省节能降耗将由主要依靠淘汰落后产能、技术改造转向依靠产业结构调整、技术创新与应用。但随着我省经济发展适度重型化，技术创新与应用的成本将进一步增加。

2. 在适应气候变化方面，我省属于自然生态约束较大和气象灾害频发的省份，缓解气候变化不利影响的难度大。

——自然生态约束成为经济快速发展的瓶颈。增强自然界对温室气体的吸收能力是适应气候变化的重要方面，但经济的快速发展不可避免地带来对自然生态的破坏。我省植树造林、退耕还林和湿地恢复等保护培育自然生态工作的力度有待加强。

——对农业生产提出更高的要求。我省人均耕地少，对农业的质量效益要求更高。气候变化要求农业发展必须合理调整生产布局和结构，改善生产条件，才能有效减少病虫害流行，防止潜在荒漠化趋势，确保生产持续稳定。

——气象防灾减灾难度不断加大。我省易受台风等气象灾害影响，气候变化又增加了极端气候事件发生的频率。我省沿海防护海潮工程建设标准较低，抵御海洋气象灾害能力较弱，对气象灾害的应急响应能力有待提高，必须进一步增强应对极端天气和气象灾害的综合监测、预警、防灾和减灾能力。

二、指导思想、基本原则与总体目标

（一）指导思想。

全面贯彻落实科学发展观，按照《珠江三角洲地区改革发展规划纲要（2008—2020 年）》和《中国应对气候变化国家方案》的要求，把应对气候变化与实施可持续发展战略、发展绿色经济结合起来，以转变经济发展方式为核心，以优化能源结构、提高能源利用效率、增加森林碳汇为突破口，以制度创新和科技创新为动力，积极控制温室气体排放，务实推动低碳发展，增强适应气候变化的能力，减缓气候变化的不利影响，促进经济发展与人口、资源、环境相协调，为国家顺利实现控制温室气体排放行动目标发挥应有的作用，为我省科学发展提供保障。

（二）基本原则。

1. 可持续发展原则。以科学发展观统领全省应对气候变化工作，逐步转变传统的生产模式和消费方式，推动经济社会全面转入可持续发展的轨道。

2. 减缓与适应并重原则。既要努力控制温室气体排放，又要采取有效措施缓解气候变化对生产、生活带来的不利影响，切实提高适应气候变化的能力。

3. 统筹协调原则。加强与我省国民经济和社会发展总体规划、各专项规划和行业规划的衔接，统筹考虑、协调推进应对气候变化工作。

4. 科技支撑原则。大力发展和积极引进低碳技术，充分发挥企业作为低碳技术创新主体的积极性，积极运用高新技术改造传统产业。

（三）总体目标。

控制温室气体排放取得明显成效，适应气候变化的能力不断增强，经济发展方式向低碳发展转型取得一定成效，生态环境得到明显改善，应对气候变化的体制机制得到不断完善。到2015年，力争单位GDP二氧化碳排放量比2005年下降35%左右；到2020年，力争单位GDP二氧化碳排放量比2005年下降45%以上。

三、重点任务

（一）减缓温室气体排放方面。

1. 加快转变经济发展方式。

——建设现代产业体系。优先发展金融、物流、信息服务、科技服务、外包服务、总部经济、商务会展、文化创意以及旅游等现代服务业，加快发展装备、汽车、石化、钢铁、船舶等先进制造业，改造提升家用电器、食品、造纸、纺织服装、建材、有色金属及制品、家具等优势传统产业，积极发展现代农业。重点发展高端新型电子信息、半导体照明、电动汽车、太阳能光伏、核电装备、风电、生物医药、新材料、节能环保、航空航天、海洋等战略性新兴产业。加快推进现代产业500强项目建设。到2015年，全省服务业增加值占GDP比重超过50%，现代服务业、先进制造业、战略性新兴产业增加值占GDP比重分别达到30%、22%、10%。

——加快淘汰落后生产能力。按照国家和省关于淘汰落后产能的工作部署和要求，对列入淘汰范围的落后产能，综合运用土地、环保、安全生产、市场准入等多种手段，促使其加快退出步伐。对电力、钢铁、水泥等行业积极实施“上大压小”等政策，完善财政补贴和差别电价政策。

——严格控制工农业生产温室气体排放量。尽量减少生产过程中产生大量温室气体的水泥、石灰、钢材、电石等产品的使用量，鼓励采用可再生替代材料，加快研究制定相关技术标准，提升替代材料质量。进一步推广散装水泥，加快新型墙体材料的技术改造和新产品开发。进一步推动硝酸、己二酸等生产企业开展技术改造，实现有机肥与化肥配合施用，减少氧化亚氮排放。培育和推广甲烷排放量低且高产的水稻品种，推广有效抑制农业生产甲烷排放的先进技术。

——加强废弃物处理。加快制订修订废弃物处理标准，进一步完善废弃物分类、收集和处理体系，严格执行废弃物强制回收制度，推动废弃物循环利用，提高工业废渣、废水、废气的综合利用率。鼓励发展符合国家政策的资源综合利用项目，推动垃圾发电、余热利用发电等工程建设，着力推进污泥资源化项目的产业化运作。加快污水处理配套管网的建设和改造，合理规划建设危险废物处理处置设施和城镇生活垃圾无害化处理设施。

2. 大力推进节能工作。

——加强节能制度创新和机制建设。不断完善节能目标责任评价考核制度和能耗信息发布制度，制定和实施长期性节能预警调控机制，推动地方政府和企业加强节能工作。推行合同能源管理，促进节能服务产业化，为企业实施节能改造提供诊断、设计、融资、改造、运行、管理一条龙服务。完善节能标准体系，大力推动节能产品认证和能效标识管理制度的实施。运用市场机制，大力推广新型节能产品、材料和技术。科学规划电力工业布局，统筹各类电源及电网规划建设，提高电网输、供电效率。继续做好节能发电调度试点工作。加强能源管理与能效分析研究，开发辅助能效监测、能效优化的数据库和仿真系统。

——抓好重点领域节能。在工业领域，实施重点耗能企业“双千节能行动”，落实企业节能目标责任制，突出抓好冶金、建材、石化、制浆和造纸等重点耗能行业和企业节能工作。在建筑领域，继续推广节能省地型建筑、绿色建筑和低能耗建筑，强化新建建筑执行建筑节能标准全过程的监督管理，积极推进可再生能源在建筑中的广泛应用，加强机关办公建筑和大型公共建筑的用能管理，逐步推进既有建筑节能改造。在交通运输领域，优先发展城市公共交通，加快推进珠江三角洲地区城际轨道交通网建设和内河联运，大力推广节能环保型汽车和新能源汽车。继续实施十大节能重点工程，发挥政府机构在节能中的表率作用。

3. 积极优化能源结构。

——规模化发展核电。加快推进岭澳核电二期工程（2×100 万千瓦）、阳江核电（6×108 万千瓦）、台山核电一期工程（2×175 万千瓦）建设，确保 2010—2011 年建成投产岭澳核电二期工程，2017 年前建成阳江核电、台山核电一期工程。积极推进陆丰核电、韶关核电、台山核电二期项目建设前期工作，争取在“十二五”期间开工建设。有序推进惠来乌屿核电等后续核电项目前期准备工作。

——大力发展风电。近期重点发展沿海陆上风电，“十二五”期间基本完成省内陆上风能资源丰富地区的风电开发；加快推进海上风电开发建设。

——积极开发利用太阳能。加快推广光伏发电应用，实施太阳能屋顶计划，在条件较好的大中城市推进太阳能屋顶、光伏幕墙等光电建筑一体化工程。在农村及偏远地区逐步推广光伏、风光互补、水光互补发电。扩大太阳能热水器在医院、学校、宾馆、工厂宿舍等城镇集体用户的应用比例，提高农村地区太阳能热水器普及率。逐步推广太阳能光热系统在工业、农业等生产领域的应用。

——适度发展生物质能。结合畜禽养殖场、城市污水处理和工业有机废水处理，建设沼气利用工程，合理布局建设一批高环保标准的垃圾发电项目，在具备条件的大中型垃圾填埋场建设沼气利用工程和发电装置。在生物质燃料比较丰富的粤西、粤北地区，建设规模适度的生物质发电项目。加强海洋生物质能的研发利用。在湛江、肇庆建设利用当地木薯、甘蔗等资源为原料的生物燃料乙醇试点项目。在部分具备条件的粤东西北地区村镇建设小型生物质气化发电示范工程。

——因地制宜发展农村新能源。在具备条件的地区积极发展沼气、小水电等可再生能源，完善农村新能源技术服务体系，推进农村能源清洁化和现代化。在农村推广使用太阳灶、生物质能炉具等清洁能源设施。扶持山区种植生物质能源作物，培育生物柴油原料基地，推进我省生物质液体燃料加工产业化发展。在具备条件的地区，开展绿色能源县、绿色能源乡建设。

——培育发展其他新兴能源。因地制宜，合理推广地源热泵技术，研究开发利用浅层地热资源供热、制冷，在地热资源条件较好的地区建设小型中低温地热发电站试验工程。加快开发利用海洋能，开展关键技术研究，在海洋能资源丰富地区建设海洋能大型并网电力系统示范项目。加强对我省周边海域天然气水合物资源勘查，推进深海天然气水合物利用关键技术研究开发，力争早日实现规模化开采和商业利用。推进氢能开发利用研究。

——优化发展火电。继续实施“上大压小”政策，规划新建燃煤火电厂原则上采用大容量、高参数、低能耗发电机组。统筹推进全省热电冷联产和包括整体煤气化联合循环发电（IGCC）在内的清洁煤发电项目建设，除上述两类项目外，珠江三角洲地区不再规划布点新建燃煤燃油电厂。

4. 大力增加自然界的碳汇能力。

——加大植树造林力度。不断增加森林面积，大力保护、培育和合理利用森林资源，进一步完善现代林业产权制度。加快建设水源涵养林及水土保护林、沿海防护林及红树林、农田林网、城市林业及森林公园，推进森林生态监测及科技创新示范。

——大力发展海洋牧场模式的海洋碳汇经济。继续在沿海建设人工鱼礁，修复海洋生态环境，增加区域内浮游植物含量，为海洋生物繁殖、生长、栖息提供良好条件，有效增加海洋固碳能力。开展海洋生态固碳机理研究，建设重点海域固碳示范区。

5．务实开展国家低碳省试点。

按照国家发展改革委关于开展国家低碳省区试点工作的要求，紧紧围绕加快转变经济发展方式这一主线，不断完善控制温室气体排放的体制机制，加快形成以低碳产业为核心，以低碳技术为支撑，以低碳能源、低碳交通、低碳建筑和低碳生活为基础的低碳发展新格局，为全国低碳发展探索经验并发挥示范作用。

（二）适应气候变化方面。

1．发展高效现代农业。

——适时调整农作物布局。加强适应气候变化的农业发展战略研究，根据气候变化趋势，提出农业生产布局和结构调整方案。针对未来气候变化对农业的可能影响，有计划地培育和选用具备抗旱、抗涝、抗高温等特性的农作物新品种，保障高产、优质、高效、生态、安全的农业产出。

——改善农业基础设施和条件。加强农业排灌工程设施更新改造，继续推进中小型灌区试点工作，大力发展节水农业。强化综合防治自然灾害工程设施建设，加强农田水利建设。建立健全现代农业生产综合保障体系，加快发展具有竞争优势和岭南特色的生态型效益农业。结合海洋能利用、防灾减灾体系建设，加快标准渔港建设。

2．加强生态保护和建设。

——保护重要生态系统。保护森林、海洋、湿地三大典型生态系统，重点加强珊瑚礁、海草床等海洋生态系统和红树林湿地生态系统的保护和修复。加强重点湿地的资源调查，编制重点湿地保护规划和重点湿地名录，加强自然保护区建设。加强南海伏季休渔，积极开展放生节活动。

——积极推进绿道网建设。遵循生态化的要求，充分利用生态自然条件和要素，建设集生态、环保、教育和休闲等多种功能于一体的绿道网。在珠三角地区率先建成区域绿道，并将绿道网向省内东西北地区延伸，促进宜居城乡建设。

3．优化和合理利用水资源。

——加强水资源保护。做好水土保持工作，预防和治理水土流失。制定水源地建设和保护规划，保护西江、北江、东江和韩江干流及其出海水道，保护大中型水库等重点水源地。强化水污染防治，严格控制工业污染源和农业面源污染。

——大力建设节水型社会。实行用水总量控制，制定主要江河水量分配方案，综合利用地表水、地下水、空中云水和再生水，优化水资源的流域、区域及行业配置。实行用水定额管理，确定各行政区、行业、部门和单位用水量指标。发展节水型农业、工业，推动公共建筑、生活小区、住宅节水和再生水利用设施建设。全面推进水价改革，加快推进超计划、超定额用水累进加价机制。

——提高水资源利用效率。加强节水技术的研发与推广力度，挖掘节水潜力。加快发展海水利用产业，积极构建海水利用的技术支撑体系，实施一批产、学、研示范工程，建设省海水利用工程综合示范区和国家级海水利用产业化南方基地。

4. 加强气象防灾减灾体系建设。

——提高气象灾害监测、预报、预警和防御能力。完善极端气象灾害的应急预案以及多灾种早期协调预警机制，完善部门联合、上下联动、区域联防的防灾机制，提高应对极端气象灾害的综合监测预警能力和抵御能力。进一步发展天气雷达、精细化数值预报以及地基自动观测的融合技术，建立各类气象灾害的中短期无缝预警和预报系统。加快建设极端气候事件预警信息发布系统，扩大公共预警信息服务覆盖面。建立完善海洋灾害风险评估系统、海洋环境立体观测网络和现代化海洋环境数值预报业务系统，做好海洋灾害区划工作。

——加强气象防灾减灾基础设施建设。大力推进城市防洪、江海堤围达标和大中型水库除险加固等城乡水利防灾减灾工程建设。以提高城市和主要江河堤围防洪标准为重点，加快完善地级以上市城区、县城城区防洪排涝工程。重新核定我省沿海风暴潮防潮警戒潮位，修订现行海堤标准，逐步加固加高海堤，加强对现有海堤的管理与保护。建设近岸水下挡水坝、防冲丁坝、潜坝等工程，固滩保堤，防止海潮冲蚀海岸。在城市地面沉降地区建立高标准防洪、防潮墙和堤岸，完善城市排污系统，提高排水口的高程。

5. 降低气候变化对人体健康的危害。

——完善气候变化与人体健康联动的监测系统。加强高温、低温、灰霾和酸雨等与人体健康相关的天气变化和极端气候事件的监测、预警，实时、详细、系统地预报其对人体健康的危害。及时分析、研究气候变化对人体健康的影响和危害，加强对气候变化引起的呼吸道疾病、肿瘤等疾病的监测工作。

——完善气候变化导致的突发卫生事件的应急处置。开展气候变化对人体健康的风险评估，制定气候变化对人体健康影响的风险级别。建立健全气候变化对人体健康危害的应急预案，提高抵御风险和应急处置突发卫生事件的能力。

四、保障措施

（一）加强组织领导，完善体制机制。

充分发挥省应对气候变化工作领导小组的统筹协调作用，明确部门分工和工作责任，形成工作合力。把应对气候变化工作纳入省国民经济和社会发展“十二五”规划，并将控制温室气体排放目标列为我省“十二五”时期约束性指标。编制产业发展、生态建设、水利、海洋经济、防灾减灾等专项规划要充分考虑气候变化的不利影响，提出有效应对措施。探索建立政府推动与市场运作相结合的控制温室气体排放体制机制，争取国家支持开展碳排放权交易试点，研究建立温室气体排放的统计、监测、考核体系和低碳产品标识、认证制度。

（二）加大资金投入，提高政策实施效果。

逐步加大各级财政在应对气候变化方面的资金投入，建立健全稳定增长的资金投入机制，支持建立和完善应对气候变化的管理工作体系，加强相关基础性研究，加强气候变化观测、预报、预警和能力建设；支持低碳技术研发和产业化公共服务平台建设；支持低碳城市、社区、园区和企业等不同层次的示范项目建设。积极拓宽融资渠道，创新金融制度和金融工具，引导社会资金加大对应对气候变化领域的投资力度。

（三）强化科技支撑，推动低碳技术研发和产业化。

加快技术创新步伐，重点支持节能和提高能效、新能源、储能、新能源汽车、轨道交通、天然气高效利用、煤清洁利用、碳捕捉与封存利用等低碳关键技术的研发与产业化。开展产、学、研合作，建设一批工程研究中心、技术中心、工程实验室、重点实验室。加强应对气候变化能力建设，不断完善气候观测系统以及农业、水资源、海平面和生态系统观测网络等科技基础设施，积极开展气候变化综合影响评估、观测事实分析和完善低碳发展体制机制的基础性研究。加强应对气候变化科研资源的整合与共享，建立应对气候变化战略和政策研究平台，推进各地和行业应对气候变化技术服务网络建设。

（四）加强高端人才培养引进，提供强大智力支持。

加快造就与应对气候变化相适应的高素质人才队伍，积极创建有利于人才安居、创业、发展的外部环境。实施珠江人才引进计划，着力引进一批应对气候变化和低碳发展领域的创新科研团队和领军人才、高技能人才。大力支持高等教育、职业技术教育和继续教育设置应对气候变化和低碳发展相关专业，建设多层次人才培养和培训基地。

（五）加强对外交流，拓展合作领域。

积极参与应对气候变化领域的国际交流合作，争取更多的低碳发展项目获得各类国外资金和先进技术支持。加强国际技术合作与转让，积极引进国外先进的节能、环保、新能源等先进技术。加强培育清洁发展机制（CDM）项目，推动企业参与清洁发展机制的国际互惠交易活动。充分利用外国政府、国际组织提供的资金，支持我省应对气候变化领域的基础性研究与技术开发。

（六）加强宣传教育，营造良好氛围。

通过举办节能宣传周、知识竞赛、电视公益宣传、能源紧缺体验活动等多种形式，深入持久地开展应对气候变化知识的宣传教育活动，提高全民应对气候变化的意识，使应对气候变化成为全社会的自觉行动。

广东省人民政府文件

粤府〔2011〕130号

关于进一步加强突发事件预警信息发布工作的意见

各地级以上市人民政府，各县（市、区）人民政府，省政府各部门、各直属机构：

突发事件预警信息发布是科学预防和有效应对突发事件的基础。及时、准确、客观、全面向公众发布预警信息，是提高政府公共服务水平的标志之一，对提升全省应急管理水平，建设幸福广东具有十分重要的意义。《广东省突发事件预警信息发布管理办法（试行）》（粤府办〔2008〕19号）公布实施以来，经过共同努力，全省突发事件预警信息发布水平明显提高，但距离《广东省突发事件应对条例》的有关要求仍有较大差距。为进一步贯彻落实《国务院办公厅关于加强气象灾害监测预警及信息发布工作的意见》（国办发〔2011〕33号）、《中共广东省委、广东省人民政府关于加强社会建设的决定》（粤发〔2011〕17号）精神，全面提升突发事件预警信息发布工作水平，提出如下意见：

一、总体要求和工作目标

（一）总体要求。深入贯彻落实科学发展观，健全“政府主导，部门联动，统一发布，分级负责，纵向到底”的突发事件预警信息发布机制；以保障公众生命财产安全为宗旨，以提高预警信息发布时效性和覆盖面为重点，以完善监测预报网络为基础，以拓宽预警信息发布手段为核心，加快推进建设“亚洲先进，中国一流”的预警信息发布系统，有效健全“监测到位，预报准确，预警及时，覆盖全省”的预警信息发布体系。

（二）工作目标。力争到2015年，全省突发事件预警信息发布覆盖率达到95%以上，准确率力争达到90%以上。其中，气象灾害、地质灾害、海洋灾害等预警信息提前15～30分钟以上发出；地震预警信息发布具备在地震发生后地震波到达珠江三角洲地区20秒之前发出的能力。到2020年，建成“功能齐全、科学高效、覆盖全省”的预警信息发布系统，确保消除预警信息发布“盲区”和“死角”。

二、主要任务

（一）健全制度，不断完善预警信息发布机制。各地、各有关单位要按照粤府办〔2008〕19号文的有关要求，加强领导，落实责任，指定专人负责突发事件预警信息发布的相关工作，减少审批环节，规范审批流程；要进一步完善联动机制，建立快速发布的“绿色通道”，多途径、多手段第一时间无偿向公众发布突发事件预警信息；要建立健全相关问责制度，确保责任到位、任务到人。特别要依托粤港澳、泛珠三角区域内地9省区、省内各地级以上市建立的应急管理区域联动机制，建立健全无障碍的“信息共享”机制。

（二）依靠科技，加快建设预警信息发布系统。按照“立足当前，适度超前”的原则，加快推进我省突发事件预警信息发布系统建设，形成国家、省、市、县（市、区）、街道（乡、镇）、社区（村）相互衔接、规范统一、运行高效的突发事件预警信息发布体系，特别要加快气象灾害监测预警系统建设。各级广电、新闻出版、通信主管部门及有关媒体、企业要大力支持预警信息发布工作。广播、电视、报纸、互联网等社会媒体要切实承担社会责任，及时、准确、无偿播发或刊载气象灾害预警信息等灾害性预警信息；紧急情况下，根据应急管理部门要求，及时采取中断正常播出、滚动字幕、加开视频窗口等方式迅速播报预警信息及有关防范知识。各基础电信运营商、广电企业要按照国家的要求，根据应急需求，对手机短信平台进行升级改造，提高预警信息发送效率，按照各级政府及其授权部门的要求，第一时间安排最优级别的通道，通过手机短信、小区短信、小区广播等多种手段，及时向灾害预警区域手机用户免费发布预警信息。

强化广东省应急气象频道的传播预警信息功能，实现全省落地覆盖，各类预警信息全天播出。积极利用微博、博客、网上社区等渠道，为公众提供针对当地情况的预警信息。依托省广播电视网络，利用人防系统固定警报器和多媒体防空防灾预警报知系统，在沿海滨海旅游区及海水浴场区等滨海活动场地，全省有条件的居民住宅小区公共场所及楼栋，商业楼宇的公共场所及电梯，人群聚集的城市广场，出入境口岸、火车站、汽车站、飞机场、地铁站等交通枢纽，城市主干道两侧，学校、医院、文体娱乐场所和风景区等，设置一批高清液晶电视显示屏或电子显示屏，及时发布预警信息。全力推动建设覆盖全省行政村和自然村的农村应急广播系统，充分利用卫星数字音频广播、北斗卫星短信息等新媒介技术，扩大突发事件预警信息发布的覆盖面。

（三）整合资源，全力加强基层预警信息接收传递。县（市、区）、乡（镇）级人民政府及有关单位，学校、医院、社区、工矿企业、建筑工地、监狱、劳教（戒毒）所等要指定专人负责突发事件预警信息特别是气象灾害预警信息接收传递工作，重点健全向基层社区传递机制，形成县—乡—村—户直通的气象灾害等灾害性预警信息传播渠道。居民委员会、村民委员会等基层组织要第一时间传递预警信息，迅速组织群众防灾避险。要充分发挥突发事件基层信息员、气象信息员、海洋信息员、灾害信息员、群测群防员传播预警信息的作用，为其配备必要的装备，给予必要的经费补助；要整合各部门现有的基层信息员队伍资源，组织建设“一岗多能”的基层信息员队伍。对老、幼、病、残等特殊人群和通信、广播、电视盲区以及偏远地区的人群，要采取“走街串巷、进村入户、人紧盯人”等传统方式作为必要补充手段传递预警信息，确保预警信息传递“不落一户、不漏一人”。

三、保障措施

（一）加强组织领导。各地、各有关单位要切实加强领导，全力做好突发事件预警信息发布工作；要及时组织检查、评估和考核，发现问题，及时整改；要充分借鉴国内外的成功经验，探索建设突发事件预警信息发布中心；各级应急管理机构要加强统筹协调，气象部门要切实做好突发事件预警信息发布平台建设和管理等工作。

（二）加大资金投入。各级发展改革、财政部门要按照国办发〔2011〕33号文的要求，加大对突发事件预警信息发布工作的支持力度，在国民经济和社会发展规划、年度财政预算中安排项目和资金，确保预警信息发布系统建设、升级和运行维护。

（三）强化宣教培训。各地、各有关单位要加强宣教培训工作，引导公众主动、自觉获取突发事件预警信息，教育公众有效利用预警信息；要通过应急模拟体验馆、科普基地、主题公园等，广泛宣传普及预警信号和避险知识，提高公众应急意识和自救互救能力。特别要加强对各级相关领导干部、防灾减灾责任人、各类信息员的教育培训工作，提高工作的主动性、自觉性和有效性，确保突发事件预警信息发挥最大效用。

广东省人民政府

二〇一一年十月二十八日

防灾减灾文摘

华南区域气候变化评估报告决策者摘要（节选）

二、气候变化观测事实、影响与原因

（一）观测到的气候变化。

气温显著上升，以珠江三角洲和冬季最为明显。1961—2008 年，华南区域年平均气温升温速率约为 0.16℃/10 年，低于全国同期平均升温速率（0.22℃/10 年），但远高于全球近百年平均升温速率（0.07℃/10 年），也高于全球近 50 年升温速率（0.13℃/10 年）。20 世纪 70 年代、80 年代气温偏低，20 世纪 90 年代中期以后气温呈明显的上升趋势。从地域分布看，珠江三角洲地区和华南东部沿海是主要升温区域，升温速率在 0.3℃/10 年以上；海南 0.27℃/10 年；广西和广东北部地区增温速率较小，在 0.15℃/10 年以下。从季节分布看，冬季平均气温的上升趋势最为明显，升温速率达 0.27℃/10 年；秋季次之，升温速率为 0.18℃/10 年；春、夏季最小，升温速率分别为 0.12℃/10 年和 0.10℃/10 年。

降水量变化趋势不明显，但降水日数减少，强度增强。1961—2008 年，华南区域年降水量呈现微弱增加趋势（增加速率为 0.65%/10 年），并有显著的年代际变化。20 世纪 60 年代、80 年代、21 世纪初期降水偏少，20 世纪 70 年代、90 年代中期降水偏多。从地域分布看，年降水在广东东部沿海、广西北部、海南南部呈增加趋势，华南中部、雷州半岛、海南中部呈减少趋势。从降水汛期分布看，后汛期（7～9 月）降水量上升速率大于前汛期（4～6 月）。华南区域降水日数呈减少趋势，但平均降水强度呈增加趋势，尤其是 20 世纪 90 年代以来上升趋势更加明显。

日照、风速和蒸发量均呈减少（减小）趋势。1961—2008 年，华南区域日照时数以 40.86 小时/10 年的速率减少，20 世纪 90 年代以来减少尤为迅速，大部分地区均呈一致性减少。近地面平均风速减小速率为 0.11 米/秒/10 年。水面蒸发量减少速率为 65.90 毫米/10 年，这与全国的变化趋势是一致的。相对湿度总体上呈微弱减小趋势，减小速率为 0.45%/10 年，但 2002 年之后减小较为迅速。

高温日数显著增加，低温、雷暴日数明显减少，暴雨日数略有增加。1961—2008 年，华南区域日最高气温 35℃的高温日数以 1.1 天/10 年的速率增加，尤其是珠江三角洲、广东西部、广东东部、海南北部增加更为明显；平均最高气温、极端最高气温均呈显著上升趋势（0.15℃/10 年和 0.19℃/10 年），20 世纪 80 年代末期以来上升更加明显。日最低气温≤5℃的低温日数以

1.3 天/10 年的速率减少，越向北减少程度越大；平均最低气温、极端最低气温均呈一定的上升趋势（0.21℃/10 年和 0.48℃/10 年）；但是，在气候变暖背景下，冬季气温变化不稳定性增加，低温灾害加重。20 世纪 50 年代以来，华南共发生 8 次严重冬季低温灾害，其中 5 次出现在 20 世纪 90 年代以后。2008 年的低温雨雪冰冻灾害，其持续时间之长、平均气温之低、影响范围之广均为历史所罕见。雷暴日数以 5.5 天/10 年的速率显著减少，其中海南北部地区减少尤为明显。日降水量≥50 毫米的暴雨日数和暴雨降水量均呈增加趋势，暴雨日数上升速率为 0.18 日/10 年，暴雨降水量上升速率为 16.57 毫米/10 年，其中以广西西部最为明显。

雾日明显减少，灰霾天气显著增加。1961—2008 年，华南区域雾日数总体呈减少趋势，减少速率为 0.7 天/10 年，20 世纪 80 年代以来减少尤为显著。灰霾日以 6.3 天/10 年的速率显著增加，20 世纪 80 年代以来灰霾日数增加迅速，其中珠江三角洲地区增加尤为显著。

登陆热带气旋个数减少，初次登陆日期推迟，最后登陆日期提前。1961—2008 年，登陆华南区域的热带气旋个数和台风以上强度的个数均以 0.6 个/10 年的速率呈弱的减少趋势（图 8）。热带气旋平均中心气压没有明显的变化趋势，而极端最低气压有弱的上升趋势。登陆华南的热带气旋生成源地位置向 10°N ~ 19°N 汇聚，登陆位置有北移倾向，热带气旋初次登陆日期以 1.8 天/10 年趋势推迟，最后登陆日期以 3.6 天/10 年趋势提前，最后登陆与初次登陆日期的差值以 5.4 天/10 年的趋势减少，尤其在 20 世纪 90 年代中期以后表现更为明显。

南海夏季风的爆发和强度对中国雨季甚至北半球的天气都有重要影响。1958—2008 年，南海夏季风爆发日期略有提前，强度略有减弱，其强度周期变化明显，在 20 世纪 50 年代至 60 年代前期、70 年代至 80 年代具有 9 年左右的变化周期，90 年代以后具有 2 ~ 3 年左右的变化周期。

（二）观测到的气候变化影响。

气候变化对华南区域的影响是现实而广泛的。总体上说，既有有利的方面，也有不利的影响，但以不利影响为主。

华南区域海平面持续上升，对沿海经济发展和生态、环境产生不利影响。近 30 年来，南海海域和广东、广西、海南三省（区）沿海海平面上升速率分别为 2.7 毫米/年、1.8 毫米/年、2.7 毫米/年、2.7 毫米/年，与全国海平面平均上升速率（2.6 毫米/年）相当。海平面持续上升已对沿海地区经济发展和生态、环境产生不利影响。一是风暴潮灾害程度和发生几率增大，广东沿海遭受强风暴潮影响的频率最近 10 年比 1949—1995 年增加了 1.5 倍。二是沿海城市内涝频发，河流入海口日益淤积，河床抬高，严重影响航道、港口正常运行。三是海岸侵蚀加剧。广东湛江麻斜铜鼓岭海岸 40 年来蚀退 25 米，速率达 0.6 米/年。四是红树林和珊瑚礁生态系统退化。20 世纪 50 年代至 90 年代，气候变化特别是长期的人为破坏，华南三省（区）红树林面积减少 65% 以上。大部分红树林为次生林，高大的原始林很少。有些红树林，如海南海桑、红榄李、银叶树等已处于濒危状态。由于气候变化，尤其是人类活动的影响，珊瑚礁受到了严重破坏。20 世纪 50 年代以来，海南岛沿岸珊瑚礁破坏率达 80%，而且华南三省（区）海域均发现了不同程度的珊瑚白化和死亡现象。五是广东沿海工程设计的最高潮位都已经被实测的最高潮位所超越。广州市排水口的高程标准不断提高。

农业生产条件改变，部分果树气候适宜度降低，病虫害加重。农业对气候变化的敏感性和脆弱性最大，气候变化已经对华南区域的农业造成了一定影响。一是作物生长期间的气候资源和气象灾害发生了变化。1961—2008 年，华南区域≥10℃积温以 71 度日/10 年的速率显著上升。广东省早稻生长季的降水量增加，日照时数减少。影响水稻生产的低温灾害有所减轻，但是，

20世纪90年代的4次低温和2008年的低温雨雪冰冻灾害，造成果树和鱼类大量死亡，农业损失巨大。二是主要植物、动物的春季物候期提前，秋季物候期推迟，气候带有加速北移趋向。1998年以后，广东省北热带面积有所增加，中亚热带面积有所减少。三是华南区域龙眼、柑橘气候适宜度下降，水稻生育期缩短，产量波动增大。日平均气温每升高1℃，水稻生育期平均缩短3～6天。气候因素对广西粮食单产波动的影响占57%～67%。四是复种指数增加，病虫害影响加重。从20世纪80年代初至90年代末的20年间，华南区域复种指数增加了5.6%，但进入21世纪后增速放缓，广东甚至明显下降。从1981年至2007年，广东稻飞虱危害面积不断增大，海南省病虫害发生面积平均每年以3.16万公顷的速率上升，广西南宁市蔬菜主要病虫害种类增加了近1倍。

珠江流域径流量增加，但旱涝频发，咸潮加剧。气候变化对华南区域的水资源产生了可以辨识的影响。1980年以来，珠江流域年降水没有明显增加或减少的趋势，水面蒸发和潜在蒸散均显著变小。珠江流域径流总量呈增加态势。受气候变暖、降水不均、流域干旱等因素影响，广东特别是珠江三角洲地区咸潮呈加剧之势，咸潮活动越来越频繁，持续时间增加，上溯范围越来越大，强度趋于严重，影响越来越广。1989年以来，珠江三角洲地区有9个冬季出现咸潮，咸潮上溯比常年增加10～15千米，咸潮出现时间较常年早15～20天。近20年来珠江三角洲地区曾发生过5次严重咸潮，其中3次先后发生在2003年、2004年和2005年。2003年秋季咸潮期间，广州市东涌水厂的氯化物含量曾有突破12000毫克/升的历史纪录（饮用水上限为250毫克/升）。2005—2006年，澳门、珠海供水系统淡水来源的广昌泵站连续38天全天超标，平均每日超标历时近20小时。咸潮的影响已经从农业扩大到工业、城市生活、生态环境等，成为威胁珠江三角洲地区用水安全的心腹大患。1951年以来，珠江流域气象干旱面积没有明显的变化趋势，最长的干旱事件大多发生在1980年以后，1979—2006年的干旱发生日数比1951—1978年明显增多。“94·6”、“94·7”、“98·6”、“05·6”等流域性大洪水影响巨大。

气候变化对能源生产、供应、消费均有影响。一是气候变暖导致制冷需求增大、采暖需求减少。1961—2008年，华南区域制冷度日以11.74度日/10年的速率显著上升，夏季制冷耗能的增加大于冬季采暖耗能的减少，导致全年总耗能量增加。1986—2008年，华南区域平均总耗能量较1961—1985年增加2.6%，海南、广东沿海增加尤为明显。二是极端气候事件频繁发生，对华南区域电力负荷、电力供应和水力发电等造成了较大影响。2002—2004年，华南出现罕见的连年干旱，水库蓄水严重不足，对水力发电造成很大影响。三是气候变暖增加了城市电力消费。过去50年间，因气候变暖、制冷度日的增加而导致的广州城市居民夏季生活用电量增加约1.5%。

人居环境改变，影响人体健康。气候变化使城市中心区热岛效应、高温热浪、灰霾等现象加剧。近年来，与周边地区相比，珠江三角洲城市年平均气温高出0.6℃～0.7℃，每年超过35℃的高温日数均在30天以上。当日平均气温高于19.7℃时，平均气温每升高1.0℃，广州市每日人口死亡风险增加3.0%。2004年6月底至7月初的高温热浪，导致广州市39人因高温中暑死亡。近50年来，广州市年灰霾日数以16.4天/10年的速率增加，每逢灰霾天气，呼吸道疾病发病率比平时增加15%左右。气候变暖已使海南省三亚市完全具备了登革热终年流行的温度条件。

极端天气气候事件影响旅游客流量。高温热浪、寒冷天气、干旱主要通过降低气候舒适度，导致人们不愿去旅游；大雾、雪灾主要通过阻断交通，导致人们不能去旅游；暴雨洪水、热带气旋、局地强对流天气（冰雹、龙卷风、雷电）常常危及到人们的生命安全，使得人们不敢去旅游。2008 年 1 月的低温雨雪冰冻灾害导致广东和广西部分景区、旅游公共服务设施、旅游道路不同程度损坏，大量绿化植被和古树冻死冻坏，游船游艇等游乐设施设备不能正常运转，停车场、游步道和旅游标识标牌大量损坏，因灾客流损失量和损失率广东分别为 11.7 万人和 0.41%，广西分别为 3.4 万人和 3.4%。

（三）区域气候变化的原因

引起气候变化的驱动因子包括自然和人为两个方面。自然因子主要包括火山爆发、太阳活动以及气候系统内部的变化（如厄尔尼诺、温盐环流等）等，人为因子主要包括人类燃烧化石燃料导致的温室气体排放、土地利用改变和人为气溶胶的排放等。

华南区域气候变化除了对全球气候变化的响应外，区域内土地利用状况改变（包括城市化）、气溶胶的排放等人类活动的影响也十分明显。华南区域气温的上升主要是对全球气候变化的响应，日照时数减少、水面蒸发量减少和灰霾日数增加主要归因于人为气溶胶排放。研究表明，20 世纪 90 年代以来快速的城市化对华南区域局地气候的影响十分显著。就气温而言，在珠江三角洲城市群及其他大中型城市，土地利用改变导致的局地气温增加与全球变暖的作用相当。就降水而言，珠江三角洲城市群所处的区域降水时次减少，降水强度增强，降水量明显多于其周边地区。

五、适应气候变化的政策和措施

减缓和适应是应对气候变化的两个重要方面。减缓是一项相对长期、艰巨的任务，适应则更为现实、紧迫。华南区域在继续加快转型升级，推进低碳发展，实施植树造林的同时，应高度关注适应气候变化工作。

（一）海岸带。

加强海岸带气候变化影响的监测预警和风险评估。建立海平面变化监测和海洋灾害预报预警体系；开展沿海重点经济区海平面上升影响评价。

提高防范标准，强化海岸防护设施建设。提高海堤设计标准，尤其是三角洲等防护能力较弱的地区；建设近岸水下挡水坝、防冲丁坝、潜坝等工程，固滩保堤，防止海潮冲蚀海岸；在沿海城市地面沉降地区建立高标准防洪、防潮墙和堤岸，完善城市排污系统，提高排水口高程。

推进海洋自然保护区和海洋生态系统恢复工程建设。加强对红树林、珊瑚礁、海草等重点海洋生态系统的保护，新建或升级一批海洋自然保护区；建设人工鱼礁，合理种植红树林和沿海防护林等，构筑近岸生态屏障。

（二）农业。

加强农业基础设施建设。加强防汛、防旱、防风和现代农业基础设施建设；开展中小河流流域治理，完善农田排涝工程体系；继续推进造林绿化，加强农业生态建设；加强基本农田的管理、维护和建设；大力改造中低产田。

推进农业结构和种植制度调整。加强自然灾害风险管理，科学规划不同地区的农业布局，形成区域间结构合理、特色鲜明、互联互补、协调发展的现代农业发展新格局；在稳定粮食生产的同时，扩大蔬菜、水果种植面积；充分利用冬季变暖显著的气候资源，大力发展冬季农业；科学调整水稻种植制度，提高水稻产量的稳定性。

选育抗逆性品种，改进耕作方式。培育产量潜力高、品质优良、综合抗性突出和适应性广的优良动植物新品种；加快完善抗逆性品种创新和推广体系；完善有害生物防治方法；采用免耕、秸秆覆盖、薄膜覆盖等耕作技术。

（三）水资源。

加强水利基础设施重点工程建设。加快“千里海堤加固达标工程”、“千宗治洪治涝保安工程”建设；加强“小山塘、小灌区、小水陂、小泵站、小堤防”等小型水利设施建设；加快推进珠江三角洲调水引水骨干工程建设；实施小流域综合治理，加大崩岗侵蚀治理和库区水源区水土流失整治及生态修复力度。

强化水资源管理。加强暴雨洪水预测、预报和预警体系建设；实行取用水总量控制管理，制定主要江河流域水资源分配方案，实行流域水资源统一调度；确立用水效率控制红线，全面推进节水型社会建设；加强水功能区限制纳污管理，从严核定水域纳污容量；严格实施水资源管理考核制度。

加强开源节流技术的研发和应用。重点研究海水淡化、微咸水和淡水混合利用、工业用水循环利用、雨洪资源化和人工增雨技术；开发灌溉节水、旱作节水与生物节水综合配套技术，重点突破精量灌溉技术、智能化农业用水管理技术及设备，加强生活节水技术及器具开发。

（四）能源。

评估气候变化对耗能的影响，开展电力需求气象预测。评估气候变化对制冷、采暖耗能的影响，确定制冷、采暖的时段和气候分区；开展气候变化对电力需求的中长期预测，科学指导电力部门调配电力资源。

强化极端气候条件下的能源安全气象保障。在重要输变电线沿线、石油和天然气勘探区、大型水电和核电站等，建立能源专项气象灾害监测预警服务平台；制定能源预测预警气象服务应急预案。

加强风能、太阳能开发利用。完成第四次风能资源详查和评价；建设风能预报系统，开展风电场实时预报服务；启动太阳能资源详查，推进太阳能光伏预报系统建设。

（五）人体健康。

完善气候变化对人体健康影响的监测预警系统。加强高温、低温、灰霾和酸雨等与人体健康相关的天气和极端气候事件的监测、预警；加强对气候变化引起的呼吸道系统等疾病的监测。

完善气候变化导致的突发卫生事件的应急处置。开展气候变化对人体健康的风险评估；建立健全气候变化对人体健康危害的应急预案。

强化卫生部门和气象部门的协调机制。联合编写与发布气候变化对人体健康影响的信息通报；联合开展气候变化对人体健康影响的科研攻关。

（六）旅游。

充分认识气候变化对旅游业发展的影响。将气候变化的因素纳入到各级旅游发展规划中；制定、修改相关标准及条款，鼓励游客出行时选择环境友好型交通工具，提高旅游业应对气候变化的意识和能力。

积极把握气候变化的有利因素。积极开发利用因气候变化衍生的新型旅游资源；重视开发与气候因素密切相关的旅游产品。

主动防御灾害性气候事件。加强海滨、山岳旅游开发的气候可行性论证；加强沿海堤坝、游山步道和护栏等旅游安全设施建设；严防灾害性气候事件对旅游设施的破坏和不利影响。

（七）气象防灾减灾。

提高气象灾害监测预警发布能力。加快推进气象卫星、新一代天气雷达、高性能计算机系统等工程建设，建成气象灾害立体观测网，实现对重点区域气象灾害的全天候、高时空分辨率、高精度连续监测；进一步加强城市、乡村、江河流域、水库库区等重点区域气象灾害监测预报，着力提高对中小尺度灾害性天气的预报精度；进一步增强极端气候事件的预测水平，强化早期预警系统建设；加快推进预警信息发布系统建设，积极拓宽预警信息传播渠道，提高预警信息发布时效性和覆盖面。

加强气象灾害风险评估和气候可行性论证。开展气象灾害风险评估，编制分灾种气象灾害风险区划，完善气象灾害风险管理体系建设；开展气候变化对不同领域、不同行业的影响评估和脆弱性分析；加强城乡规划、重大工程项目、区域性经济开发项目和农业结构调整等气候可行性论证。

提高气象灾害综合防范和应急处置能力。完善政府主导、部门联动、社会参与的防灾减灾机制；完善气象灾害应急预案；加强气象防灾减灾基础设施建设。

（原文出处：中国气象局，华南区域气候变化评估报告决策者摘要，气象出版社，2011 年）

编　后　记

《广东省防灾减灾年鉴》是根据1994年12月省政府的批示组织编写的，从1995年起，每年出版一卷，本卷是第十八卷。这是省直部分单位通力合作，编写人员努力工作，为广东防灾减灾事业所作出的一份贡献。广东由于自然地理环境特殊，经济社会相对比较发达，防灾减灾工作任重道远，对《年鉴》的要求也越来越高。希望全社会都来关心它、培育它，让它枝繁叶茂，果实累累。我们将继续以高昂的热情，尽最大的努力，逐年提高《年鉴》编纂质量，推动全省防灾减灾工作，为建设经济强省、文化大省、法治社会、幸福广东，实现全省人民的富裕安康作出积极贡献，为广东率先基本实现现代化服务。

本卷编辑工作从2012年3月开始，主要组织工作由省政府地方志办公室、省气象局负责。各有关编纂单位的领导给予了极大的关心和支持，编写人员为此付出了艰辛的劳动。在此，谨对各有关单位领导和编写人员的支持和参与，对所有关心和协助本《年鉴》编写、出版、发行工作的单位和人员致以衷心的感谢！

为了不断提高《年鉴》质量，充分发挥其社会功能，不足之处，敬请读者批评指正。

广东省防灾减灾年鉴编辑部

2012年7月